外交学院一流学科建设文库系列丛书

美国国内政治与对华战略

U.S. Domestic Politics and China Strategy

赵 骁 ◎ 著

世界知识出版社

图书在版编目（CIP）数据

美国国内政治与对华战略 / 赵骁著作. -- 北京：世界知识出版社，2025.7 -- ISBN 978-7-5012-6996-9

Ⅰ．D771.2；D822.371.2

中国国家版本馆CIP数据核字第2025D13H15号

书　　名	**美国国内政治与对华战略**
	Meiguo Guonei Zhengzhi Yu Duihua Zhanlüe
作　　者	赵　骁
责任编辑	车胜春
责任出版	李　斌
责任校对	张　琨
出版发行	世界知识出版社
地址邮编	北京市东城区干面胡同51号（100010）
网　　址	www.ishizhi.cn
电　　话	010-65233645（市场部）
经　　销	新华书店
印　　刷	北京中科印刷有限公司
开本印张	710mm×1000mm　1/16　20印张
字　　数	324千字
版次印次	2025年7月第一版　2025年7月第一次印刷
标准书号	ISBN 978-7-5012-6996-9
定　　价	98.00元

版权所有　侵权必究

本书获得"外交学院一流学科建设文库系列丛书"出版资助

序

赵骁博士的新作《美国国内政治与对华战略》即将出版，作为他博士研究生时期的指导老师，我欣然允诺为本书作序。

《美国国内政治与对华战略》是一部独具深度和广度的著作，为我们提供了一次深入探讨美国对华战略形成的独特视野。当前，我们正处于"世界百年未有之大变局"的时代，因此理解美国国内政治与其对华战略的塑造过程至关重要。本书不仅深刻地剖析了美国近四任政府的对华战略，更为我们呈现了一个饱含变革和延续的历史脉络。

本书以美国对华战略为切入点，引领我们走进美国国内政治的内部机制。通过对决策联盟这一概念的深入研究，作者揭示了美国政府内部各方势力在对华战略制定中的互动关系。这一创新性的视角为我们提供了细致入微的分析，帮助我们理解美国对华战略在不同时期的演变轨迹。

本书中，作者对其研究问题的因果机制进行了深入检验，解释了不同总统任间对华战略的不一致性以及同一总统任内的战略不连贯性。这种深度的挖掘使我们更好地理解了美国国内政治与其对外政策产生的影响，为读者提供了更为清晰的认识框架。

这部著作不仅在学术上具有创新性，为国际关系和对外决策领域注入了新的思想，也在实践层面为政策制定者、外交从业者以及关心国际事务的读者提供了宝贵的参考。我相信本书将成为国际关系学者、政策制定者和所有关心世界未来的人们的可读之作，在读者心中激起深远的思考。它不仅是一部理论性的研究著作，更是一部具有现实意义的导引手册，帮助我们更好地理解和应对不断变化的中美关系和国际格局。

赵骁在博士生阶段对美国政治和外交进行了深入的研究，他在研究中的执着和深入挖掘的精神为这个领域增添了新的探索，贡献了青年一代的智慧。祝愿作者未来更多的学术研究取得成功，也期待更多精彩的作品问世。

是为序。

金灿荣

2024年1月于北京

总 论

中美关系是21世纪最重要的双边关系之一，美国对华战略的演变也是导致中美关系变化的主要原因之一。美国在不同时期与中国在各领域的合作、竞争或对抗的认识和行动都与美国国内政治存在明显的互动关系。21世纪美国对华战略的演变由各类因素的相互作用产生，其中美国国内结构是国际层次的运作基础，对国际层次的分析离不开对美国国内政治层面的分析。尽管特朗普和拜登两任政府的对华战略存在一定的延续性，但是各自的战略目标和手段都有所不同。美国对华战略的演变具体表现为21世纪四任美国政府对华战略具有不一致性和不连贯性。不一致性是指不同总统任期之间的对华战略的目标和方式不一致，不连贯性是指同一总统任期内的对华战略的规划与实践不连贯。研究的问题是，为什么美国不同总统的对华战略不一致？为什么同一总统任期内的对华战略不连贯？

研究的理论意义是有助于推进相关知识的系统化和理论化研究、完善有关国内政治与对外战略关系的理论体系和分析案例、了解决策联盟如何参与美国对华战略决策。现实意义是有助于理解美国对华战略的演变过程、总结归纳美国对外战略中的经验和教训、区分战略决策过程中的各种政治和社会行为体。

对具有代表性的相关文献进行整理，归纳出国内政治、威胁评估、国际政治经济学三种美国对华战略的分析视角。这三种视角根植于美国对外战略决策过程中涉及的政治利益、国家外部的安全利益和国家内部的群体利益三种国家利益观的分析。首先，国内政治视角主要有新古典现实主义理论、官僚政治模式、部门间政治三种路径，该视角认为，美国政府并不是单一的行为体，所以对不同的群体、部门和政党导致的政治过程和结果持有不同的判断。其次，威胁评估视角认为，美国的战略决策基于作为理性行为体的国家对安全威胁的评估，但该视角存在忽视中美两国紧密的相互依赖关系、将国际体系层次的影响泛化和绝对化、忽视国内行为体三个缺点。最后，国际政治经济学视角认为，美国对外战略是控制或影响国家政权的特定群体利益的集中反映，但该视角有过于重视经济利益、不可类比和类推的因果解释、过于重视经济群体的作用三个缺点。分析美国对华战略演变过程的核心在于确定各种国家利益观之间的内在关系，在美国国内政治视角的基础上可以统筹运用不同的分析视角的特点，更好地解释美国对华战略演变所呈现的不一致性和不连贯性。美国对华战略是美国在国际体系中以维护美国的国家利益为目的、综合运用各种手段、整合其对中国政策的综合性规划和实践活动。战略演变是战略规划与实践在各层次、多领域不断调整、协调、磨合的过程。

  本书的研究主题属于定性研究和经验实证研究的范畴，以案例研究中的过程追踪为主要研究方法。选取21世纪的小布什、奥巴马、特朗普和拜登四任美国政府对华战略的规划和实践过程为案例。本研究所选取的资料除一手文献外也将综合使用大量具有代表性、权威性和较高学术价值的二手分析性文献。本研究的创新性在于研究视角和分析框架较为新颖、可以建立起美国战略决策的中层理论、补充关于美国对外战略研究中的国内政治视角。研究的局限性在于理论假设和分析框架的应用范围有限、没有定量研究方法，也没有涉及对观念性力量的分析。

  研究提出了解释美国对华战略不一致和不连贯的理论性分析框架。自变量是决策联盟的变化（包括决策联盟的更替和内部博弈），因变量是美国对华战略在总统任间和任内的变化，干预变量是国际体系层面的战略性危机，中间变量是战略规划与战略实践的过程。核心假设是：决策联盟的更替导致美国对华战略的规划和实践在政府任间不一致，决策联盟内部行为体的博弈导致对华战略任内不连贯。决策联盟是指以总统领导的行政部门为核心，由具有类似偏好的政治和社会行为体组成的共享美国对华战略决策权的松散集合体，而非仅由数人组成的决策小团体。决策联盟的成员具体包括：总统、国会、政党、官僚部门等政治行为体，以及利益集团、智库、媒体等社会行为体。政治行为体比社会行为体发挥更显著的作用。

决策联盟作为美国国内政治与对外战略互动的重要主体，通过影响对华战略决策体系中的战略规划和战略实践发挥作用。在战略规划阶段，首先，通过目标识别确定战略目标并界定竞争者的身份；其次，通过议程设置为战略实践提供优先进行的议题。美国国内各行为体通过议题嵌入、议题联系、议题执行等方式阻碍或促进战略实践，从而导致战略实践与规划之间的协同或偏差。战略实践的结果导致美国政府对华战略的不一致性和不连贯性。战略性危机作为干预变量影响目标识别并提升了某些议题的优先级。

小布什政府的对华战略既合作又竞争、既接触又防范。在战略规划阶段，"9·11"事件前深受新保守主义影响的小布什政府倾向以对华遏制为战略目标，之后以接触和融合战略为主。在行政部门中，深受新保守主义影响的副总统和国防部对华强硬，阻挠中国在朝鲜核问题中的积极斡旋。而国务院、国家安全委员会、财政部等机构对华的态度和行为相对务实理性。在国会中，民主党人推动人民币汇率议题，共和党人则推动"对台售武"议题。在社会层面，虽然美国商界和金融界是推动对华接触战略的重要力量，但是也有如宗教右翼、军工复合体、制造业团体、劳工组织等利益集团为了各自的利益而推动有损于中美关系的议程。

奥巴马政府继承了小布什政府"既接触又提防"的对华战略。在战略规划阶段，美国国务院内的"接触派"曾提出旨在弥合中美两国之间分歧的"战略再保障"概念，但"遏制派"提出的以制度制衡为核心的"亚太再平衡"战略成为对华战略的核心理论。新美国安全中心等智库为"亚太再平衡"战略提供了初步的框架。在战略实践中，财政部、商务部、能源部等机构保持对华接触，特别是扩大在经贸和气候等议题中的合作，而国防部和情报界继续提防中国。然而，行政部门的人事变动与国务院的消极应对、债务危机和国防开支削减导致的财力限制、国内行为体的不支持，使"亚太再平衡"战略历经反复挫折。

特朗普持"美国优先"的理念施政，基本上放弃了美国对华战略中"接触与遏制"并存的模糊战略,强化对华竞争,逐渐走向战略清晰。在经贸议题中,经济民族主义者与白人劳工阶层推动对华"贸易战",但是各部门和利益集团之间存在多个矛盾的目标。虽然特朗普政府制定了"印太战略",但是因为战略投入意愿较低、缺乏经济框架、战略资源有限等因素,导致其仅限于战略规划阶段。在意识形态和价值观议题中,各类保守主义派系不断攻击中国。新冠疫情暴发后,特朗普政府试图以"全政府"原则协调各行为体参与对华战略竞争和对抗。

拜登政府将解决国内问题与对华全方位战略竞争联系在一起,综合运用竞争、对抗、合作的处理原则以及遏制和接触的双重手段。拜登政府在战略规划的目标识别中,将中国视为全球性、全方位的战略竞争者,并以"中产阶级外交"原则联结其国内外战略,大力推进"印太战略",试图组建多领域多议题排斥中国的多边"小圈子"。在战略实践中,拜登政府将科技议题与经贸议题联系。同时,决策联盟内各行政部门和利益集团就对华加征关税问题进行博弈。乌克兰危机的爆发加剧了美国经济的通胀压力,并提升了台湾问题在美国对华战略议程中的优先级。国会与总统之间则争夺对华战略框架的主导权,增加了中美对抗的风险。

研究的核心因果机制是决策联盟的更替和内部博弈导致美国对华战略的不一致性和不连贯性。这包含两组分析过程:第一,决策联盟更替致使战略规划中议程的变化,导致不同总统任间对华战略不一致。第二,决策联盟内各行为体会推进不同的议题,在同一议题中也有不同的偏好,内部博弈导致战略实践与规划之间的脱节,最终导致任内对华战略不连贯。总统和政党在战略规划阶段影响较大,因此,决策联盟更替导致战略规划的变化。政治与社会行为体的相互作用对战略实践的影响较大,因此,决策联盟内部的博弈导致无法完全落实战略规划。

美国对华战略不一致性和不连贯性的后果有两点:第一,美国国内政治的不确定性动摇了美国的战略信誉,良好的战略规划可以巩固盟友和伙伴关系,但不协调的战略实践无法为盟友和伙伴提供真正有帮助的战略资源。第二,美国对华战略的不一致性和不连贯性导致美国缺乏统一、稳定、长期的对华战略框架，延缓了对华全面战略竞争，提升了中美关系中的不确定性和风险。虽然对华全面战略竞争已经成为美国精英阶层的共识，但是在战略竞争的最终目标、手段、路径、议题、代价与程度上，各行为体仍有较大的区别。

目 录

第一章 导 论 ... 1
第一节 研究的背景与意义 ... 1
第二节 文献综述 ... 6
第三节 概念界定 ... 34
第四节 研究方法、案例选择与资料收集 ... 37
第五节 创新性与局限性 ... 40

第二章 分析框架 ... 42
第一节 核心分析主体：决策联盟 ... 43
第二节 因果机制 ... 63

第三章 小布什政府保守主义决策联盟与对华战略的转型 ... 75
第一节 小布什政府决策联盟的构成 ... 76
第二节 战略竞争者定位的识别与转变 ... 82
第三节 对华接触与合作的战略实践 ... 88

第四章 奥巴马政府自由主义决策联盟与"亚太再平衡"战略 ... 103
第一节 奥巴马政府决策联盟的构成 ... 105
第二节 后危机时代对华战略规划的形成 ... 110
第三节 对华接触与制衡并举的战略实践 ... 125

I

第五章　特朗普政府决策联盟与对华全面战略竞争 ... 139
第一节　特朗普政府决策联盟的构成 ... 142
第二节　大国竞争时代的判断与对华战略竞争者的定位 ... 154
第三节　对华全面战略竞争的实践起源 ... 164

第六章　拜登政府决策联盟与对华全面战略竞争的延续 ... 190
第一节　拜登政府决策联盟的构成 ... 193
第二节　对华战略竞争定位的延续与扩展 ... 201
第三节　对华战略竞争实践中的不连贯性 ... 215

第七章　因果机制的检验 ... 230
第一节　不同总统任间对华战略的不一致 ... 230
第二节　同一总统任内对华战略的不连贯 ... 235

第八章　结　论 ... 243

参考文献 ... 247

后　记 ... 300

第一章 导 论

美国对华战略的演变是导致中美关系变化的主要原因之一。自20世纪70年代中美关系正常化以来，两国关系缓慢而曲折地发展。美国对华战略也由冷战爆发初期的对华遏制逐渐转向克林顿政府的对华接触。进入21世纪后，面对中国综合国力的快速发展，美国又逐渐转向以接触、制衡与遏制等手段混合的对华战略模式。接触是指既包含友好示善又包含"两面下注"的防御与阻吓，而遏制是指不包含示善的防御、阻吓、挑衅与推回，① 遏制战略也被定义为"采取除战争以外的一切方式达到阻止对手权力和影响力进一步扩张的目标"。② 美国对华接触战略则指通过在经贸等领域的合作，推动中国融入由美国主导的国际经济和政治体系，试图从内部让中国按照西方期待的方向变革。

第一节 研究的背景与意义

一、研究背景

中美关系是21世纪世界上最重要的双边关系，两国关系不仅影响亚太地区的局势，还直接影响许多全球性议题的解决。中美关系的性质错综复杂，同时存在着合作、竞争与对抗多种性质。而美国政府的每次换届都会导致对华战略的调整，美国领导人在不同时期对于中国在各领域的合作、竞争或对

---

① 唐世平：《我们时代的安全战略理论：防御性现实主义》，林民旺、刘丰、尹继武译，北京大学出版社，2016，第150—154页。

② 约翰·加迪斯：《遏制战略：战后美国国家安全政策评析》（增订本），时殷弘译，商务印书馆，2019。

抗的认识和采取的行动，都与美国国内政治的发展存在明显的互动。2001年"9·11"事件后，小布什政府逐渐将对中国的定位由上任初期的"战略竞争者"调整为"利益攸关方"，在其任期内中美关系呈现出"低开高走"的态势。2008年国际金融危机是推动中美合作的关键战略性危机，但是2010年中国成为世界第二大经济体后，中美在各类议题中的矛盾增多，奥巴马政府推出"亚太再平衡"对华制衡，其任期内两国关系呈现"高开低走"。特朗普任期内两国关系也是"高开低走"，特朗普上任伊始在朝鲜核问题等议题中寻求与中国的合作，但是在2018年发起以加征关税为主要手段的对华贸易战，并逐渐扩大到科技领域。2020年新冠疫情暴发后又对中国进行无端指责和攻击，试图对中国同时采取经贸"脱钩"、科技封锁和政治污名化等手段。特朗普政府虽然已经宣布对华接触战略的结束，但接触时代结束后美国的对华战略也没有定型。尽管拜登政府同特朗普政府一样将对华战略竞争视为美国全球战略的首要方向，并且基本延续了特朗普政府的对华战略框架，但也提出要与中国同时竞争、合作与对抗。拜登政府的对华战略规划在尚未完全成形之时又逢乌克兰危机，加剧了对华战略实践的复杂性。

虽然特朗普和拜登政府的对华战略呈现出一定的连续性，共同定下了对华全面战略竞争的基调，当前国会两党也形成了对华强硬的共识，但战略实践更像是包括接触和遏制等对华战略模式的混合体。正如王缉思指出的没有一位美国总统的对华战略可以简单概括，简洁的文字无法全面描述复杂的美国对华战略，[①] 当前的美国对华战略不能用接触、制衡或遏制等单一词语简略地描述。21世纪的美国对华战略处于不断的演变过程中，并不存在事先制定的、深思熟虑的、能够长期连续全面施行的对华战略。如图1.1所示，自2000年以来的中美关系整体来说起伏不定，特别是总统所在的执政党交替时美国的对华战略和中美关系都会发生显著的变化。尽管中美关系在2016年迅速恶化，但其中细节之处的波折仍具有较高的理论和现实研究意义，因为这些波

---

① 王缉思、本刊编辑部：《美国内政外交演变的表现与动因——王缉思教授专访》，《当代美国评论》2022年第1期，第10页。

折之处往往意味着在宏观趋势演变下的微观政策调整机遇。

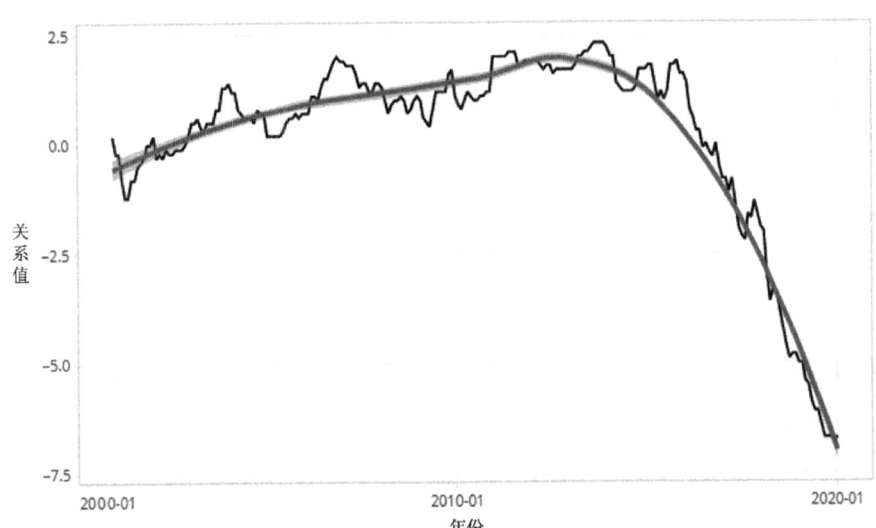

图1.1 中美关系分值图（2000年1月至2020年1月）

数据来源：《中国与大国关系分值可视化数据》，清华大学国际关系研究院，2021年12月21日，http://www.tuiir.tsinghua.edu.cn/info/1145/5668.htm。

美国对外战略的形成是多种因素相互作用的结果，包括国际体系、国家特性、战略文化、国内政治因素等。美国缺乏长期、连贯的对华战略的原因除了在国际体系层面不断出现的战略性危机外，美国制造业空心化、中产阶级萎缩、社会理性和治理溃败、政治制度衰败也被认为是重要原因。[①] 而国家对外行为的成功有赖于国家内部的正确发展，[②] 美国政府内部协调的困难和利益冲突削弱了有效的战略规划和实践。美国政党极化和价值观冲突在持续扩大，国内外政策的剧烈摇摆加剧了世界和地区局势的动荡与分裂。

对国际层次的分析离不开对国内层次的分析。如约翰·艾肯伯里指出：

---

① 左希迎：《美国外交政策的危机及其根源》，《外交评论（外交学院学报）》2022年第3期，第21页。

② Fareed Zakaria, "Realism and Domestic Politics: A Review Essay," *International Security*, 17, no. 1 (1992): 179.

"国际体系会影响美国外交的总体框架,但是要更具体地解释政策就离不开国内决策的因素。"① 国内结构是国际层次的运作基础,对美国国内政治的分析有助于理解美国对华战略的演变,而美国对华战略根本上服务于其国内政治的需要。美国国内政治的变化与其对华战略演变的关系尤为重要。近年来已有相当多关于美国国内政治与其对外战略、对华战略之间关系的研究,反映了学界对该研究主题的关注。

21世纪美国对华战略规划和实践在不断地演变,并且战略规划与战略实践之间往往有较大出入,使其更加难以预测并具有滞后性。21世纪美国对华战略演变所表现出的特征是:不同总统主导的对华战略具有明显的不一致性和不连贯性。不一致性是指不同总统任期之间的对华战略的目标和方式不一致,不连贯性是指同一总统任期内的对华战略的规划与实践不连贯。虽然近年来从特朗普到拜登政府的对华战略竞争体现出一定的连续性,但是从更长的时间维度(2000年至今)和涉及的竞争领域(从贸易、意识形态到科技、地缘政治)来看,不同总统主导的对华战略仍存在明显的不一致性,并非完全呈线性发展式的照搬和加码。这种不一致性体现在不同决策联盟的不同利益偏好。而不连贯性是同届政府内部政策自然调整的过程,因此更多的是被动的应对而非主观的塑造。本书的研究问题是为什么美国不同总统任间对华战略不一致?为什么同任总统的对华战略不连贯?

二、研究意义

本书选用21世纪四任美国政府对华战略演变的案例来分析美国国内不同行为体和政治过程在美国对华战略规划和实践中所发挥的重要作用。只有通过分析美国国内和国际政治的相互关系才能理解美国对华战略演变的内在逻辑和机制。美国对华战略演变的不一致性和不连贯性现象具有理论和现实意义。罗伯特·基欧汉与约瑟夫·奈曾提出:"研究并非只是学术游戏,它对正

---

① John Ikenberry, ed., *American Foreign Policy: Theoretical Essays* (New York: Harper Collins Publishers, 1996), p. 10.

确应对纷乱的世界非常重要。"①

本书的理论意义在于：有助于推进美国对华战略相关知识的系统化和理论化研究，完善有关国内政治与对外战略关系的理论体系和分析案例。本书的研究作为跨层次分析，试图阐述不同层次变量对美国对华战略的影响，特别关注美国国内层次的变量，从而分析当前美国对华战略的运作机制和底层逻辑。这是因为无法立足于国内需求的大战略都是空中楼阁，对外战略是国内政治的延续，对外战略的制定必须考虑到国内政治。

虽然国际体系的结构特征限制了美国对外战略的环境，但是国内决策过程而非外部因素将决定美国战略规划和实践的具体细节。本书的分析框架以决策联盟为核心行为体，以议题政治划分研究范畴，以次国家行为体之间的互动为基础，联系起社会、国家和国际体系三个分析层次。美国作为国际体系中最强大的单元，其内部行为体的特征和利益偏好会通过国家政府影响国际体系内的大国博弈进程。对次国家行为体的利益偏好和互动的分析，有助于了解参与美国对华战略决策中的各种力量。而国际体系为美国对华战略决策构建了外部环境和限定条件。

本书的现实意义在于：首先，有助于理解美国对华战略的现状，避免产生战略误判。美国作为霸权国的地位使其国内政治和经济形势的变化对世界格局的影响更为重要，美国的对外战略也是中国和平发展与建设新型国际关系的重要外部因素。美国国内各种政治和社会行为体关于涉华问题的辩论涉及不同国家利益观念之间的冲突和整合，美国的政治和经济形势影响其对华战略取向。②美国对华战略的演变不是不可逆的线性进程，美国的决策层也不是不变的整体，而是分为不同的利益群体、机构部门和个人，他们的对华战略立场也并不总是一致。我们要看到美国内部存在的各种矛盾、分歧与对华战略的制约因素，还需重视美国政府和国会在人事、党派变化上对美国对华

---

① 罗伯特·基欧汉、约瑟夫·奈：《权力与相互依赖》，门洪华译，北京大学出版社，2012，第234页。

② 吴心伯：《竞争导向的美国对华政策与中美关系转型》，《国际问题研究》2019年第3期，第12页。

战略演变的影响。其次，美国的国际实力和威望也与其解决国内问题的能力相关，本书有助于总结归纳美国对外战略中的经验和教训，特别是分析调动政府和社会潜在力量，对促进对外战略的有效规划和实践具有重要意义。最后，有助于区分美国对华战略演变过程中各种国内政治和社会行为体，为中国对美战略的应对提供参考。

第二节 文献综述

既有关于美国对外战略、对华战略和中美关系的文献汗牛充栋，本书对具有代表性的相关文献进行了整理和论述，归纳出学术界和政策研究界主要存在国内政治、威胁评估、国际政治经济学三种美国对华战略的分析视角。本书以国内政治视角为基础，同时论述另外两种竞争性分析视角的优缺点，以图建立更加具有说服力的美国对华战略分析框架。这三种视角根植于对美国三种国家利益来源的分析，即来自国内政治过程中的政治利益、国家外部的安全利益和国家内部的群体利益。

利益是指行为体对于结果的偏好。[①] 自冷战以来，美国的核心利益主要包括安全（国防）、经济、价值观（意识形态）以及稳定的国际和地区秩序等。[②] 但是在不同时期，具体核心利益的重要性又存在明显的优先级差异。这是因为美国具有高度多元化的社会和代议制的政治体制，美国国内不同的政治和社会行为体都拥有表达对外战略诉求的机制和渠道。因此，美国的国家利益难以被明确和统一地界定。[③] "国家利益"概念可以用于明确国家对外政策的优先次序，但是当国家利益具有分配性影响时，国内利益相关者对其定义存

---

① Robert Powell, "Anarchy in International Relations Theory: The Neorealist-Neoliberal Debate," *International Organization,* 48, no. 2 (1994): 313–344.

② Donald E. Nuechterlein, *National Interests and Presidential Leadership : The Setting of Priorities* (Boulder: Westview, 1978), pp. 3–5, 7.

③ 王浩:《从制度之战到经济竞争：国内政治与美国对华政策的演变（2009~2018）》,《当代亚太》2019年第1期，第46页。

在巨大差异，每一个政党和利益集团都以自身的政治、经济、宗教文化或意识形态利益来定义何为"真正"的国家利益。国内政治和经济体系中国家利益的模糊性使国家在国际体系中追求利益的过程复杂化，导致美国对外战略总是在不同目标之间变动。

一、国内政治视角

美国作为超级大国具有一定超越国际体系约束的能力，美国的国内政治对其对外战略有较强的影响。美国的三权分立、联邦制和两党制让其对外战略决策过程极具权力制衡和部门博弈的特征，具体包括联邦政府与国会之间的府会之争、民主党和共和党之间的党派之争、不同政府机构之间的部门与个人之争、政治与社会行为体之争等。

冷战后，美国政界的共同价值观和反苏战略共识衰落，而各个政府机构、利益集团和它们在国会中代理人的影响力在上升。[1] 美国外交开始基于国内政治博弈的需求，较少重视国际政治的现实。[2] 宋伟指出在国内政治进程中，国际体系和最高决策者的因素都需要通过国内政治力量之间的博弈来分析，最终演变出国家对外战略的最终结果。[3] 罗伯特·杰维斯指出，对国内政治进程、决策者个人因素、机构利益和组织运作方式的分析可以解释对外政策调整的外部环境、政策选择和实践方式等诸多内容。[4] 张清敏指出，"国际战略的选择和实施取决于国内的决策过程，包括决策者对威胁和风险的评估（认知过程）、决策机构的选择（政府政治）和国际资源的调动（国内政治）等"。[5]

---

[1] 格雷厄姆·艾利森、菲利普·泽利科：《决策的本质：还原古巴导弹危机的真相》，王伟光、王云萍译，商务印书馆，2015，第439页。

[2] 刘德斌：《冷战后的美国政治与美国外交》，《吉林大学社会科学学报》1996年第2期，第1—8页。

[3] 宋伟：《外交与内政如何得以有机统一——基于位置现实主义的视角》，《国际政治科学》2018年第4期，第33页。

[4] Robert Jervis, *Perception and Misperception in International Politics* (Princeton: Princeton University Press, 1961), p. 17.

[5] 张清敏：《对外政策分析》，北京大学出版社，2019，第178页。

理查德·罗斯克兰斯、阿瑟·斯坦等人指出，特定战略的成功与否取决于国家能否考虑本国内部和敌国内部的条件，以及能否有能力对国际体系结构作出准确的判断。①罗伯特·帕特南提出了双层博弈理论，是指国际层次博弈在国内政治层次博弈中得到支持的重要来源之一是选民间的权力分配、偏好和联盟。②乔·黑根认为，建立能够支持政策施行的联盟和保证权力是执政者的两个国内政治目的。③因此，关于美国对外战略行为的解释必须同时结合国家内部和外部的条件。

对外战略的制定并不必然将国家利益或生存放在优先位置，其本质上是官僚机构、利益集团、政党、领导人等行为体在国内政治过程中所决定的，因为决策者对个体政治利益的计算往往多于对群体经济利益的计算，政治过程决定利益分配的方式。因此，作为个体决策者的领导人、以领导人为核心作为群体决策者的集团或小圈子、国会和涉及对外战略决策的官僚体系都是美国国内政治视角下的研究对象。具体而言，该视角下主要有新古典现实主义流派以及官僚政治模式、部门间政治这两种中层理论。

（一）新古典现实主义的理论回顾

新古典现实主义在结构现实主义的基础上将国内因素作为附加的中介变量，坚持以国际体系结构为基础变量，并通过引入国内政治和观念变量并结合外部变量来解释非理性行为。新古典现实主义是整合国际与国内、体系与单元的双层研究路径（two-level approach），④可以被概括为国际诱因、国内

---

① 理查德·罗斯克兰斯、阿瑟·斯坦主编《大战略的国内基础》，刘东国译，北京大学出版社，2005，第16—20页。

② Robert Putnam, "Diplomacy and Domestic Politics: The Logic of Two-Level Games," *International Organization*, 42, no. 3, Summer (1988): 427–460.

③ Joe D. Hagan, "Domestic Political Explanations in the Analysis of Foreign Policy," in Laura Neack, Patrick J. Haney and Jeannie Hey, eds., *Second-Generation Foreign Policy Analysis, Continuity and Change* (London: Pearson), pp. 122–125.

④ Thomas J. Christensen, *Useful Adversaries: Grand Strategy, Domestic Mobilization, and Sino-American Conflict, 1947–1958* (Princeton: Princeton University Press, 1996), p. 16.

政治与政策选择三个环节。① 由于学者们引入的变量各不相同，使新古典现实主义更像是一种学派而非像结构现实主义那样的宏理论。

新古典现实主义主要关注国际体系的压力如何传导至国内单元，国内政治又如何影响国家行为。国家行为在国际体系结构中的自由度决定了国内政治变量的重要度。② 吉迪恩·罗斯指出，新古典现实主义认识到国家内在因素的特殊性和重要性。决策者对相对实力的认识影响对外战略的决策，而不只是仅由实力对比决定，这意味着中短期内国家的对外战略不一定会与实力发展的趋势相吻合，因此还要比较分析国家与社会内部的结构。③ 法里德·扎卡利亚提出了政权中心型现实主义，该理论指出国家政权只有能够更加容易地汲取社会资源、集中和统一政府的决策权力，国家的对外战略才能更有效地应对体系层次的变化。④ 柯庆生提出了国家政治力量（national political power）的概念，指国家政权从社会中汲取资源的能力，而汲取资源能力的主要手段是政治动员。⑤

新古典现实主义并不认同威胁评估视角的安全利益和国际政治经济学视角的经济利益是国家唯一关心的利益，而是认为国家利益取决于政治经济的主观界定或政治运作的结果。⑥ 杰克·斯奈德指出，部门利益集团如军队、外交官和大企业家等会操纵政府机构以实现自己的帝国主义、军国主义和专制

---

① 陈志瑞、刘丰：《国际体系、国内政治与外交政策理论——新古典现实主义的理论构建与经验拓展》，《世界经济与政治》2014年第3期，第127页。

② 宋伟：《从国际政治理论到外交政策理论——比较防御性现实主义与新古典现实主义》，《外交评论（外交学院学报）》2009年第3期，第44页。

③ Gideon Rose, "Neoclassical Realism and Theories of Foreign Policy," *World Politics*, Vol.51, no. 1 (October 1998): 147.

④ Fareed Zakaria, *From Wealth to Power: The Unusual Origins of America's World Role* (Princeton: Princeton University Press, 1998), p. 93.

⑤ Thomas J. Christensen, *Useful Adversaries: Grand Strategy, Domestic Mobilization, and Sino-American Conflict, 1947–1958*, p. 12.

⑥ 李巍：《从体系层次到单元层次——国内政治与新古典现实主义》，《外交评论（外交学院学报）》2009年第5期，第143页。

主义目标，从而导致国家过度扩张。①

新古典现实主义也挑战了结构现实主义将国家作为单一理性行为体的假设。施韦勒指出，国家政权会受到社会的牵制，因为社会结构能影响政权从社会汲取资源的能力和对国际体系的反应。② 还有学者指出，次国家行为体如利益集团也影响国家的对外行为，③ 这与国际政治经济学视角的社会联盟理论类似。

就观念而言，新古典现实主义流派的一些研究聚焦于战略文化的作用。斯奈德将战略文化定义为"被社会化成独特思维方式的半永久性精英信念、态度和行为方式"，国家的战略文化决定其对外战略行为。④ 科林·迪克认为，权力和文化对美国的战略调整发挥了关键作用，而外部威胁设定了战略的背景，美国对外战略调整依靠的战略文化则由国际条件、主导性战略文化、国内政治和政治领导人共同决定。"自由主义"（liberalism）和"有限责任"（limited liability）两类战略文化对美国对外战略发挥了深刻影响。⑤

综上，新古典现实主义将战略环境视为自变量，决策者的认知、国家的战略文化、国家与社会的关系以及国内制度安排被视为中介变量，国家所选择的对外战略及导致的国际结果被视为因变量。国际体系的变化仍需要国内政治结构来发挥作用，而且体系并不总是能对国内结构发出清晰无误和可行的指令以达成战略目标。新古典现实主义的研究大多是个案分析，其提炼的

---

① Jack Snyder, "Introduction," in Robert Jervis and Jack Snyder, eds., *Dominoes and Bandwagons: Strategic Beliefs and Great Power Competition in the Eurasian Rimland* (New York: Oxford University Press, 1991), p. 3.

② Randall L. Schweller, *Unanswered Threats: Political Constraints on the Balance of Powers*, (Princeton: Princeton University Press, 2006), pp. 46–48.

③ Norrin M. Ripsman, "Neorealism and Domestic Interest Groups," in Steven E. Lobell Norrin M. Ripsman and Jeffrey W. Taliaferro, eds., *Neoclassical Realism, the State and Foreign Policy* (Cambridge: Cambridge University Press, 2009), pp. 170–193.

④ Jack Snyder, *The Soviet Strategic Culture: Implications for Nuclear Options*, R-2154-AF (Santa Monica: Rand Corporation, 1997), note 31, p. 8.

⑤ Colin Dueck, *Reluctant Crusaders: Power, Culture, and Change in American Grand Strategy* (Princeton: Princeton University Press, 2006), pp. 33–37.

抽象性理论并不都有普遍意义，缺乏一般性和连贯性的推理。许多国内政治中的变量，也难以测量和评估，该流派各理论更缺乏一致的核心变量。

（二）部门间政治模式

美国国会和白宫各自拥有部分外交权，存在权力分配不明确的领域。美国政治分权与制衡的理念经常表现为国会与白宫之间激烈的政治斗争：行政部门干预国会的立法过程，国会也会施压行政部门。①

部门间政治也被称为跨机构政治模式（Inter-Branch Politics Model），该模式反映了美国行政部门与国会之间的复杂关系，体现美国与其他国家相比更独特的政治运行结构和决策环境。部门间政治模式不再把国会视为决策的外部因素，而将国会纳入核心决策的分析中。罗伯特·帕斯托提出，部门间政治模式的特点是将立法与行政机构之间的互动视为美国对外决策的关键，通过对立法与行政部门间的互动，来分析美国对外决策过程；两个机构在政治过程中都在追求主导权，美国的对外决策取决于行政部门与国会的互动。②部门间政治模式注重决策的两个机构而不是单一的机构或每个机构的子机构，机构自己的偏好和利益决定了对外决策的目标、优先考虑和政策制定行为；该模式运用互动政治过程作为自变量来解释政策内容和结果。③

总统和国会在对外决策中追求不同的目标。相对而言，总统比较强调更加长远的、具有较为显著国际影响力和战略性质的目标，国会则偏好强调具有更多国内政治、经济和文化意义的政策目标，如政党选举的政治利益、地方选民的经济利益、价值观和意识形态等观念性利益。其中，国会更容易受到利益集团的影响，金灿荣指出利益集团习惯于通过国会议员向行政官僚施压，而不是直接接触官僚；有时国会和行政部门之间的斗争会使中美关系成

---

① *Congressional Quarterly Weekly Report* (April 24, 1996): 947.
② Robert A. Pastor, *Congress and the Politics of U.S. Foreign Economic Policy, 1929–1976* (Berkeley: University of California Press, 1980), pp. 49–65.
③ 刘文祥：《美国外交决策中的国会与总统》，中国经济出版社，2005，第99—100页。

为牺牲品。①

(三) 官僚政治模式

官僚政治模式认为战略决策来自决策过程中的组织和个人利益之间的讨价还价，特别强调国内政治过程对国家对外政策的作用，将国家的对外决策视为其内政的延续。越强大的国家其政治结构就越复杂、部门越多、政治过程涉及的利益分配规模越庞大。因此，官僚政治范式在分析像美国这样具有国际影响力和庞大官僚系统的大国时有较好的效果。张清敏和罗斌辉指出，官僚政治模式把决策研究的重点放在政府内部运作上，试图通过分析决策者的个人因素、国家利益观念、政策主张、政治理念与决策过程，得出对外政策的最终呈现结果。②

在官僚政治视角看来，国家是抽象的概念，代表国家制定战略的个人和机构才是施动者。因此，国家利益并非由结构赋予，而是由决策者通过叙述中的话语行为所建构。③国家行为实际上是以国家名义实施的关键个人的行为。④ 大卫·布鲁姆菲尔德和查尔斯·林德布洛姆提出，在美国的决策过程中，产生了个人和组织行为者之间的讨价还价。⑤因此，决策者的认知和组织结构是国内层次的重要中介变量。决策者的一些个人因素，如政治理念、国家利益观、政策主张以及所在国家的国内政治和对外战略决策机制等都是具有重要意义的分析对象。

格雷厄姆·艾利森和菲利普·泽利科提出，政府决策的本质是讨价还价。

---

① 金灿荣：《国会与美国贸易政策的制定——历史和现实的考察》，《美国研究》2000年第2期，第8页。

② 张清敏、罗斌辉：《外交决策模式与美国对台军售政策决定因素分析》，《美国研究》2006年第3期，第30页。

③ Ole Weaver, "Securitization and De-Securitization," in Ronnie D. Lipschutz, eds., *On Security* (New York: Columbia University Press, 1995), pp. 46–86.

④ Richard C. Snyder, H. W. Bruck and Burton B. Sapin, *Decision-Making as an Approach to the Study of International Politics* (Princeton: Princeton University Press, 1954), pp. 36–37, 65.

⑤ Dacid E. Bloomfield and Charles E. Lindblom, *A Strategy of Decision* (New York: Free Press, 1963).

他们提出的政府政治范式认为，决策者不是独立的个人，而是大型组织和政治行为体构成的集合体。（1）决策者们根据各自对国家、组织和个人的不同目标采取行动，并没有共同的战略目标；（2）对外决策是政府中各个政治博弈者之间讨价还价的集合，其中决定参与者认知和立场的因素、整合竞争性偏好的"行动路径"和参与者的表现决定了讨价还价的结果，这种竞争性博弈就是政治过程；（3）博弈者主要来自政府领导人、掌握各个大型政府部门的官员、被邀请的参与者，以及一些重要的国会议员和商界人士；（4）这些博弈者都是代表各自部门的利益，他们的偏好认知和代表的组织紧密相连，在决策过程中往往存在相互矛盾的立场；（5）政府的行为是每个博弈者的选择和各种次要博弈的综合结果，再由各种关键博弈的综合结果组合而成的，因此要解释政府决策的行为方式就要确定相关的博弈者以及它们博弈和同盟分化的情况。[①]

艾利森和莫顿·霍尔帕林将组织行为模式和政府政治模式整合成官僚政治模式，重点分析政府内部个人之间的互动与政府行为的决定性因素；政府的决策者不是单一的理性行为体，而是持不同观点的组织和个人，它们的竞争影响决策，因此是集团博弈的政治过程；政府领导人的职位决定了他们的偏好，主要包括国家安全、组织、家庭和个人利益。[②] 杰雷尔·罗萨蒂对此加以补充，认为在制定任何政策时，并不存在任何占优势地位的个人或组织；在决策和执行之间，往往存在着相当大的差距。[③]

张清敏将官僚政治模式的特征概括为：（1）对外政策是政府机构中占据一定组织位置的个体之间的讨价还价、妥协和竞争的政治结果；（2）从政府不同机制的角度解构问题；（3）把国家与部门和个人利益分开分析；（4）个

---

① 格雷厄姆·艾利森、菲利普·泽利科：《决策的本质：还原古巴导弹危机的真相》，第22—25页，第五章。

② Graham T. Allison and Morton H. Halperin, "Bureaucratic Politics: A Paradigm and Some Policy Implications," in Raymond Tanter and Richard H. Ullman, eds., *Theory and Policy in International Relations* (Princeton: Princeton University Press, 1972), p. 2.

③ Jerel A. Rosati, "Developing a Systematic Decision Making Framework: Bureaucratic Politics in Perspective", *World Politics*, 33, no. 2 (January 1981): 237–238.

人立场取决于在何种政府部门担任职务，即"职位决定立场"；（5）政治博弈的手段和渠道有据可循；（6）官僚政治同时存在于决策和实践环节。①周琪认为，决策是政治过程而非理性的逻辑过程，决策结果可能不是最佳的但可能是次佳的，是在协调不同观点和组织利益的基础上的；虽然决策者的世界观、威胁判断、实力认识和行为规范的判断是形成认知过程中的关键因素，但是心理学方法和博弈论都不能取代官僚政治模式，而仅是对其的补充。②

欧文·贾尼斯在对冷战期间美国决策的案例进行分析后，发现以总统为核心的决策圈存在着一种迫于压力下盲从的小集团思维，具体是指"一个内聚小组无意识产生的一种集体精神"。③李枏指出，在白宫的对外决策体系中，每一届总统都非常重视非正式程序，他们会挑选自己信任的亲信顾问，以非正式的方式决定政策，形成正式的、"小圈子"式的以及个人关系三个相互交错的决策圈。④如果决策团队高估自己的力量和道德、存在信息闭塞、内聚程度高、缺乏公正的领导等问题的话就很容易形成小集团思维。⑤但大多数决策失败并不都是由小集团思维造成的，小集团思维并不一定都会造成决策失败。

官僚政治范式重点分析政府部门利益，不同部门在对华战略规划和实践过程的不同偏好反映了不同的部门利益。因此，部门利益之间的冲突成为分析美国对华战略的重要突破口。周琪指出，美国国务院、国防部和情报机构会因为自己的部门利益而限制总统的战略视角、创新和灵活性；国家安全顾问和国务卿也存在相互牵制和平衡的关系。⑥傅立民指出，美国外交失败的根由是当前外交决策因国防部和情报体系的冷战思维主导而过度军事化，以及

---

① 张清敏：《对外政策分析》，北京大学出版社，2019，第103—114页。
② 周琪主编《美国外交决策过程》，中国社会科学出版社，2011，第13、19页。
③ Irving L. Janis, *Victing of Groupthink: A Psychological Study of Foreign Policy Decisions and Fiascoes* (Boston: Houghton Mifflin, 1972), p. 33.
④ 李枏：《美国国家安全委员会决策体制研究》，《美国研究》2018年第6期，第138、134页。
⑤ 张清敏：《探索决策研究的新思路——评〈小集团思维：决策及大失败的心理学研究〉》，《美国研究》2015年第6期，第125页。
⑥ 周琪主编《美国外交决策过程》，第57、100页。

缺乏明确有效的国家战略。① 李海东认为，在美国对外决策过程中，国务院的地位下降导致强势的国防部、情报部门对中国的观点更能反映美国对华战略的主旨。②

除了政府部门利益以外，对组织惯性和官僚机构本身的研究同样也是官僚政治范式考察的范围。例如，冷战后以美国国家安全委员会为代表的政府组织因其相对稳定的组织架构及运作模式而衍生组织惯性，导致美国对外战略长期呈现路径依赖。③

官僚政治范式自诞生起就受到了很多批评。斯蒂芬·克拉斯纳认为，官僚政治模式忽视了总统作为主要行为个体的权力，至于国家行为表现的不一致和混乱是因为决策者没有控制好自己的权力。④ 大卫·韦尔奇认为，官僚政治模式难以说明决策者在官僚机构中职务与政策偏好之间有直接的联系，官僚机构代表的观点不必然每次都与部门利益一致。⑤ 杰维斯也认为，"看起来属于政府机构之间的利益和观点冲突，实际上反映了社会中已有的、决策者自己也有的不同利益观的冲突"。⑥

张清敏认为，官僚政治模式忽视了国家利益的客观存在，国家的领土、主权、安全、经济利益和国家尊严都是客观的国家利益，同时"职位决定立场"也不一定准确，决策者个人的主观因素也很重要。⑦ 官僚政治模式只重视

---

① Chas Freeman, "Recovering Diplomatic Agility: Remarks to the Watson Institute for International and Public Affairs," Brown University, February 18, 2016.

② 李海东：《当前美国对华政策的辩论、选择与走势分析》，《美国研究》2016年第4期，第19页。

③ 杨楠：《政府组织如何制约美国国际战略转型？——基于美国国安会的分析》，《美国研究》2020年第6期，第111页。

④ Stephen D. Krasner, "Are Bureaucratic Important? (Or Allison Wonderland)," *Foreign Policy*, no. 7 (Summer 1972): 159.

⑤ David A. Welch, "The Organizational Process and Bureaucratic Politics Paradigms: Retrospect and Prospect," *International Security*, 17, no. 2 (1992): 112–146.

⑥ 罗伯特·杰维斯：《国际政治中的知觉与错误知觉》，秦亚青译，世界知识出版社，2003，第18页。

⑦ 张清敏：《对外政策分析》，第114—115页。

部门机构和关键决策者立场不同的情况,却忽视了立场一致的情况,并且也忽视了决策过程中的国际政治背景和国内社会情况等重要的环境因素;官僚政治模式只是对理性行为模式的补充,并不能独自完成对美国外交决策过程的解释。① 周琪也指出,官僚政治模式通常不深入探讨短期的重要问题,② 这是因为官僚政治视角所需的对外决策过程一手材料较难在短时间内获得。更重要的是,官僚政治视角忽视了美国另一个重要的政治机构——国会。

二、威胁评估视角

在威胁评估视角看来,美国的对外战略决策基于作为理性行为体的国家对外部安全威胁的评估,这是较为传统的美国对外战略分析视角。罗伯特·艾森指出,战略研究的焦点就是"威胁产生和被处理的政治条件和物质基础塑造的结果"。③ 约翰·柯林斯认为,大战略首先要界定国家的战略目的以及何为威胁,确定如何使用现有的资源和手段应对威胁、达到目的的过程。首先,他的战略分析框架将抽象的国家利益明确为具体目的与目标;其次,界定威胁,因为"国家安全的利益、目标和政策需要与外部的各种威胁联系"。④ 约翰·加迪斯认为,战略决定国家利益、识别威胁和选择反应方式。⑤ 因此,构成美国战略认知的核心环节是对其外部环境的理解与分析。基于柯林斯和加迪斯的分析框架,美国对外战略的分析可以分为三个步骤:(1)确定国家利益或目的;(2)界定威胁;(3)确定应对威胁、实现具体政治目标的方式。可见,威胁评估是战略研究的重要部分。

---

① 张清敏、罗斌辉:《外交决策模式与美国对台军售政策决定因素分析》,第48页。
② 周琪:《官僚政治模式与美国对中国外交决策的研究》,《外交评论(外交学院学报)》2010年第4期,第73页。
③ 罗伯特·艾森:《战略研究》,载克里斯蒂安·罗伊-斯米特、邓肯·斯尼达尔编《牛津国际关系手册》,方芳等译,译林出版社,2019,第615页。
④ 约翰·柯林斯:《大战略》,中国人民解放军军事科学院译,战士出版社,1978,第31页。
⑤ 约翰·加迪斯:《遏制战略:战后美国国家安全政策评析》(增订本),时殷弘译,商务印书馆,2019,导读(时殷弘),viii。

（一）威胁评估视角的理论回顾

威胁评估视角的逻辑基础来自国际关系现实主义流派的理性行为体假设。该假设认为，只有当决策者基于利益计算时才能对何为威胁作出可供实证分析的理性评估，进而采取行动应对威胁。托马斯·谢林提出的理性行为模式假定行为是经过有意识的利害计算，而计算则建立在一致的价值体系的基础上，[①] 可以在理性选择的基础上分析国家的目的和利益来解释国际现象。[②] 总体而言，现实主义的分析框架视国家内部的政治运作为黑箱，对国家整体利益的追求就是战略目标。

结构现实主义在现实主义的基础上把国家行为解释为，单一的理性行为体在无政府状态的国际体系中追求国家目标的行动，并认为行为体都是具有战略性的。托马斯·莫尔认为，国家动机和行为是博弈中的战略考虑以及有目的的行为。[③] 而国际格局中的力量对比是制约国家战略行为的主要因素。肯尼思·华尔兹认为，国家之间综合实力的相对差距，是在无政府状态的国际体系中国家行为的决定性变量。因此，国家依据自助原则来制定对外战略。[④] 而结构现实主义认为，国家是追求权力的理性行为体，国家追求国家利益的最终目的是安全和生存。[⑤] 国家的外部威胁基于对国际体系中其他行为体实力的评估，而与其意图无关，即国家"对威胁的识别建立在对战略环境判断的基础上"。[⑥] 结构现实主义认为，国家对外行为的分析应该始于外部环境而不

[①] Thomas C. Schelling, *The Strategy of Conflict* (Cambridge: Harvard University Press, 1960), p. 4.

[②] 格雷厄姆·艾利森、菲利普·泽利科：《决策的本质：还原古巴导弹危机的真相》，第38页。

[③] Thomas Mowle, "Worldviews I Foreign Policy: Realism, Liberalism, and External Conflict," *Political Psychology*, 24, no. 3 (2003): 563.

[④] 肯尼思·华尔兹：《国际政治理论》，信强译，上海人民出版社，2008。

[⑤] Kenneth K. Waltz, "Realist Thought and Neorealist Theory," *Journal of International Affairs*, 44, no. 1 (1990): 21–37.

[⑥] 邢悦、陆晨：《对冷战后〈美国国家安全战略报告〉的文本分析》，《国际论坛》2019年第5期，第7页。

是内部偏好，因为国际体系是执行和落实对外战略的客观环境或操作环境。①因此，与国内政治视角不同，结构现实主义认为，来自国际体系的竞争和威胁的压力要大于意识形态或国内政治的压力。②

作为现实主义衍生流派的进攻性现实主义，以结构现实主义流派为理论基础建立更加简约的理论。约翰·米尔斯海默认为，在无政府状态的国际体系中，崛起国和霸权国彼此视为威胁，只有成为体系中最强大的国家才能保证安全，因此，他对中美关系有极度悲观的看法。③崛起国（争霸国）和守成国（霸权国）之间不可调和的矛盾也被称为结构性矛盾。格雷厄姆·艾利森发明的"修昔底德陷阱"概念围绕崛起国和守成国之间的结构性矛盾，即崛起国要求增加自己的利益和地位，而守成国在面临相对衰落时的恐惧被放大。因此，当崛起国威胁到守成国的主导地位时，就会在国际体系中产生结构性压力。④无论是进攻性现实主义还是"修昔底德陷阱"都对中美关系抱有宿命论般的悲观态度。

现实主义国际关系理论既强调理性，也强调国际体系层面国家权力结构的变化和实力对比对威胁评估的影响。但是有学者认为，主观的战略意图与客观的物质实力至少同样重要。如斯蒂芬·沃尔特认为，综合实力、地缘毗邻性、进攻实力和侵略意图都是威胁评估的主要根据，⑤即威胁同时来源于主观和客观两方面。左希迎认为，美国最高决策者对此时美国外部的安全威胁和战略环境的认知，以及美国国内所主导的国际安全战略是分析美国威胁评估机制的三个重要的可观察性因素。⑥杨勇萍和潘迎春则认为，国家意图比实

---

① 张清敏：《对外政策研究的主要维度及其内在逻辑》，《国际政治研究》2019年第1期，第11—12页。

② Kenneth Waltz, "A Response to My Critics," in Robert O. Keohane ed., *Neorealism and Its Critics* (New York: Columbia University Press, 1986), p. 329.

③ 约翰·米尔斯海默：《大国政治的悲剧》，王义桅、唐小松译，上海人民出版社，2003。

④ 格雷厄姆·艾利森：《注定一战：中美能避免修昔底德陷阱吗？》，陈定定、傅强译，上海人民出版社，2019，第53、71页。

⑤ 斯蒂芬·沃尔特：《联盟的起源》，周丕启译，北京大学出版社，2007。

⑥ 左希迎：《美国国家安全战略的转变》，中国社会科学出版社，2020，第31—43页。

力更为重要，因为只有国家意图才能为国家之间的权力竞争定性，而捍卫文化理念及社会制度也是国家的战略目标。① 如冷战期间，美国第一份重要战略指导性文件——国家安全委员会68号文件（NSC 68）所述，美国政府的根本目的在于"保证基于个人尊严和价值的自由民主制度的完整和活力"。② 因此，价值观、意识形态、文化、发展模式等主观意识塑造的产物同样是美国需要保护的国家利益。

（二）威胁评估视角与美国对华战略

近十年来，学术界普遍认为中国的快速崛起和美国的相对衰落导致两国之间实力的接近，已经造成国际体系层面的结构性矛盾，从而导致中美两国调整各自的对外战略。③ 国际关系学的权力转移理论认为，当一国发现另一国的权力快速增长时很容易产生威胁认知。④ 美国领导人为了形成全社会支持国家战略的政治共识，因此，会将某个特定的大国界定为美国的主要竞争对手或敌人，通过塑造外国威胁凝聚国内共识。⑤ 既有文献指出，中国主要在五个领域与美国存在竞争关系，美国决策界和学术界的部分观点也认为中国分别在这些领域对美国的利益构成了威胁。

第一，保持在全球的霸权领导地位是美国最重要的国家利益和战略目标。⑥ 自2010年以来，美国逐渐视中国为"战略竞争"对手是因为中国的经济和军事实力对美国的全球霸权地位构成挑战，并认为中国试图建立替代性国

---

① 杨勇萍、潘迎春：《美国对华"新冷战"的演进逻辑》，《国际观察》2021年第2期，第52—53页。

② *The Foreign Relations of the United States: 1950*, I, pp. 237–239.

③ 李巍、张哲馨：《战略竞争时代的新型中美关系》，《国际政治科学》2015年第1期，第25—53页。

④ David L. Rousseau and Garcia-Retamero Rocio, "Identity, Power, and Threat Perception: A Cross National Experimental Study," *The Journal of Conflict Resolution*, 51, no. 5 (2007): 744–771.

⑤ John E. Mueller, "Presidential Popularity from Truman to Johnson," *The American Political Science Review*, 64, no. 1 (1970): 18–34; James Kurth, "America's Grand Strategy: A Pattern of History," *The National Interest*, no. 43 (1996): 3–19.

⑥ 王浩：《利益、认知、互动：中美关系演进的动因探析》，《世界经济与政治》2014年第10期，第102页。

际制度威胁了美国主导的国际秩序。①

第二,中国在亚太地区的地位和影响力迅速提升,挑战了美国主导的亚太地区安全秩序,在该地区正在发生中美之间的权力转移。②

第三,进入21世纪第二个十年以来,中国的经济开始从快速发展向高质量发展转型,特别是与美国相比,中国经济增长速度较快,加剧了美国面对竞争压力的威胁感和挫败感。③美国担忧对华贸易中相对收益的减少,认为中国的产业政策是导致中美贸易失衡和美国制造业衰落的重要原因。④在金融领域,美国认为人民币国际化、人民币跨境支付系统和人民币数字货币对美元金融霸权构成了挑战。

第四,2015年中国提出《中国制造2025》行动纲领,加大对高技术产业和先进制造业的研发投入。美国战略界认为,中国在第五代移动通信技术(5G)、人工智能、机器人、无人驾驶、金融科技、互联网等前沿高新科技领域的快速发展,对美国的科技优势构成了"威胁"。⑤中国科技实力与经济发展模式的结合也在瓦解美国全球产业链、供应链的经济基础,威胁美国的经济霸权。⑥

第五,随着中国复兴和国际影响力的扩大,中国的体制优势和价值观在国际上越来越有吸引力。一些美国学者和政客认为中国对其意识形态和核心价值观已经构成"威胁",认为中美两国的意识形态之争是不可调和的,中美

---

① Aaron L. Friedberg, "The Debate Over US China Strategy," *Survival*, 57, no. 3, June-July (2015): 89–110.

② Condoleezza Rice, "Promoting the National Interest," *Foreign Affairs*, 70, no. 1 (2000): 45–62.

③ 高程:《中美竞争视角下对"稳定发展中美关系"的再审视》,《战略决策研究》2018年第2期,第14—25页。

④ Harlan Grant Cohen, "Multilateralism's Life Cycle," *American Journal of International Law*, 112, no. 1 (2018): 49.

⑤ 左希迎:《美国亚太联盟体系会走向瓦解吗》,《世界经济与政治》2019年第10期,第58页。

⑥ Victor Bulmer-Thomas, *Empire in Retreat: The Past, Present, and Future of the United States* (New Haven: Yale University Press, 2018), chapter 11.

还将在发展模式和政治、经济、社会制度领域展开竞争。①

总的来说，前两种观点认为虽然中美"竞争"的关键在于全球或地区层面的地位之争，但是仍然可以管控风险并在其他领域扩大两国的共同利益。这两种观点对威胁的评估主要基于经济和军事实力，相当多的研究都发现中国的综合国力，特别是军事实力仍与美国有较大差距。实际上，中国很难对美国构成实质性的威胁。②例如，兰德尔·施韦勒认为，中国对美国的威胁是适度的。③第三种和第四种观点认为，长期来看，中国的发展潜力巨大，依托于尖端科技水平和经济发展质量的不断提高，中国的综合国力迟早会超过美国。但是，国家综合实力的提高不必然会导致在国际体系中地位的上升，美国对其他国家相对实力和地位的威胁评估也并不同步，有观点认为中国对美国的利益没有构成重大威胁。④潘蓉和肖河认为，美国还没有对中国实力的增长感到恐惧，两国没有陷入"修昔底德陷阱"当中，⑤中美的战略竞争也并非全方位的。

冷战爆发的重要原因是美苏两国社会制度和意识形态不可调和的竞争。章百家指出，中国还没有对美国的社会制度和意识形态构成威胁。⑥王缉思强调，需要淡化并管控中美双方在价值观、政治制度和意识形态上的差异和分

---

① Stefan Halper, *The Beijing Consensus* (New York: Basic Books, 2010).

② Stephen G. Brooks and William C. Wohlforth, "The Rise and Fall of the Great Powers in the Twenty-First Century: China's Rise and the Fate of America's Global Position," *International Security*, 40, no. 3 (2015/16): 7–53.

③ Randall Schweller, "Opposite but Compatible Nationalisms: A Neoclassical Realist Approach to the Future of US–China Relations," *Chinese Journal of International Politics*, 11, no. 1 (2018): 37.

④ 兰德尔·施韦勒、马骉：《新古典现实主义与中美关系的未来》，《国际政治科学》2018年第3期，第82页。

⑤ 潘蓉、肖河：《尚未触发的"修昔底德陷阱"与美国对华政策》，《国际论坛》2020年第2期，第93页。

⑥ 章百家：《穿越历史透析中美之变——当前对两国关系的若干思考》，《东亚评论》2020年第一辑，第37页。

歧。① 中国更没有挑战美国的主观意图。兹比格涅夫·布热津斯基反对米尔斯海默主张的中美冲突不可避免的观点，他认为，因为中国并没有要取代美国的野心，所以中国可以实现和平崛起。② 而且中国无意与美国争夺世界霸权，也不向美国和世界其他国家输出自己的社会制度和意识形态，也不试图伤害美国的核心国家利益，更没有尝试挑战美国的生存权利。③ 有学者对"中国和美国在未来一定会爆发冲突和对抗的决定论观点"持反对意见，因为中美两国的政策塑造着各种力量的互动。④ 由此可见，虽然结构现实主义和进攻性现实主义强调体系层次原因会导致大国竞争，但也忽视了单元层次中美两国主观能动性发挥的重要作用。

同时，美国的威胁评估机制仍然受到冷战时期形成的战略惯性影响。韩召颖和黄钊龙指出，冷战后美国大战略仍是一种威胁导向型战略。⑤ 美国通过寻找敌人或对手来评估威胁，通过判断对方的意图规划自身的战略目标。⑥ 美国作为霸权国经常高估来自崛起国的外部威胁，并试图将责任推给崛起国，利用对崛起大国的恐惧心理巩固民意基础。美国对崛起大国往往反应过度，并夸大竞争对手的实力和意图，导致了战略思维的泛冷战化和"威胁通胀"（security inflation）。⑦ 孙兴杰认为"修昔底德陷阱""权力转移""新冷战"等概念都是西方学术界依据其历史提出的崛起国与霸权国之间的战略博弈论。⑧ 美国学界和政界部分人士也深受这些理论的影响，得出基于威胁评估

---

① 王缉思：《巩固共同利益，管控价值观分歧》，《世界知识》2019年第1期，第14页。

② Zbigniew Brzezinski, "Make Money, Not War," *Foreign Policy Specially Report* (2005): 46–47.

③ 张文宗：《美国政治极化与对华政策的极端化》，《和平与发展》2020年第2期，第51—52页。

④ James Steinberg and Michael E. O'Hanlon, *Strategic Reassurance and Resolve: U.S.-China Relations in the Twenty First Century* (Princeton: Princeton University Press, 2014), pp. 3–14, 208.

⑤ 韩召颖、黄钊龙：《对冷战后美国大战略的考察：目标设置、威胁界定与战略实践》，《当代亚太》2019年第5期，第30页。

⑥ 时殷弘、陈然然：《论冷战思维》，《世界经济与政治》2001年第6期，第4—9页。

⑦ Michael Beckley, "The Myth of Entangling Alliances: Reassessing the Security Risks of U.S. Defense Pacts," *International Security*, Vol.39, no. 4, Spring (2015): 47.

⑧ 孙兴杰：《美国战略收缩与中美关系演化》，《国际问题研究》2021年第1期，第81页。

视角的结论。然而，正如理查德·哈斯所言，"对美国安全和繁荣的威胁不是来自国外而是国内"。① 理查德·乐博也认为，"美国在证明自己是最大的敌人"。② 深受威胁评估视角影响的部分美国学者和政客习惯性地从外部寻找威胁，却忽视了美国自身的问题。

（三）威胁评估视角的局限

威胁评估视角是在中美关系研究领域使用最多、影响力最大的分析视角，因其可操作性强、理论框架简洁、分析过程清晰。在战略实践中，美国的军事部门、国家安全部门、情报部门确实存在强调外部威胁的部门利益偏好。杰维斯就认为，军人比政治家更容易感觉到威胁。③ 这导致美国决策倾向于夸大外部威胁的严重性、矛盾的不可调和性和武力在国际政治中的作用。此外，威胁评估视角还存在如下三个缺点。

第一，该视角忽视了中美两国紧密的经济、社会关系和国内政治所发挥的重要作用。结构论虽然试图对大国关系进行长期预测，但其对中美关系宿命论式的推理简化了两国关系的复杂性，很容易得出悲观结论。中美关系的复杂性如王浩所指出的"美国对华战略取决于安全与经济两个核心维度以及地缘政治和国内政治两种逻辑的互动和博弈"。④ 也有学者指出，中美关系的远近亲疏变化与两国的实力对比无显著相关性，实力对比是通过两国的国内政策议程作用于双边关系的。⑤ 所以中美关系并非一定如宿命论式有着注定的结局，而是取决于两国"博弈"的结果。⑥

---

① Richard Hass, *Foreign Policy Begins at Home: The Case for Putting America's House in Order* (New York: Basic Books, 2013), p.1.

② Richard Ned Lebow, *The Tragic Vision of Politics* (Cambridge: Cambridge University, 2003), p.311.

③ 罗伯特·杰维斯：《国际政治中的知觉与错误知觉》，导言，第36页。

④ 王浩：《特朗普政府对华战略调整的双重逻辑及其互动》，《世界经济与政治》2018年第3期，第47页。

⑤ 胡然、王缉思：《论中美关系与国内治理》，《当代美国评论》2022年第3期，第26页。

⑥ 章百家：《穿越历史透析中美之变——当前对两国关系的若干思考》，第36页。

第二，威胁评估视角将国际体系层次的影响泛化和绝对化。[1]对国际体系层次的关注并不能完全解释美国对华战略的不一致和不连贯，无法解释政党轮替和决策层人事变更导致的战略行为剧变，更抽象化了国内政治和社会因素的作用。[2]利益群体之间博弈也会阻碍形成统一的威胁评估模式。华尔兹也提及结构并不决定行为和结果，关键个人也可以通过外交和意志突破结构的限制。[3]国家实力和外部威胁都需要通过决策者个人来感知。对上述文献的回顾也发现美国国内存在多种不同的对华意见，持有不同利益和观点的重要个人和群体都参与到了美国对华战略转型的过程中。

第三，国际体系的结构压力只有通过参与美国国内的政治进程，与行为体的偏好诉求和行为产生互动，才能最终作用于美国的对外战略决策。正如国际体系发生战略性变革的根源在于国内政治，国际体系结构是因变量，国内政治的发展是推动过程性结构变化的支点。[4]国际体系的压力不能决定特定国家的具体战略细节，结构性因素不能决定决策的过程，美国强大的国力也不能自动转换为战略规划和实践，经济实力更不能自动转化为军事实力。只注重体系层面和物质实力是无法全面解释美国对华战略的。因此，关于美国对华战略演变的分析不能止步于体系层次，而是需要从美国国内寻找更多的分析单元。

三、国际政治经济学视角

国际政治经济学视角认为美国的对外战略是控制或影响国家政权的特定群体利益的集中反映，特别强调经济利益对国家间政治关系的驱动作用。该分析视角将国际关系研究关注的体系层次重新回归国家层次，并将国内社会

---

[1] Peter Trubowitz, *Defining the National Interest: Conflict and Change in American Foreign Policy* (Chicago: University of Chicago Press, 1998), p. 241.

[2] 王浩：《社会联盟与美国对外战略演化的逻辑（1945—2015）》，《世界经济与政治》2016年第7期，第64页。

[3] 罗伯特·基欧汉编《新现实主义及其批判》，郭树勇译，北京大学出版社，2002，第314页。

[4] 杨光斌：《关于建设世界政治学科的初步思考》，《世界政治研究》2018年第一辑，第8页。

和制度因素纳入分析，不再采取现实主义将国家看作"黑箱"的假设。该视角主要关注阶级、利益集团、社会联盟等国内群体对美国对外战略的影响。

（一）阶级和利益集团理论

张发林等指出，国际政治是经济生产与社会制度共同产生的特殊形式，对国家利益的分析应当还原到经济生产、市场资源、技术革命与统治阶级的内部关系当中。① 张宇燕和高程指出，国内利益集团或阶级之间的博弈塑造了国家行为。② 这种将国家在国际体系中的行为溯源至国内行为体的方法也被称为"还原主义"。

马克思主义强调国家具有的阶级性和工具性，国家利益就是该国统治阶级的利益。在政治和经济博弈中胜出的阶级利益就会上升为国家利益。③ 因此，美国的国家利益往往是其统治阶级即金融垄断资产阶级的利益，美国的对外战略反映的就是该阶级的帝国主义诉求，主要是由其商业利益驱动的。威廉·威廉斯认为，美国对外扩张的主要动力是商业利益，美国在全球寻求市场、进行扩张和干预的目的是为经济繁荣。④ 正如高程指出，美国对外战略以物质利益为主导，物质利益一直压倒文化和意识形态诉求。⑤ 追求经济利益一直都是驱动美国对外扩张和干预的重要原因，这与美国作为资本主义强国的国家性质密不可分。但是，阎学通认为，国际政治层次的国家利益是不具备阶级性的。⑥ 所以对外战略是否有阶级性要看该战略维护的是不是特定阶级的利益。

作为统治阶级的美国资产阶级会产生以产业为依托的分化，导致统治阶级内部不同产业集团对有限政治资源的激烈竞争。研究者无法从国际体系层

---

① 张发林、朱小略：《国家利益的国内基础——一个动态分析框架》，《太平洋学报》2020年第11期，第37页。
② 张宇燕、高程：《美国行为的根源》，中国社会科学出版社，2016，第8页。
③ 王希：《美国历史上的"国家利益"问题》，《美国研究》2003年第2期，第16页。
④ William A. Williams, *The Tragedy of American Diplomacy* (Cleveland: World Publishing, 1959).
⑤ 高程：《美国对外政策的驱动力：物质利益至上？》，《美国研究》2012年第2期，第82页。
⑥ 阎学通：《中国国家利益分析》，天津人民出版社，1996，第4—20页。

次的视角充分解释国内政治的运作机制,只能通过分析利益集团在对外战略中的利益偏好来解读国内外政策之间的联系。① 亚瑟·本特利首先提出了利益集团分析理论。② 利益集团通常都以维护国家利益的名义来维护本集团的利益,以至于"集团理论"将政治过程的一切都归于利益集团作用的结果。杰克·斯奈德认为,在美国对外战略制定的过程中,代表不同利益的国内行为体如政党、部门等相互制衡,导致局部利益难以主导对外战略的形成过程,从而制约并减少了代价高昂且具有冒险性的扩张主义政策。③ 安德鲁·莫拉夫茨科指出,国家是利益集团与国家立场之间的传递带,政府将集团的利益偏好集中在一起。④ 张文宗认为,美国政治是利益集团政治,商业利益集团通常会单纯地以经济性的视角看待中美关系,商业利益集团的诉求也会通过向美国部门机构和国会游说和施压得以实现。⑤ 作为统治阶级和利益集团利益的国家利益与国际政治中的国家利益有时候是冲突的,对外战略是国内不同阶级或集团的利益分配,只能满足一部分人或某个阶级的利益。⑥

尽管利益集团是一种根植于美国政治体制和资本主义模式的客观产物,但是乔治·凯南和萨缪尔·亨廷顿都对利益集团过度侵蚀美国国家利益表达过担忧。⑦ 军工复合体、华尔街金融利益集团、石油化工能源企业、农业利益

---

① Edward Chester, *Sectionalism, Politics, and American Diplomacy* (Metuchen: Scarecrow Press, 1975), p. 4.

② Arthur F. Bentley, *The Process of Government: A Study of Social Pressures* (Chicago: University of Chicago Press, 1908).

③ Jack Snyder, *Myths of Empire: Domestic Politics and International Ambition* (Ithaca: Cornell University Press, 1991), chapter 2.

④ Andrew Moravcsik, "Preferences and Power in the European Community: A Liberal Intergovernmentalist Approach," *Journal of Common Market Studies*, 31, no. 4 (1993): 473–524.

⑤ 张文宗:《美国涉华经济利益集团与中美贸易摩擦》,《美国研究》2019年第6期,第64、80页。

⑥ 张清敏:《对外政策分析》,第139—172页。

⑦ George Kennan, "Lectures on Foreign Policy," *Northwestern University Law Review*, January-February, 1951, 45, no. 6, pp. 718–742. Samuel P. Huntington, "The Erosion of American National Interests," *Foreign Affairs*, September/October (1997): 18–38.

集团、工商业利益集团、工会利益集团等产业利益集团通过竞选资助、游说和影响人事任命干预美国对外战略。随着美国生产要素的再分布和人口的迁徙流动，少数关键产业的利益集团很难对美国对外战略产生决定性影响。美国对外战略的分析引入需要更多的变量来构建国内社会与经济视角的理论框架。

（二）社会联盟与地理联盟理论

社会联盟理论关注国内社会力量在政府制定对外战略过程中所发挥的作用。[①]社会联盟被定义为"在政府对外经济政策制定过程中拥有类似利益诉求和政策倾向，并试图共同影响决策过程的社会力量的集合"。[②]该理论认为国际经济活动带来的阶级分化和行业、部门分化形成了阶级联盟、行业联盟或执政联盟从而影响决策过程。[③]具体而言，要素流动性高的地方更有可能形成阶级联盟，要素流动性低的地方更有可能出现产业联盟。[④]美国的社会分化更多地体现为行业分化而非阶级分化。

查尔斯·比尔德认为，美国的核心国家利益是经济而非安全利益，政党代表不同的经济利益集团，美国对外战略体现出区域经济利益集团的诉求。[⑤]彼得·特鲁波维兹指出，美国国内各地域间的政治斗争产生国家利益。[⑥]凯文·纳里泽尼认为，美国对外战略不是由客观的国家利益而是由执政联盟的地方利益支配，国内团体和产业部门在世界经济中的地位影响国家的战略偏

---

① Peter Gourevitch, *Politics in Hard Times* (Ithaca: Cornell University Press, 1986).

② Peter Gourevitch, "International Trade, Domestic Coalitions, and Liberty: Comparative Responses to the Crisis of 1873–1896," *Journal of Interdisciplinary History*, 8, no. 2 (1977): 281–313.

③ 田野：《对外经济政策的政治学——社会联盟理论解析》，《国际政治科学》2008年第2期，第59页。

④ Michael J. Hiscox, "Class Versus Industry Cleavages: Inter-Industry Factor Mobility and the Politics of Trade," *International Organization*, 55, no. 1 (2001): 1–46.

⑤ Charles A. Beard, *The Idea of National Interest: An Analytical Study in American Foreign Policy* (Chicago: Quadrangle Books, 1966), pp. 32–33, 45.

⑥ Peter Trubowitz, *Defining the National Interest: Conflict and Change in American Foreign Policy*, pp. xiii-xiv, 12–22.

好。① 社会联盟的偏好得以塑造国际体系中国家的基本目标。

王浩指出，美国对外战略的行为模式由其国内政治机制直接决定，植根于相应的社会联盟格局中。美国对外战略演变的根本动力是在国际体系压力干预下不断重组的国内社会联盟格局，体系、国家和社会在美国对外战略的演化进程中扮演着不同的角色。② 政治精英代表不同社会联盟利益形成相应的政治格局，因此，美国对外战略反映了国内政治中多数或主导社会联盟的利益偏好。③ 政治精英所属的不同执政党对外战略的制定建立在完全不同的国内政治逻辑和利益诉求的基础上。④

社会联盟理论的缺点也很明显，即"既有的阶级和行业路径未能在社会利益分化和政治制度之间建立起直接的联系"。⑤ 社会联盟理论对如何影响美国政治的具体过程并没有清晰解释，社会产业利益对美国总统和国会的对外决策有何不同影响也未能分别界定。李巍和赵莉提出的地理联盟理论可以弥补阶级和行业联盟路径与政治制度联系方面的欠缺。该理论以地理区域划分作为基本原则，指出以产业集中分布为特征的产业地理和以选区为中心的政治地理是美国社会利益和政策偏好向联邦政府传导的关键，两种地理因素共同塑造利益基础和动力；他们还认为，由于美国的产业呈现高度的地理集聚特征，在中美"贸易战"中利益受损的产业会通过所在选区的政治代表来表达自身的利益诉求。⑥ 但是小瓦尔迪默·基认为，地方主义只是用来掩盖其他利益冲突的面具，根本原因在于不同地区因为地理自然条件方面的不同，导

---

① 凯文·纳里泽尼：《大战略的政治经济学》，白云真、傅强译，上海人民出版社，2014，第61页。
② 王浩：《美国对外战略变迁的动力、机制与进程——基于"社会中心"视角的分析》，《当代亚太》2016年第6期，第51、34—39页。
③ 王浩：《社会联盟与美国对外战略演化的逻辑（1945—2015）》，第73—74页。
④ 王浩：《从制度之战到经济竞争：国内政治与美国对华政策的演变（2009—2018）》，《当代亚太》2019年第1期，第43—45页。
⑤ 李巍、赵莉：《产业地理与贸易决策——理解中美贸易战的微观逻辑》，《世界经济与政治》2020年第2期，第95页。
⑥ 李巍、赵莉：《产业地理与贸易决策——理解中美贸易战的微观逻辑》，第87、95—98、115页。

致经济利益的差异，而地区内部人群的政治目标往往是分化的。①因此，地理联盟理论在适用性方面也有局限性。

（三）国际政治经济学视角与美国对华战略

沈志华认为，经济问题是冷战起源最根本的问题，经济的切割为美苏冷战奠定了基础。②而中美两国多年来培育的紧密经济联系使"新冷战"几乎不可能发生。同时，中美两国紧密且相互依赖的经济关系，在两个国家的社会都创造了具有巨大利益和影响力的社会群体，包括庞大的跨国商务精英群体、留学人员、科研人员、文化和媒体产业从业者、外交人员等，他们具有较强的动机去提倡两国之间的和平、支持双边关系的稳定、促进两国关系的发展。③美国国内受益于良好中美关系的群体也曾推动美国对华战略朝着接触与合作的方向前进。

从国际政治经济学视角分析，美国不同党派依托于不同的社会联盟。例如，克林顿和奥巴马等民主党政府与加州的互联网科技企业和东北部工商业关系更加紧密，因此其国际战略有支持全球化和自由化、扩大与中国的合作等主张；特朗普上台后一系列对华激进政策，则是因为特朗普和共和党越来越依靠来自五大湖"铁锈地带"的白人劳工阶层选民支持，而这一地区的支柱传统产业——制造业从自由主义全球化国际贸易中受损最明显。

中美之间不断紧密的经济利益联系使经贸合作领域被称为中美关系的"压舱石"或"稳定器"，在两国之间形成了"你中有我，我中有你"的经济相互依赖。④有观点认为，中国国内的广阔市场和中国政府不断深化的改革开放对美国跨国资本和相关利益集团具有吸引力，持续增强的经贸联系可以扩大各

---

① 小瓦尔迪默·奥兰多·基：《政治、政党与压力集团》，周艳辉、陈家刚译，浙江人民出版社，2021，第21、31页。
② 沈志华、张昕：《美苏冷战起源的经济因素——沈志华教授访谈》，《俄罗斯研究》2021年第1期，第3页。
③ 李巍：《从接触到竞争：美国对华经济战略的转型》，《外交评论（外交学院学报）》2019年第5期，第76页。
④ 金灿荣：《中美关系与"修昔底德陷阱"》，《湖北大学学报（哲学社会科学版）》2015年第3期，第15—18页。

自国内相关群体的获利。① 例如，马凯硕建议，当前中国仍然需要与美国和西方建立基于经贸联系的"稳定器"。②

（四）国际政治经济学视角的局限

近年来，美国对国家安全事务的重视逐渐超越了经济事务。为了安全利益，美国决策层宁可放弃部分经济利益。此外，如果美国的对外战略一定与特定群体利益捆绑的话，由于短期内美国经济产业结构较为稳定，所以美国对外战略应当在同一任政府内呈现出连贯性，但事实上在同一任政府内部美国对华战略也往往呈现波折。国际政治经济学视角的缺点主要有三点。

第一，国家利益并不完全符合国家中主导集团或联盟的利益诉求，而是在政治博弈中各类行为体利益诉求的平衡与妥协，很难出现只有一个或几个群体掌握制定国家战略的情况。一项政策或一部法案往往反映多个利益群体的诉求。经济利益是美国国家利益重要的组成部分但不是唯一关注的利益。

第二，还原主义视角经常以问题导向来分析具体的决策过程，研究者在选择不同的问题时会分析不同被研究主体的利益偏好，其因果解释具有局限性。而国家利益同时具有阶级性和民族性，普遍性和特殊性。③ 所以所有问题难以被归纳进统一的还原主义理论框架中。

第三，经济群体与对外战略有相关性，虽然决策者的战略选择也会被相关社会群体左右和约束。④ 但这些群体并不是战略的直接决策者和执行者，社会群体只是间接影响战略的使用范围而非直接影响。作为对外战略决策者的官僚和政府部门并不必然将所代表群体的经济利益放在首位，因为他们个人的政治利益和机构部门利益有时更为重要。虽然某个地区的经济对选举重要，但是对外战略不完全基于选举的结果。特别是总统、国务卿、国家安全事务

---

① 张文宗：《美国涉华经济利益集团与中美贸易摩擦》，第63页。

② 马凯硕：《中国的选择：中美博弈与战略抉择》，全球化智库译，中信出版集团，2021，第48页。

③ 俞正梁：《变动中的国家利益与国家利益观》，《复旦学报（社会科学版）》1994年第1期，第37页。

④ Peter Trubowitz, *Politics and Strategy: Partisan Ambition and American Statecraft* (Princeton: Princeton University Press, 2011).

助理等官员需要具备更加全面的战略格局和素质,其战略决策有时会有悖于社会联盟的利益。因此,虽然该理论也提供了国内政治的视角,但在分析如何影响战略决策时缺少了中间的政治过程。

四、从已获得文献中提炼的概念框架和研究假设

综合分析既有的文献,美国对华战略可以同时从威胁评估、国际政治经济学和国内政治的视角来分析。不同视角下的美国对华战略演变具有不同的特点(见表1.1),单一的视角倾向于产生特定的结论:从威胁评估视角分析观察美国对华战略会倾向于对中美关系的未来持悲观看法,因为中国的实力差距与美国会越来越小,而美国仍然坚持威胁导向型的战略评估方式;从国际政治经济学视角分析则会倾向于较为乐观的看法,因为中国与美国之间的经济联系有利于部分美国统治阶级、利益集团或社会联盟的利益,美国的对外战略受到这些群体的极大影响;而国内政治视角认为美国政府并不是单一的行为体,所以会倾向于对不同的群体、部门和党派政府导致的政治过程和结果持有不同的判断。分析美国对外战略演变需要统筹运用不同的分析视角确定各种利益之间的内在关系。

表1.1 美国对华战略研究三种分析视角的特征

分析视角		分析层次	分析单元	核心变量
国内政治视角	新古典现实主义	国家	群体、部门、体制、机制、观念等	群体与部门的利益偏好、领导人意象、意识形态偏好等
	部门间政治模式	国家	行政和立法机构	行政机构或立法机构的利益偏好
	官僚政治模式	国家	行政机构中的部门或个人	行政机构部门或个人的利益偏好
威胁评估视角		体系	国家	霸权国与崛起国的实力对比、战略意图、意识形态差异等
国际政治经济学视角		国家	群体(阶级、利益集团、社会联盟、地理联盟)	集团群体的利益偏好

数据来源:作者整理。

是否关注国内政治的作用是体系层次理论和国家层次理论的分界。威胁评估视角从现实主义理论的国际体系层次出发，而国际政治经济学和国内政治视角都是分析层次的回落，不同的视角反映美国内部不同个人、群体、阶层和机构部门对体系层次不同的认知。国际关系学现实主义流派，特别是进攻性现实主义主张中美之间存在结构性矛盾。国际政治经济学则强调，利益集团等群体在美国对外战略决策中发挥的作用。对外政策学的官僚政治模式强调，美国政党轮替和部门利益的作用。部门间政治理论强调，美国行政部门与立法部门之间关于对外决策权的争夺。杰维斯指出："没有一个层次可以解释所有重要变量，每个层次在不同问题中的意义也不同。"① 三种分析视角对美国对华战略的分析都有一定解释力。因此，不同的国内行为体基于不同的利益和对体系的认知共同影响美国对华战略的演变。

威胁评估视角和国际政治经济学视角认为，美国对华战略与中美的实力对比呈线性关系发展，即中美实力差距越小美国越趋向于遏制中国，或中美经济关系越紧密美国越倾向于对华缓和。这两种视角虽根植于不同的价值观，在两个层次上发挥不同的作用，但都可以解释美国对华战略的静态趋势性、长期性产生的原因，然而对于美国对华战略的不一致性和不连贯性的解释力较弱。因为，政党轮替、人事任命变动、政治博弈过程、利益集团游说、行政和立法过程都是高度动态性的，政党、部门、群体、集团、个人的政策偏好有差异，而对华战略是连续的政策集合，并非机械式的静态发展。

美国对华战略的演变并非呈线性特征，而是可逆且反复的。同时，机构部门中的决策者，如领导人和部门负责人，既是感受到国际体系威胁的中介，又是美国社会经济群体在国家机器中的代理人。在具体的研究中，决策层的立场也是国家安全、经济和个人政治利益的集合。任何一位决策者的战略选择都是在国际与国内体系之间的结构性互动中完成的。② 克里斯托弗·希尔指

---

① 罗伯特·杰维斯：《国际政治中的知觉与错误知觉》，第6页。
② 牛军：《冷战时代的中国战略决策》，世界知识出版社，2019，第7页。

出,"对外政策不能离开国内背景,没有国内社会就没有对外政策"。①国内政治与社会结构可以影响构成国际体系的国家单位,国家之间的互动正是由国内行为体的制约决定的。②而美国对外战略是由具有不同目的和手段偏好的政治精英、各种诉求的利益团体、民众以及制度共同塑造而成的。③个人、群体或部门在国内层面相互之间的政治作用塑造了国家的利益偏好,最终通过国家在国际层面发挥影响,塑造美国的战略决策体系,成为美国对华战略演变的根源。

因此,虽然威胁评估视角和国际政治经济学视角可以解释美国对华战略调整的部分成因。但是,在美国国内政治视角的基础上,集合另外两种视角的特点,可以更好地解释美国对华战略演变所呈现的不一致性和不连贯性特征。因此,将对外战略视为连续对外政策的集合,将美国对外战略视为其国内政治的延续。同时,上述各视角缺乏对美国国内政治、经济和社会关系与国际体系的框架性描述,而"战略缔造既涉及国内政治和个人特质,又涉及外部威胁的压力"。④因此需要一种更为综合性的分析框架来完善,以美国国内政治为基础的美国对华战略研究视角,从而结合国际关系理论研究中的"第一意象"(决策者)、"第二意象"(国内结构)和"第三意象"(国际体系)。

综合对既有相关文献的整理与分析,提出如下假设:决策联盟的更替导致美国对华战略任间不一致,决策联盟内部行为体的博弈导致对华战略任内不连贯,同时战略性危机作为体系压力促使战略规划和战略实践的调整。本研究的自变量是决策联盟的变化(包括联盟的更替和内部博弈),因变量是美国对华战略在总统任间和任内的变化,干预变量是国际层面的战略危机。各

---

① 克里斯托弗·希尔:《变化中的对外政策政治》,唐小松、陈寒溪译,上海人民出版社,2007,第39页。

② Barry Buzan, Charles Jones, and Richard Little, *The Logic of Anarchy: Neorealism to Structural Realism* (New York: Columbia University Press, 1993), p. 37.

③ Kevin Narizny, "Both Guns and Butter, or Neither: Class Interests in the Political Economy of Rearmament," *American Political Science Review*, 97, no. 2 (2003): 203–220.

④ 威廉森·默里等主编《缔造战略:统治者、国家与战争》,时殷弘等译,世界知识出版社,2004,第23页。

变量在不同层次同时发挥作用。分析框架中各部件之间的联系和主要行为体的作用等内容将在本书第二章重点阐述。

第三节 概念界定

一、美国对外战略与对华战略

战略是指目标与手段的结合。对外战略也被称为国际战略、国家战略或大战略。第二次世界大战前的战略研究者认为战略、战争与国家安全紧密相关，是服务于政治目标的工具，因此战略被理解为战争与政治的纽带。[1] 卡尔·冯·克劳塞维茨提出，战略是追求政治目标的工具。[2] 李德·哈特进一步将大战略定义为"协调和指导国家的所有力量达到战争政治目的"的过程。[3] 巴里·博森和科林·格雷认为，战略连接了政治和军事的手段与目的。[4] 因此，正式的战略方针有助于协调目标与手段。

美国因其特殊的国际地位而成为最重视大战略思维和相关研究的国家，美国战略研究的范围不限于军事和安全领域，而是扩展到国家总体发展的规划和实践，特别注重根本性的政治目标。柯庆生认为，大战略是一套为了增强权力和国家安全的完整国内与国际政策。[5] 罗伯特·艾特认为，美国的对外战略是美国综合运用多种手段实现其国家安全、政治权力、经济和文化价值观等多类国家利益的国家行为。[6] 左希迎和唐世平认为，国家战略是"指导国

---

[1] Richard K. Betts, "Is Strategy an Illusion?" *International Security*, 25, no. 2 (2000): 5–50.

[2] Karl Von Clausewitz, *On War*, vol.1 (Princeton: Princeton University Press, 1976), pp. 1, 11.

[3] 李德·哈特：《论战略：间接路线》，钮先钟译，上海人民出版社，2010，第277页。

[4] Barry R. Posen, *The Sources of Military Doctrine: France, Britain, and Germany between the World Wars* (Ithaca: Cornell University Press, 1984), p. 13. Colin Gray, *Modern Strategy* (Oxford: Oxford University Press, 1999), p. 17.

[5] Thomas J. Christensen, *Useful Adversaries: Grand Strategy, Domestic Mobilization, and Sino-American Conflict, 1947–1958* (Princeton: Princeton University Press, 1996), p. 7.

[6] Robert Art, *A Grand Strategy for America* (Ithaca: Cornell University Press, 2003).

家应对外部世界的原则和方法"。① 正式的对外战略赋予战略目标和手段合法性,有助于政治和社会动员,② 向国内外清晰可信地传递信号。因此,对外战略有利于在国内政治中明确目标,并界定问题。当没有明确的战略框架指导领导人时,国家的对外战略行为就会出现波折反复。对外战略也是国家影响国际体系的途径。斯蒂芬·克拉斯纳指出,美国通过大战略可以塑造国际环境,影响其他国家的对外行为,塑造甚至决定其他国家的政体。③

综上,本书关于美国对华战略的定义是:美国在国际体系中,以维护美国的国家利益为目的,综合运用各种手段,整合其对中国政策的综合性规划和实践的活动。美国对华战略的选择,决定了中美关系的性质和美国国际霸权地位的兴衰。

二、战略演变

对外战略不是静态的规划,因为战略规划中的方案在战略实践阶段可能出现预料外的结果,所以领导人需要在不断变化的国际体系中持续调整、协调战略实践的各个环节。托马斯·谢林认为,战略就是对复杂的国家行动和反应进行分析和解释,将其看作是相互依赖的冲突博弈中的行动,每个国家的政策选择都基于对方行动的预期。④ 威廉森·默里也指出,"战略是不断调整的过程,以便在充满偶然性和不确定性的世界以适应变化的条件和环境"。⑤ 牛可认为,国际战略的关键在于协调和统御军事和非军事因素、平衡政策和制度的对内和对外方面;战略的层级越高纳入的因素就越多,则其综

---

① 左希迎、唐世平:《理解战略行为:一个初步的分析框架》,载唐世平、王凯主编《历史中的战略行为:一个战略思维教程》,北京大学出版社,2015,第3页。

② 袁莎:《大战略迷思与大战略困境——实践逻辑下的奥巴马政府大战略评析》,《战略决策研究》2017年第3期,第72页。

③ William C. Martel, *Grand Strategy in Theory and Practice: The Need for an Effective American Foreign Policy* (New York: Cambridge University Press, 2015), p. 31.

④ Thomas C. Schelling, *The Strategy of Conflict* (Cambridge: Harvard University Press, 1960), pp. 25–26.

⑤ 威廉森·默里等主编《缔造战略:统治者、国家与战争》,第1页。

合性和政治性就越强,其扩张性、复杂性和不确定性的程度就越高。①

综上,本书将战略演变定义为,战略规划与实践在各层次、多领域,不断调整、协调、磨合的过程。关于美国对华战略演变的分析,就是将议题还原至战略决策体系中的战略规划和实践环节进行拆解与重构。

三、议题政治

议题是国内行为体主观认为的与对外战略相关的难题。有学者指出,国际政治变化的过程就是提出和解决重大议题的过程,重大议题是指占据最重要行为体议程首位的"最为突出的议题",能够引出或重新界定其他议题。②罗伯特·基欧汉和约瑟夫·奈在他们提出的关于新自由制度主义的三项假设中,特别指出了在国际社会中"各议题间不存在明确的等级区分"。③非国家行为体直接参与世界政治,意味着议题政治正在成为战略议程的核心。美国多元社会的诉求和议题之间的联系也限制了对外战略的施展,导致对外决策变得日益碎片化。

议题是连贯出现的,决策也是连续作出的。战略是由连续的政策议题组成的,决策者将一系列议题的决策组成了更为宏大的战略决策。战略是指追求何种政策目标,政策描述的是如何达到目标。④虽然解决议题很重要,但是领导人需要构建战略框架来整合所有议题,从而实现宏观战略目标。21世纪美国对外战略的决策更多的时候属于"议题驱动型",即以解决某一议题中的争端为导向,缺乏系统性的参与和安排。无明确等级区分的议题转化为战略过程有赖于政治进程,某一议题由某个或多个行为体控制。例如,美国军工复合体控制军售问题,而贸易议题中各行为体对议题的影响力则较为分散。

---

① 牛可:《冷战与美国的大战略、国家安全理念和国家构建》,《国际政治研究》2021年第1期,第78、80页。

② John A. Vasquez and Richard W. Mansbach, "The Issue Cycle: Conceptualizing Long-Term Global Political Change," *International Organization*, 37, no. 2 (1983): 261.

③ 罗伯特·基欧汉、约瑟夫·奈:《权力与相互依赖》,第23页。

④ William C. Martel, *Grand Strategy in Theory and Practice: The Need for an Effective American Foreign Policy*, p. 4.

根据领域划分，议题可以分为国际领导权、安全、经贸、人权、环境等类型，各议题间一般没有明确的等级区分。根据议题在美国对华战略中的性质，则可以分为合作型、竞争型、对抗型三类议题，分别代表友好、不满与敌意三种立场。因此，各类议题的互动造成中美两国在冲突中合作，在合作中冲突以致演变为近年来的美国对华战略竞争。在某一时段的中美关系中，如果竞争型议题的数量比其他种类的议题多，那么该时段的美国对华战略就是以竞争为主。每种议题发挥的作用也不同，例如，经贸议题从克林顿时期开始一直到近期都在中美关系中发挥"助推器"或"压舱石"的作用，而中美在经贸议题中的合作也避免了在其他议题中的冲突与矛盾提早爆发；军事合作议题在两国关系紧张时就会最先中断，两国关系缓和后又最后恢复，发挥"风向标"或"晴雨表"的作用；人文教育交流是两国关系的基石；政治关系则是所有议题发展的前提。某种议题类型的比重和美国对其的重视程度反映出美国对华的立场和中美关系的性质，在不同阶段美国对华战略中的议题优先性会有变化。

第四节 研究方法、案例选择与资料收集

一、研究方法：案例研究与过程追踪法

社会科学研究的目的在于追溯人类社会的描述性和因果性原理，同时还要兼顾简化事实以便将研究理论化，用较少的事实解释尽可能多的结果。本书的研究主题属于定性研究和经验实证研究的范畴，以案例研究中的过程追踪为主要研究方法，重点分析美国对华战略演变的国内政治因素。案例研究有节约时间和资源的优势，还可以深度追踪过程、理解因果关系。

过程追踪法（process tracing）有助于在实证分析中识别案例的因果机制（causal mechanism），因果机制一般被定义为"通过某些组成部件之间的相

互作用产生某一结果的复杂系统"。① 因此，因果机制就是联系时间顺序上的关键事件、决策过程的原因和结果。而从原因到结果的分析主要关注"变量之间相互影响、行为体间的战略互动、对行动的预期、行为体的学习与发展能力以及路径依赖"等因素。②

过程追踪法的优势在于可以"就事论事"地"由果溯因"，从而动态地分析结果。③ 过程追踪法能够打开因果机制的黑箱，考察美国对华战略规划和实践过程的细节，追溯战略演变的时序性，从而分析复杂的因果机制中不同因素的相互作用。还有助于研究者收集整理符合理论预期并能揭示决策过程的证据，并采取文本分析的方式来分析决策者的行为原因。④ 过程追踪法有助于理解现实中的重要事件，特别是详尽分析具体的行为体是如何解决问题的？行为体是机构、组织还是个人，它们的功能又是什么？哪些信息或利益对它们更重要？行为体是如何影响决策的？⑤

德里克·比奇和拉斯穆斯·佩德森将过程研究法分为理论检验型、理论构建型和解释结果型三种，本书的研究方法将主要使用理论检验型过程追踪（theory-testing process tracing），从既有文献中演绎出理论，然后在案例中检验假设中的要素在因果机制是否出现，并检验因果机制是否在案例中发挥作用。⑥ 理论检验型过程追踪有利于对案例的结果做最低限度的充分解释。

---

① Stuart S. Glennan, "Mechanisms and the Nature of Causation," *Erkenntnis*, 44, no. 1 (1996): 52.

② 曲博：《因果机制与过程追踪法》，《世界经济与政治》2010年第4期，第102、104页。

③ 汪卫华：《拆解过程追踪》，《国际政治科学》2022年第2期，第156页。

④ 加里·金、罗伯特·基欧汉、悉尼·维巴：《社会科学中的研究设计》，陈硕译，上海人民出版社，2014，第220页。

⑤ Alexander George and Andrew Bennett, "Case Studies and Theory Development in the Social Science," in Cohn Elaman and Miriam Fendius Elman ed., *Bridges and Boundaries: Historians, Political Scientists and the Study of International Relations* (Cambridge: MIT Press, 2005), pp. 137–166.

⑥ 德里克·比奇、拉斯穆斯·布伦·佩德森：《过程追踪法：基本原理与指导方针》，汪卫华译，上海人民出版社，2020，第3页。

二、案例选择

加里·金、罗伯特·基欧汉、悉尼·维巴认为，在定性研究中，对案例的选择取决于它们的重要程度。① 同时，美国对华战略高度依赖之前历届政府的战略行为及其结果。因此，本书以总统任期为分界，选取小布什、奥巴马、特朗普和拜登四任顺位相继的美国政府对华战略的规划和实践过程为案例，通过过程追踪法在一段确定时空范围内的特殊历史情境中进行研究。具体涉及小布什时期的朝鲜核问题、经贸领域的人民币汇率议题、安全领域的"对台售武"议题、奥巴马时期的中美气候变化合作议题、"亚太再平衡"战略的形成与挫折，特朗普时期的朝鲜核问题、经贸议题、科技议题，拜登时期的经贸议题、台湾议题等案例。本书首先将阐述因果机制假设的各个部件和环节，再对四任总统期间的被选取案例进行特殊性的个案分析，最后进行一般性的因果机制概括，检验各案例内和案例间的因果机制。

三、资料收集

因为本书研究的小布什、奥巴马、特朗普和拜登四任美国政府距当前时间较近，使得本书不能通过常规途径得到有关当代事件的官方记录文件。研究者也没有条件和能力对美国的重要政治人物进行访谈，难以挖掘有关战略制定中的重要材料。因此，本书所选取的资料大多为公开发布的官方报告、纲领性文件、美国政治人物的媒体访谈、讲话稿、个人回忆录、自传、传记、档案、媒体报道等。

同时，本书不是历史解释，而是重点描述因果关系。正如杰克·列维所言："历史与政治科学之间的区别在于历史学描述和解释的是一系列事件之间的关联，而政治科学规划和验证的是有关不同变量或事件类别之间关系的一般性理论主张。"② 因此，本书也将综合使用大量二手分析性文献，如智库报

---

① 加里·金、罗伯特·基欧汉、悉尼·维巴：《社会科学中的研究设计》，第2页。
② Jack Levy, "Too Important to Leave to The Other: History and Political Science in The Study of International Relations," *International Security*, 22, no. 1 (1997): 32.

告、学术论文、著作、媒体评论的观点，将社会科学的方法论与历史材料相互补充。有关中美关系和美国对华战略的文献卷帙浩繁，本书将采用其中具有代表性、权威性和较高学术价值的文献。

第五节 创新性与局限性

一、研究的创新性

首先，如前文所述，从美国国内政治的视角可以更好地解释美国对华战略的不一致性和不连贯性。关于美国国内政治视角下的中美关系研究较少，因此，本书的视角较为新颖，可发挥空间较大，可以在中美关系问题的威胁评估范式和国际政治经济学之间建立起中层理论。以美国国内政治视角分析21世纪美国对华战略的调整，可以对美国战略决策的起源、过程和结果具有更加完整的理解，也有利于对既有美国对外战略研究作出补充。

其次，无论是政党轮替、官僚政治还是部门间政治，都是以往国际战略研究很少关注或忽视的。本书可以为国际战略研究作出美国国内政治视角的补充。政治过程虽然是对外决策学所关注的观点，但是既有的对外政策学文献聚焦于短期、紧急、具体的决策过程，国际战略学研究则需要分析长期、宏观、宽泛的国家行为。本书试图把近四任美国政府对华战略之间建立起理论性的内在联系。

最后，研究假设以决策联盟的更替为自变量，美国对华战略在总统任间和任内的变化为因变量，以国际层面的战略危机为干预变量，描述战略规划和战略实践中议题政治的作用来构建分析框架。战略规划包括目标识别和议程设置两个环节，战略实践则包括议题嵌入、议题联系和议题执行三个环节。本书的分析框架在美国对华战略研究领域较有创新性。

二、研究的局限性

本书研究的局限性在于：首先，在过程追踪法中"具体问题具体分析"，将案例选择为本文限定研究，也将理论的解释范围限定在案例内。本书的理论假设和分析框架仅适用于21世纪美国对华战略的研究中。其次，因为研究者对研究方法的掌握不够全面，所以本研究没有采纳定量分析的研究方法。然而，定量分析法有助于发现因果机制中的数理依据。最后，因为视角所限，本研究主要涉及政治制度、决策过程、国家利益等物质力量的分析，对意识形态、政治文化、价值观、身份政治等观念性力量的分析虽然有所提及，但讨论深度不够，希望在后续的系列研究中对相关的领域继续挖掘。

第二章 分析框架

本章提出了解释美国对华战略不一致和不连贯现象的理论性分析框架。自变量是决策联盟的变化（包括决策联盟的更替和内部博弈），因变量是美国对华战略在总统任间和任内的变化，干预变量是国际体系层面的战略性危机，中间变量是战略规划与战略实践过程。核心假设是：在美国对华战略决策体系中，决策联盟的更替导致美国对华战略的规划和实践在政府任间不一致，决策联盟内部行为体的博弈导致对华战略任内不连贯。具体而言，战略规划阶段可以细分为目标识别和议程设置两个环节，战略实践阶段可以细分为议题嵌入、议题联系和议题执行三个环节。图2.1可以更直观地反映因果机制、展示变量的关系性质和方向，将本研究的自变量、因变量和干预变量按照时间和因果意义上的次序组织并联系。

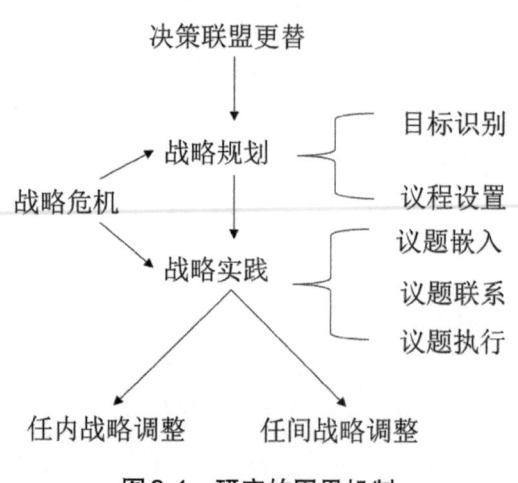

图2.1 研究的因果机制

数据来源：作者整理。

首先，将论述本研究的因果机制假设，即决策联盟的改变会导致参与对华战略规划和实践的美国国内政治和社会行为体的变化。其次，美国对华战略由多层次、各领域同时进行且相互联系的议题组成，各类行为体通过参与对不同议题的目标识别和议程设置，影响美国的对华战略规划，并通过议题嵌入、议题联系和议题执行等方式影响美国的战略实践。最后，对战略规划、战略实践和战略性危机中的各环节以及它们之间的关系进行考察，综合论述行为体之间的活动是如何组织和联系并产生相应结果的。

第一节 核心分析主体：决策联盟

本研究的假说建立在国家不是单一行为体的假设之上，认为国家内部存在不同利益和政策偏好的个人、群体或部门，对外战略决策通常是集团博弈。在不同议题上行为体的偏好不同，并不存在统一的国家偏好。国家行为将会反映执政联盟的利益，而非模糊的"国家利益"概念。[①] 美国国内不同行为体在不同时期都在推动各自偏好的议题，就美国对华战略有不同的立场，彼此竞争、制衡。小亚瑟·施莱辛格曾说："外交政策是国家展示给世界的面貌。"[②] 美国的战略决策机制充分体现出美国的三权分立、两院制、两党制等政治制度的制衡政治特点，不同机构通过有形或无形的政治制度和讨价还价的过程共享权力。

决策联盟是指以总统领导的行政部门为核心，由具有类似偏好的政治行为体和社会行为体组成的，共享美国对华战略决策权的松散集合体。这些拥有不同偏好的行为体分享决策权。偏好是指行为体认为在某一议题上能获得受益或权力最大化的特定政策选择。偏好不仅来自国内还来自国际社会，偏

[①] 凯文·纳里泽尼：《大战略的政治经济学》，白云真、傅强译，上海人民出版社，2014，第1—2页。

[②] Arthur M. Schlesinger Jr, "Foreign Policy and the American Character," *Foreign Affairs*, 62, no. 1, Fall (1983): 1–16.

好塑造了国家所参与的博弈性质和强度。① 各类行为体根据社会、文化、经济与政治议题上的偏好差异分别组建起决策联盟。决策联盟制定对外战略决策,而决策是受到内部与外部环境影响的有计划行为的政治过程,政治过程决定利益分配方式。美国对华战略的选择是决策联盟意志的体现。对外战略研究应以决策者为研究分析框架的核心。要解释某任总统的对华战略就必须确定决策体系中战略规划和实践过程的博弈者,分析它们的讨价还价、合作、博弈和分化情况。

决策联盟与社会联盟理论的区别在于:社会联盟通常追求经济利益的最大化,总统、国会议员等与其代表的社会联盟利益的对外战略偏好一致,美国的对外战略主要反映的是社会联盟的利益和偏好,② 特别是社会联盟的经济利益。而本书提出的决策联盟理论不否认社会行为体在对外战略中的重大影响力,但是将分析的重点放在直接影响战略决策的政治行为体上。以总统、国会、政党和官僚部门为代表的政治行为体直接参与对美国对华战略的制定,而以利益集团、智库、媒体为代表的社会行为体只能通过影响政治行为体从而间接参与美国对华战略的决策过程。政治和社会行为体并不必然将经济利益视为对华战略中的首要利益。

由于美国存在强而有力的社会自治传统和复杂的国家与社会关系,因此,美国国内的各种政治和社会行为体之间的相互作用在其对外战略中比其他国家内部的次国家行为体发挥了更为显著的作用。③ 决策联盟可以利用政府来为各行为体的利益服务,大卫·杜鲁门认为,美国政府就是相互作用和讨价还价的集团组成的混合体。④ 政治和社会行为体的互动影响美国对华战略,各行

---

① 安德鲁·莫拉维斯克:《新自由主义》,载克里斯蒂安·罗伊-斯米特、邓肯·斯尼达尔编《牛津国际关系手册》,方芳等译,译林出版社,2019,第270—271页。

② 王浩:《社会联盟与美国对外战略演化的逻辑(1945—2015)》,《世界经济与政治》2016年第7期,第73—74页。

③ 王浩:《从自由国际主义到现实制度主义:国内政治与二战后美国大国竞争战略变迁的逻辑》,《当代亚太》2021年第4期,第13页。

④ David B. Truman, *The Government Process: Political Interests and Public Opinion*, 2nd edition (New York: Knopf, 1971), p. 33.

为体的关系如图2.2所示。决策联盟内部各行为体的地位和作用是不平等的，相对而言政治行为体比社会行为体发挥更重要的作用，总统在对外战略决策过程中则处于核心位置。

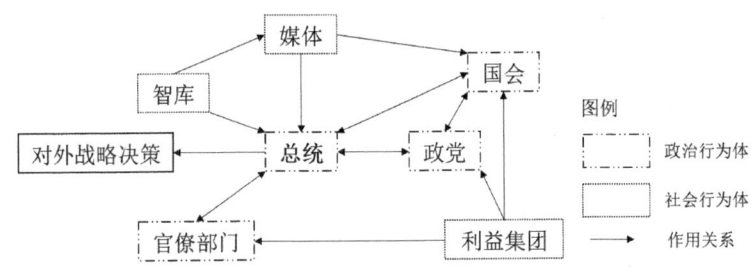

图2.2 决策联盟内行为体相互作用关系简图

数据来源：作者整理。

不同联盟之间的偏好和立场基于党派和意识形态立场存在明显差异，它们之间不同的立场、彼此之间的力量对比以及博弈过程塑造了执政的决策联盟的外部环境。在联盟内部，各行为体利用自身的权力为增进其理解的国家、部门、群体和精英个人利益而参与政治博弈。当面临利益和价值冲突时，各行为体对国家利益和对外战略的目标出现明显的分化和分歧，干扰了对外战略的一致性和连贯性。由此，个人、群体和机构通过对决策联盟的争夺、建构和重构将各自的偏好和权力转化为国家的对外战略，决策联盟变化导致不同行为体之间的冲突影响对华战略的调整。

不同行为体对同一议题的感知不同，导致不同决策联盟以及不同行为体的对华战略偏好是矛盾的，有些行为体获益于对华接触与合作。例如，工商界和金融界难以割舍在中国的巨大利益。还有些行为体从对华对抗中获益。例如，保持亚太地区的紧张局势有利于军工复合体从国会获得更多的军费拨款，并向中国的周边国家出售军备。美国对外战略的规划和实践就是对不同行为体利益的分配。决定哪些行为体的偏好会上升为国家的战略决策，主要取决于行为体在具体议题中的物质能力与实力分配，因此，并非所有行为体都有重要的影响力。海伦·米尔纳指出，行为体政策偏好的差异是国内行为体之间博弈主要依靠的三个变量之一;战略选择是国内行为体博弈的结果,外部的冲突与合作是国内政治中的斗争与共识。①

决策联盟的组建基于共同利益偏好,利益越相近联盟的凝聚力就越强,然而博弈者数量越多合作就越困难。在冷战期间两党具有遏制苏联的共识,但是冷战后意识形态色彩的淡化使官僚部门和利益集团等行为体的影响力增强,参与战略决策过程博弈的行为体数量增多。决策联盟通过选举竞争决定了差异化的威胁认知,进而决定采取合作性还是竞争性的政策。② 在当今美国极化政治的背景下,执政的决策联盟只能代表美国部分政治和社会力量所具有特殊性的利益偏好。决策联盟将特殊性的利益偏好转化为美国的普遍性利益偏好,从而导致不同政府依托不同的决策联盟,不同决策联盟的偏好又有着极大的差异,致使不同政党主张的决策联盟对华战略的差异较大。

综上,决策联盟的构建基于协调各个政府部门和社会力量的利益,以便形成支持对外战略的强大力量,因此是具有联盟而非小团体倾向的战略决策和执行机制。决策联盟是通过政治过程制定对外战略的,其施行的决策既不是绝对理性的也不是最佳的,而是通过各种不同行为体的观点协调后的次佳战略。不同的决策联盟导致精英依靠不同的政治和社会力量,在对华战略决策过程中体现出差异性,甚至完全互斥的战略需求和目标。领导人对国际战略的主导程度,在某种程度上取决于其在多大程度上可以支配决策联盟。

一、政治行为体在对外战略决策中扮演的角色

战略的有效规划和实践取决于决策联盟中各种政治行为体之间的团结程度。执政党需要在各政治行为体之间保持平衡和协调,以便凝聚起大战略所必要的政治支持。总统、国会、政党、官僚部门作为主要的政治行为体,都致力于参与全面对华战略竞争,但在什么领域竞争和用什么手段来竞争等问

---

① 海伦·米尔纳:《利益、制度与信息:国内政治与国际关系》,曲博译,上海人民出版社,2021,第12—13页。

② 诺林·里普斯曼、杰弗里·托利弗、斯蒂芬·洛贝尔:《新古典现实主义国际政治理论》,刘丰等译,上海人民出版社,2017,第25—26页。

题上仍有不同的观点,不同观点的本质是如何更好地维护各行为体眼中的国家利益。

职位也决定政治精英的利益偏好。例如,行政和立法机构的偏好不一致,国会议员代表狭小的地方利益,而总统领导的行政机构主要代表国家整体利益。总统为了自身连任机会的最大化,导致行政机构必然关注宏观经济形势并支持自己的利益集团的偏好,使得经贸合作经常成为美国对华战略中的重要议题。但是国会与总统代表的选区也不同,国会议员只需考虑本选区,支持各选区的特定利益集团也不相同。随着政治精英职位的变动,其偏好也会发生转变。当总统和执政党换届时几乎整个行政部门的高级官员都会离任,促使美国对华战略的不一致。

(一)总统在对外战略决策中的核心作用

总统是美国对外战略的主要决策者和决策联盟的领导人物,对国家战略产生重要乃至决定性的影响。罗杰·希尔斯曼指出,美国外交决策过程由三个部分组成:由总统的主要助手和核心行政部门长官组成的核心,其他行政部门组成的中间层,以及立法部门和利益集团组成的边缘。行政部门是外交政策的主宰,因为行政部门制定需要讨论和解决问题的框架以及政策选择等。[1]

战略决策是由关键人物推动并发挥举足轻重的作用。负责制定安全政策的政府首脑、部长和其他官员构成"国家安全执行官"(national security executive),他们在国际和国内的双重约束下界定"国家利益"并制定对外战略。[2] 任何决策者的战略规划和实践都是在国际和国内体系的结构性互动中完成的。总统作为两个体系的重要感知者对外部威胁进行定性、发展国家安全战略的核心概念并进行利益协调。总统的个人风格、关注的议题和介入程

---

[1] Roger Hilsman, *To Move A Nation: The Politics of Foreign Policy in the Administration of John F. Kennedy* (New York: Delta, 1964).

[2] Steven E. Lobell, Norrin M. Ripsman and Jeffrey W. Taliaferro, eds., *Neoclassical Realism, the State, and Foreign Policy* (Cambridge: Cambridge University Press, 2009), p. 25.

度是决定决策结构最关键的因素。① 而总统的个性与偏好、总统的顾问、总统与高级官员之间的关系影响到总统如何界定威胁。②

总统的任期长短、出身背景、管理方式和领导风格各异，导致决策流程和特点各不相同，总统也会根据自己的偏好来决定对外战略决策的组织方式和过程。左希迎和唐世平认为，在国际战略行为的战略决策阶段，领导人的个人禀赋、偏好和学习能力对战略决策的影响很大。③ 阎学通指出，"国家领导是决定国家外交政策的关键因素，而不同类型的领导人对战略取向有各自的态度"，小布什、奥巴马和特朗普分别是争斗型、守成型以及两者混合型的政治领导，国家领导还决定实现国家利益的方式。④ 观念也影响总统对议题优先级的排序和战略偏好，正如玛格丽特·赫尔曼和乔·哈根所指出的，"领导人根据自己的认知和理解作出预测、制定战略并敦促本国政府采取行动……这种认知有助于政府把握应对国际事务的方向"。⑤

战略决策是集体行动，由总统及其决策团队共同参与，其中总统是决策团队的代表，也是各行为体之间的协调者。总统同时关注国家总体利益和特殊利益集团的偏好。然而，总统领导的行政部门并不总是在国内政治斗争中占有优势。因为总统不仅需要平衡各种行为体之间利益的冲突，还要面临选举压力，而重大对外战略的成败关乎其政治生命。虽然国会压力也很重要，但只有总统才有最终决定权。有些总统更加依赖自己的能力和忠诚的心腹来决策，这种以个人为核心的"小圈子"决策机制加剧了美国对外战略不一致和不连贯的程度，而个人独断决策的根源在于有时总统的个人利益压倒了国

---

① Jerel A. Rosati, "Developing a Systematic Decision-Making Framework: Bureaucratic Politics in Perspective," *World Politics*, 33, no. 2 (1981): 246—247.

② 左希迎：《美国国家安全战略的转变》，中国社会科学出版社，2020，第44—49页。

③ 左希迎、唐世平：《理解战略行为：一个初步的分析框架》，载唐世平、王凯主编《历史中的战略行为：一个战略思维教程》，北京大学出版社，2015，第一章。

④ 阎学通：《大国领导力》，李佩芝译，中信出版集团，2020，前言VIII，第48、75页。

⑤ Margaret G. Hermann and Joe D. Hagan, "International Decision Making Leadership Matters," *Foreign Policy*, no. 110, special ed. Spring (1998): 126.

家利益。①总统也拥有自己关于国家利益、国际秩序和对华战略的构想，也会在自己擅长的某些议题中按照自己的逻辑制定战略。

在分析框架中，总统领导的行政部门广泛参与到对华战略制定的各项环节，既负责目标识别，也可以进行议程设置、嵌入议题、联系议题等。总统在对华战略中的领导作用主要体现在全程参与战略规划并部分参与战略实践，而非负责具体的执行。总统处于决策联盟的核心位置，为美国对华战略提供方向、对其他行为体施加影响、协调各组织之间的关系、作出最终决定。毕竟"战略的本质是管理"，美国对华战略的规划和实践极其考验总统对全局性事务的管理能力。

（二）国会在对外战略决策中发挥的辅助作用

总统领导的行政部门多数情况下主导了战略规划阶段，但是很多方案需要国会的批准。因此，国会虽然与总统共享决策权，但是各自扮演不同的角色。

国会主要通过四种方式影响战略决策：（1）实质性立法；（2）作出将采取行动的姿态；（3）程序性立法；（4）影响舆论。②张腾军将美国对华政策分为危机型、战略型和结构型三类。③国会主要负责制定效力长久的法律，难以参与到需要灵活调整的对外决策过程。因此，国会在急迫的危机型决策中影响力最小，在长期的战略型决策中国会的作用较大。④例如，贸易问题属于结构型问题，国会在对华贸易议题上的影响力大于安全议题，还是将中美贸易问题"政治化"的主要推手。⑤而具有"战略"意义的"与台湾关系法"至今

---

① 阎学通：《大国领导力》，第169页。

② James M. Lindsay and Randall B. Ripley, "How Congress Influences Foreign and Defense Policy," in Ripley and Lindsay, eds., *Congress Resurgent: Foreign and Defense Policy on Capitol Hill* (Ann Arbor: University of Michigan Press, 1993), p. 35.

③ 张腾军：《国会委员会与美国对华决策研究》，世界知识出版社，2020，第2页。

④ James M. Lindsay, *Congress and the Politics of US Foreign Policy* (Baltimore: Johns Hopkins University Press, 1994).

⑤ 金灿荣：《国会与美国贸易政策的制定——历史和现实的考察》，《美国研究》2000年第2期，第7页。

仍是中美关系中的重要冲突来源。

国会议员比较关心自己所在选区的选民偏好，以及个人在党内的地位和政治前途，依赖政党和利益集团的政治倾向投票。议员是"连任的单一追求者"，[①]一切行为都与选举相关。具体而言，参议员更关心本州的利益，而众议员关心更小选区的利益。不同地区的偏好和经济利益诉求可以通过选举制度投射到国会的决策过程中。由于选举利益的驱动，国会对华议案更有挑衅性，也更注重局部利益、意识形态和价值观。而总统相对理性务实，更加考虑全局性的整体利益。

国会的运作过程极不透明。除了国会议员外，国会工作人员也对立法发挥重要作用，因为他们为利益集团登记注册，并为议员们出谋划策。国会除了雇用更多如国会助手等工作人员，以便缩小与行政部门的信息鸿沟和影响力外，也依赖利益集团提供的信息，在国会处于弱势地位时还利用利益集团制衡行政部门。[②] 贸易政策主要在国内发生分配性的影响，自由贸易会使充裕要素所有者获益，而使稀缺要素所有者受损。因此，自由贸易政策可能会损害特定利益集团的利益。而这些集团有可能对部分选区的议员有具大的影响力，降低了议员对自由贸易政策的热情。[③]

国会是诸多委员会的集合，委员会的决策是国会决策的缩影。参议院和众议院的外事委员会、军事委员会、情报特别委员会在对华战略决策的安全议题中有重要影响力。各委员会主席扮演着重要的角色，在立法中委员会处于神经中枢的地位。[④] 在涉及特朗普的"通俄门"和"通乌门"中，国会情报委员会、司法委员会、外事委员会都发挥重要作用。但是委员会在处理外交事务时通常只关注其可能产生的国内政治后果而非国际影响。委员会的人员

---

① David R. Mayhew, *The Electoral Connection* (New Haven: Yale University Press, 1974), p. 5.
② 海伦·米尔纳：《利益、制度与信息：国内政治与国际关系》，第89—90、95页。
③ Gary Hufbauer and Kimberly Ann Elliott, *Measuring the Costs of Protection in the United States* (Washington, D. C.: Institute for International Economics, 1994).
④ 孙哲：《左右未来：美国国会的制度创新和决策行为》(修订版)，上海人民出版社，2012，第150页。

构成、规则和相对权力等变化会导致委员会的行为发生变化。对外事务决策的议程设置成本较小，所以委员会主席的操作空间更大。又因为政党领袖的施压使得委员会更加注重本党和个人的利益。

大多数人支持的政策并不一定成为法律，只有获得精英们的支持才有可能成为法律。比如，条约需要参议院多数通过，这使得一些关键参议员对国际条约的谈判有重要的影响，而一些受关注度较高的立法倡议有可能来自国会中的活跃政策活动家。因此，国会中的权势人物，如参众两院的议长、两党在两院的领袖、两党党鞭、委员会主席、国会中的活跃政策活动家都在决策联盟中发挥重要的政治影响力。而大多数议员在一些专业化的议题中会跟随这些国会领导人物的态度，对负面涉华议案的支持只能说明大多数议员没有反对的动机。

总体来说，国会对美国对华战略的影响是消极的，特别是当出现"分立政府"的情况时，国会往往会阻挠总统对华接触或缓和的努力，主要原因在于选民意愿和选区利益、价值观和意识形态、利益集团等各种因素都会影响国会。例如，在民主党人担任总统而共和党占据国会多数时，中国议题特别是"涉台议题"经常成为党争的工具。[1] 议员通过反华提案可以谋求政治影响力。在"分立政府"的情况下，美国几乎不会出现重大的政策转向。[2] 当出现"一致政府"时，国会则经常配合总统的对华战略。

（三）政党在对外战略决策中的影响

现代美国政党是由职业政客、利益集团、游说组织、求职者、竞选赞助者和知识分子组成的生态系统。政党虽然不是某个具体的领导人，但也同样作为集体参与制定对外战略。美国的政党制度在表现出群体间利益关系的同时，也反映了对立的价值观。不同的政党有不同的对外战略偏好，两党各自内外政策矛盾形成的原因不同。美国精英阶层的分裂体现在政党对立上，美

---

[1] 张光、刁大明：《美国国会议员涉华提案初探》，《国际政治科学》2008年第1期，第97—98页。

[2] Karol David, "Divided Government and U.S. Trade Policy: How Ado about Nothing?", *International Organization*, 4, no. 54 (2000): 824–826.

国的国家利益也被两党政治精英所代表的不同的国内政治、社会、经济或意识形态、文化利益所建构和界定。① 政党不仅是募集和分配竞选资金的工具，还控制候选人的提名。但是政党政治仍然需要围绕领导人进行交易，特别是政党向总统推荐官员的过程也是党内各个派系的博弈。

虽然政党主要被镶嵌在国会政治及选举政治中发挥作用，但是政党仍然具有其独立的政治议程，集中反映在其党纲当中。党纲是党内各种利益诉求斗争和妥协的产物，是政党在重大议题立场的集中反映，还展示政党长期的政治哲学和价值取向，显示其对华战略的大致发展方向。② 党纲对美国政府制定政策有显著影响，还会限制总统对外战略的决策。例如，特朗普曾多次表示欣赏俄罗斯总统普京并主张改善美俄关系。然而，在2016年共和党全国代表大会后通过的新版党纲中，共和党仍然强调美国要继续坚持对俄罗斯强硬路线。特朗普执政后，党内仍有强大的力量阻止美俄关系的改善，可见总统并不总是能够左右党纲和本党的价值取向和政策偏好。同样，2016年的共和党党纲显示出共和党对华战略的重大转折，与2004年、2008年、2012年三份党纲中鼓励发展对华关系的措辞有较大区别，2016年共和党党纲认为对华接触战略已经失败。相比之下，民主党2016年的党纲并不认为中国是重大的全球威胁，民主党还没有完全放弃对华接触战略，显示出在两党对华战略的差异中，共和党比民主党更加主张对华强硬。

政党是利益集团的共同体。戴维·卡罗尔将政党定义为"对某些特定政策有强烈偏好的群体联盟"。③ 政党为了赢得选举和执政不得不迎合各阶层和利益集团，获取利益集团的人力、财力和宣传支持。因此，政党和利益集团的诉求之间存在张力，政党既需要尽可能多的利益集团的支持，又不想被特

---

① 王浩：《美国对外战略变迁的动力、机制与进程——基于"社会中心"视角的分析》，《当代亚太》2016年第6期，第58页。

② 何维保：《美国两党党纲中的对华政策论析》，《美国研究》2019年第6期，第85—86、108页。

③ David Karol, *Party Position Change in American Politics: Coalition Management* (Cambridge: Cambridge University Press, 2009), pp. 7–9.

定的利益集团主导。全国性政党也要反映各地区的利益。凯文·纳里泽尼指出，对外政策的党派性源于经济利益在政党上的不均衡分配和跨党派分歧。[①]然而利益集团关注的是特定的狭隘利益，政党为了选票的最大化会尽可能多地关注多样化的议题，但是只选取其中的少数作为重点优先议题。

政党还是相近价值观和意识形态的集合体。意识形态反映了不同政策需求者意见的联合交易。[②]近年来，美国的政党极化导致保守主义和自由主义意识形态逐渐分别主导共和党和民主党。两党偏好根据不同的意识形态解释议题，特别是共和党中的新保守派将中美竞争理解为意识形态和文明的冲突。连接政党内跨阶级联盟的是理念，党派性正在超越种族成为引发美国社会分裂和偏见的源泉。

比较而言，共和党由意识形态主导，民主党由利益群体驱动。共和党依靠共同的保守主义意识形态，以价值观议题为导向，由组织广泛、跨议题的保守主义运动主导。因为共和党选民有更强的社会同质性，所以在选举时共和党人更喜欢强调宏观的意识形态承诺。而民主党更加广泛而复杂，由各种单一议题的利益集团和社会运动组成，倾向于向选民提供实在的利益政策。因此其议题多元分散，本质上是社会群体的联盟，是整合各种优先议题的平台。民主党在选举时会强调对某个社会群体的认同，并针对其提出具体的政策立场和方案。[③]党内分歧也同样激烈。例如，2016年民主党初选时，希拉里·克林顿的支持者打压伯尼·桑德斯；2016年后，共和党内建制派与支持特朗普的民粹派抗衡，导致两党内部的对华战略不一致和不连贯。

冷战期间美国的对外战略有"党派政治止于水边"的两党共识，但是当前两党共识的缺乏阻碍了战略规划和实践的一致性和连贯性。马丁·吉伦

[①] 凯文·纳里泽尼：《大战略的政治经济学》，白云真、傅强译，上海人民出版社，2014，第307页。

[②] Kathleen Bawn, et al., "A Theory of Political Parties: Groups, Policy Demands and Nominations in American Politics," *Perspectives on Politics*, 16, no. 1 (2012): 590.

[③] 迈特·格罗斯曼、戴维·霍普金斯：《美国政党政治：非对称·极端化·不妥协》，苏淑民译，当代世界出版社，2021，第1—3、250—251页。

斯认为，政党是被激进主义者和利益集团俘获的"政策最大化者"（policy maximizers），同时，美国政党也由具有广泛基础和选票最大化的组织发展为密集且狭隘的"政策要求者"（policy demanders）。① 因此，政党分歧是美国冲动社会的产物，各党派选择收益最高的策略而放弃对长期政治目标的追求。② 激烈的党争也导致总统或国会经常将对华战略作为国内政治斗争中的有力工具。例如，2022年8月众议长南希·佩洛西窜访台湾与拜登总统争夺对华战略竞争的主导权。

两党的利益偏好决定了各自主导的决策联盟议题的优先级和关注范围，而议题决定战略的细节。有些议题与政党高度相关，如民主党人更关心人权、环境等议题，共和党人则更关心国防安全、意识形态等议题，不同的利益偏好导致当前两党对华战略立场的出发点并不同。民主党人更加依赖专家和职业外交官的意见，以经验主义或集体利益为依据证明对华战略的合理性。而共和党人的对华立场具有同时注重商业利益和宗教意识形态的两面性，在经贸议题上与中国合作却在意识形态议题上敌视中国。有些议题根本不会进入党派的议题政治战略框架中，比如共和党主导的决策联盟不会围绕气候变化议题与中国合作，民主党主导的决策联盟也没有动机向中国推销更多的油气能源。

美国两党具有不同的对外战略取向，同一政党在不同历史时期的战略取向也显现不同的特点。民主党和共和党在对外战略取向上存在明显的党派性差异，自"冷战共识"结束以来，两党在对外战略上的分歧和冲突逐步取代了共识与合作。因此，虽然当前两党具有有限的对华战略竞争的共识，但是共识的基础并不相同，两党各自的对华战略议题框架也会随着国际和国内政治的变化而改变。任何有效的对外战略规划和实践都依赖于跨党合作，然而当前激烈的党争导致难以形成一致的对华战略行动纲领。

---

① 马丁·吉伦斯：《财富与影响力：美国的经济不平等与政治权力》，孟天广、郭凤林译，上海人民出版社，2021，第7页。

② 保罗·罗伯茨：《冲动的美国：被撕裂的社会和被放纵的民众》，鲁冬旭、任思思、冯宇译，中信出版集团，2021，导论XIV。

（四）官僚部门在对外战略执行过程中的作用

本书所涉及的美国官僚机构涵盖总统行政办公室、内阁部门以及各独立机构。这些官僚部门分为两种，一种是指需要总统提名、参议院批准的政治官员；另一种是指联邦政府中经过考试、考核等方式产生的中高级文官。官僚部门也被称为"第四分支"，是"国家能力"的重要载体。[①]

各部门有自己的职责、能力和利益。各部部长代表不同部门和部门服务对象的利益，还有着对"国家利益"的不同认知，都认为自己的部门代表着国家的核心利益，即"位置决定立场"。拥有不同利益偏好的官员通过妥协、冲突等方式互动，但如果部门之间掣肘过多就会影响战略实践的质量。美国国务院作为法律意义上参与和执行对外政策的各部之首，经常在各部之间协调统一的方案。国家安全委员会及其负责人（国家安全事务助理）也承担协调各部门的职能，但是与国务院和国务卿相互对抗、制衡、牵制和羁绊的局面时有发生。冷战后各官僚部门之间的权力平衡再次进入大调整时期。

各部门通常只负责各自的具体议题，在同一议题上则依据各部门的职责有各自的理解和主张。相对而言，国务院的员工倾向自由主义和国际主义；而国防部、中央情报局以及国土安全部等机构的员工比较保守，[②]更拥有爱国主义者和民族主义者的长期支持，这些安全部门的权力来自总统对行政权的分配，是总统行政权的延伸。[③]国务院、国防部、国家安全委员会等部门机构虽然都有尊重总统领导权的传统，但也在对外战略领域中相互制衡。财政部、商务部、贸易代表办公室等在经济和贸易议题上，往往也有不同的立场。

官僚阶层具有自己的利益，也代表不同的社会利益。利益集团往往会支持代表自身集团利益的特定政府部门机构，这些部门机构也因此在政府中支持这些利益集团的利益。例如，国防部就是军工复合体的重要组成部分，其与国土安全部、中央情报局等部门经常夸大外部威胁。职位决定部门领导人

[①] 节大磊：《美国的"深层国家"：现实与迷思》，《美国研究》2022年第1期，第73页。

[②] Mark D. Richardson, Joshua D. Clinton, and David E. Lewis, "Elite Perceptions of Agency Ideology and Work' force Skill," *Journal of Politics*, 80, no. 1 (2017): 303–308.

[③] 周琪主编《美国外交决策过程》，中国社会科学出版社，2011，第199页。

的优先考虑和偏好，部门之间博弈的成败取决于部长的地位、与总统的关系、讨价还价的能力和技巧、对相关议题的认知、相关政策对部门利益的影响等。① 总统需要统筹协调各部门不同的利益与认知，以便维持战略的稳定性。

美国的联邦文官系统则具有内在的专业性、中立性和保守性的特点，倾向于延续既定政策路线和标准程序；官僚系统规模庞大、规章制度复杂、利益纽带盘根错节，总统对其的驾驭难度较大。② 因其专业性，所以大量法案的规章、条例内容以及外交谈判的细节都是由文官起草。文官由于掌握了技术和情报资源，因此可以影响决策的议事日程，并负责战略议题的执行。

经过总统提名、参议院批准的各部部长与非民选的文官之间存在张力。一方面，政治任命官员因为要考虑选举的因素而关心民意；另一方面，非民选的文官既不受来自选民的选举压力，也不必对党派负责，只需要对总统和国会负责。高层部长们的决策被称为决策博弈或政策博弈，基层文官对决策的执行或行政人员之间的博弈被称为行为博弈。③ 战略议题的执行情况取决于官僚对战略规划的整体理解，战略的执行者有可能基于自身的利益和对政策的理解加快推行或延缓执行具体的政策。

官僚部门的利益需要充足的资本来维持绩效的最大化，而不是战略性和长期的宏观目标。为本部门获取更多不受外界影响的任务、预算、人力资源、自主权和行政权力是政治官员和文官的共同利益。官僚部门的选择程序是以短期回馈为基础的，主要特征是保持不变，即政策惯性，其变化是缓慢而渐变的，追求连续性和稳定性。因此，官僚部门往往倾向于以牺牲创造性为代价换取确定性，效率让位于组织传统，对根本性的变革有天然的抵触心理。

---

① 张清敏：《对外政策分析》，北京大学出版社，2019，第111页。
② 王鸿刚：《大国运势2050》，中信出版集团，2021，第155—156页。
③ Graham T. Allison and Morton H. Halperin, "Bureaucratic Politics: A Paradigm and Some Policy Implications," *World Politics*, Vol.24, Supplement: Theory and Policy in International Relations (1972): 46.

二、社会行为体发挥的作用

美国开放的政治制度使得权力散布于相互竞争的利益群体之间，美国"强社会—弱国家"的特征使其对外政策受到国内社会行为体的政策偏好和政治制度的影响。[①] 利益集团、智库、媒体等社会行为体也能够影响美国对华战略的制定。帕特南指出，"政治家通过在各类集团间建立联盟的方式获取权力"，执政者必须通过与不同利益集团的结盟将自己的合法性最大化。[②] 因为没有哪种政治力量能够强大到独享权力，所以政府必须要与社会精英分享权力。因此，美国政府要想顺利执行战略，必须与不同的社会行为体及其精英结盟，导致在对外决策中对国内政治的考虑往往超过国际层面的后果，决策的时间也被延长，为各种社会行为体的参与提供了便利。[③]

同时，因为与政治行为体相比，社会行为体的规模往往更小，使其可以更加专注于追求特定的目标。以利益集团为代表的国内社会行为体会根据自身利益制定和影响政策进程，有时会背离政治精英推崇的政治、军事或综合性的经济利益。[④] 如果出现政治与社会行为体之间对峙的情况，则会导致对外战略的纠错机制失效和决策僵局。但社会行为体始终是决策的影响者，而非直接的决策者。

（一）利益集团影响对外战略决策的途径与手段

利益集团对塑造美国国家利益观有重大影响。利益集团是有组织地进行

[①] Stephen D. Krasner, "United States Commercial and Monetary Policy: Unravelling the Paradox of External Strength and Internal Weakness," *International Organization*, 31, no. 4 (1977): 635–672.

[②] Robert Putnam, "Diplomacy and Domestic Politics: the Logic of Two-level Games," *International Organization*, vol. 42, Issue 3, Summer (1988): 427–460.

[③] 周琪主编《美国外交决策过程》，第8页。

[④] 罗伯特·基欧汉、约瑟夫·奈：《权力与相互依赖》（第四版），门洪华译，北京大学出版社，2012，第152页。

与政府决策相关活动的联合体,①集团的首要目标就是影响政府的政策。与相对于弱小且分散的公众个人相比,利益集团组织良好,因此只有通过集团的政治过程才能表现出公民个人的作用。利益集团之间的相互作用和博弈产生国家利益的共识。②利益集团以国家的名义维护本集团的利益,从而达到自身的目的。米尔纳指出,利益集团直接影响政治行为体的偏好,虽然不直接介入政治制定过程,但可以提供信息;与行政部门便于掌握对外事务信息相比,利益集团在特定议题上具有较完备的信息。③利益集团通过向政治行为体提供特定议题的信息、游说、资助竞选等方式影响政府在战略决策中的选项。

不同利益集团对战略目标有不同的排序,特定利益集团在某些议题中有着极大的影响力。如果其他群体对某个议题漠不关心,而一个较小规模的团体极为关心该议题并将大量资源投入到游说等活动中,会对该议题产生远超其人口数量的不成比例的影响,导致政治家在这个议题上往往只能从该利益集团获得信息和压力。

特殊利益集团可以通过捐款、动员选民、吸引媒体等方式,帮助总统和议员选举。总统和议员候选人也会提出相应议题的纲领,吸引特定利益集团的支持。能够同时有利于国家经济和利益集团利益的政策最有可能被选择。例如,军工企业将工厂部署到美国所有的关键选区,导致试图削减国防开支的尝试几乎不可能,可见军工企业对美国国防政策的影响远大于一般企业。斯蒂芬·沃尔特指出,军工复合体有明显的动机夸大外国的威胁,以便说服政府增加军事开支。④可见利益集团只为自身而非公共利益服务。

不同的利益集团对政策的影响力是不同的。大企业和商业团体的游说支出远大于工会和维权组织等利益集团,因为"金钱是政治的润滑剂,是不

---

① Ronald J. Hrebenar, *Interest Group Politics in America* (3rd edition, Armonk: M.E. Sharpe, 1997), p. 8.
② 张宇燕、高程:《美国行为的根源》,中国社会科学出版社,2016,第132页。
③ 海伦·米尔纳:《利益、制度与信息:国内政治与国际关系》,第17、19页。
④ Stephen M. Walt, *The Hell of Good Intentions: America's Foreign Policy Elite and the Decline of U.S. Primacy* (New York: Farrar, Straus and Giroux, 2018), p. 161.

平等的来源"。利益集团的多数活动集中于国会，当利益集团难以影响总统时，会通过国会议员对总统施压，主要通过为议员的竞选捐款、提供信息、降低协调成本等方式影响国会议员。利益集团会通过影响竞选资金的方式奖励或惩罚那些支持或反对议题的议员和候选人。2010年，美国最高法院推翻了"公民联合会诉联邦选举委员会案"（Citizens United v. Federal Election Commission）的裁决，导致企业和工会可以将大量资金投入广告和其他政治工具中直接呼吁选民支持或反对某个候选人。美国严重依赖竞选资金的选举制度越来越容易被特殊利益集团利用，利益集团的目标有时会牺牲国家利益。

利益集团往往选择重点支持与自己利益偏好和价值观相近的政党。工会组织通常支持民主党，工会可以向选民提供选举信息、协调集体行动、增强工人的团体感和认同感，减少工人个体投票的无效感。[1] 直到2016年大选时，才有大量工人转向共和党。而大多数商界人士支持共和党，因为共和党的低税收、"小政府"原则、反工会的理念与工商界相符。但是与政党追求选票的最大化不同，利益集团追求政策最大化，因此有些利益集团并不完全遵循单一政党路线，而是选择同时向两党捐款。

利益集团支持那些有利于他们的对华战略，反对有损于他们利益的战略。例如，主要从国内市场获得收入的集团以及产业工人和工会组织通常反对自由贸易；主要从国际市场获得收入的集团如金融资本和大型跨国企业则倾向支持自由贸易与国际合作。劳工类政治行动委员会惩罚了在2000年投票支持中美永久正常贸易关系法案的民主党议员，[2] 而商业团体极力推动这一法案，很多出口行业集中州的州长们为了扩大对华出口和吸引中国投资也支持对华接触与合作。因此，利益集团之间也存在竞争关系，利益集团参与的政治是

---

[1] 黄琪轩：《美国内部失衡如何撼动了国际秩序》，《国际政治科学》2021年第3期，第11—13页。

[2] David J. Jackson and Steven T. Engel, "Friends Don't Let Friends Vote for Free Trade: The Dynamics of the Labor PAC Punishment Strategy over PNTR," *Political Research Quarterly*, vol. 56 (2003): 442–448.

一部分资本对抗另一部分资本的斗争。①利益集团都希望自己的支持者能够被任命到关键的决策位置,如果与其观点一致的个人能够在行政和立法部门占据关键位置的话可以推动特定目标。

综上,虽然利益集团只能影响决策而不能决定政策,但是利益集团可以频繁地进行政治议程设置,还可以通过议程建设将难题变成议题,从而推动政府将其视为必须进行政策处理的重要问题。②美国多元化和分散化的对外战略决策体制,导致利益集团可以在既有的战略议程中不断嵌入有利于自己的新议题。

(二)智库影响对外战略决策的方式

美国智库是其新思想的源泉,是战略人才汇聚的专业共同体,还是华盛顿权力网络"旋转门"的关键部分。智库不仅能为总统和国会提供顾问和各类职务的候选人,还为他们离开政府后提供继续影响政局的去处。

智库能在战略规划与实践等不同环节中扮演引导者、建议者、建构者、批评者与辩护者等多种角色,还可以分为原创思想论述者、执行过程谋划者与政策推动传播者等身份。③智库主要通过五个途径影响决策者:(1)提供原创思想与政策选择;(2)为政府储备专家人才;(3)为高端讨论提供平台;(4)教化公众;(5)协助官方协调和解决冲突。④智库还可以发起政策讨论,推动一系列倡议的传播,连接政府与社会、精英与民众。⑤智库同利益集团一样深度参与美国战略规划中的议程设置和战略实践中的议题嵌入环节。

两党有各自偏好的智库,具有不同党派背景的智库制定、推销具有各自

---

① 约翰·米克尔思韦特、阿德里安·伍尔德里奇:《右派国家》,王传兴译,中信出版集团,2014,第336页。

② 杰弗里·M. 贝瑞、克莱德·威尔科克斯:《利益集团社会》(第5版),王明进译,中国人民大学出版社,2012,第10页。

③ 郑永年等:《内部多元主义与中国新型智库建设》,东方出版社,2016,第6、13—15页。

④ Richard N. Haass, "Think Tanks and U.S. Foreign Policy: A Policy-Maker's Perspective," *U.S. Foreign Policy Agenda*, 7, no. 3 (2002): 5–8.

⑤ 毛维准:《新古典现实主义理论中的智库角色:一个分析框架》,《南京社会科学》2018年第10期,第16页。

意识形态特色的战略规划方案并培养对外战略人才。当本党执政时，智库向政府直接提供人才、输出政策意见；当本党在野时，智库储备人才、孕育新思想，随时谋划候选人复出。因此智库关注的议题和偏好与政党是一致的。保守派智库同共和党都赞同自由市场经济、反对政府干预，强调宗教自由和传统家庭价值观，支持强硬的对外政策和军备优势，鼓吹对中国等潜在竞争对手进行遏制等。自由派智库则与民主党相似，主张政府应当介入经济社会生活以改变分配不公、性别、种族不平等等社会问题，在国际事务中倾向国际主义和多边主义，提倡对华接触和国际合作。

涉及国际事务领域的亲民主党智库主要有布鲁金斯学会（Brookings Institution）、凯托研究所（Cato Institute）、新美国安全中心（The Center for a New American Security）等，亲共和党的智库除了美国企业研究所（American Enterprise Institute）、传统基金会（Heritage Foundation）、斯坦福大学胡佛研究所（Hoover Institution）等保守派智库外，奉行新保守主义理念的"新美国世纪计划"（Project for New American Century）和民粹主义的美国优先政策研究所（The America First Policy Institute）也越发活跃，以及一些党派色彩不明显的智库如兰德公司（RAND Coporation）和信息技术与创新基金会（Information Technology and Innovation Foundation）。其中，布鲁金斯学会在民主党在野时会被称为民主党的"流亡政府"，胡佛研究所则被看作是共和党在野时的"影子政府"，美国企业研究所也被称为"共和党的权势集团"。相对而言，保守派智库的影响力比自由派智库更大，新保守主义的崛起就是依托于传统基金会等保守派智库。前众议院议长纽特·金瑞奇称，传统基金会是在美国国内思想战中影响最深远的保守组织。[①] 美国各智库也正在广泛地"传统基金会化"，即从原本主要从事学术研究转向现在主要进行政策倡议，致力于在决策圈推销体现自身意识形态的政治议程。每当总统和执政党换届时就是智库提出并兜售对外战略新思想、新理念的重要机

---

① Christopher Georges, "Conservative Heritage Foundation Finds Recipe for Influence: Idea + Marketing = Cloud," *Wall Street Journal,* August 10 (1995): A.12.

遇期。

新的学术思想来自政策实践也影响政策制定，而决策者也需要特定知识的帮助。美国对华战略的演变受到智库的智力支持。例如，1992年传统基金会刊物《政策评论》发表罗斯·H.芒罗的文章《正在觉醒的巨龙——亚洲真正的危险来自中国》，抛出"中国威胁论"，[①]是导致20世纪90年代以来中美关系陷入危险的理论基础。1999年兰德公司的报告提出了"遏制并接触中国"的建议。奥巴马启用新美国安全中心（The Center for a New American Security）的库尔特·坎贝尔为东亚及太平洋事务助理国务卿，并采纳了他关于美国向亚太地区战略调整的建议，[②]坎贝尔由此成为"亚太再平衡"战略重要的决策者之一。因此，美国国务院政策规划室前主任理查德·哈斯认为："智库在影响美国外交政策的因素中发挥的作用最重要，但也最少被意识到。"[③]

在涉华研究中，美国智库注重内外部协调合作，通过对华政策大辩论逐步形成新的对华共识。[④]虽然智库可以向政府提供具有长期远见的战略规划方案，但是在美国的战略实践中，眼光长远的政策建议往往被忽视或只采纳部分内容，因为国内政治的博弈更加重要。

（三）媒体在对外战略决策中发挥的作用

媒体主要通过代表、组织、引导，以及制造舆论等方式影响政治行为体的决策。媒体影响美国对外战略最重要的方式就是议程设置，媒体为观众确定议程，选择值得关注或忽视的议题。美国政治也被看作政府和社会中不同

[①] Ross H. Munro, "Awakening Dragon: The Real Danger in Asia is from China," *Policy Review*, no. 62 (1992): 10–16.

[②] Kurt M. Campbell, etc., *The Power of Balance: America in Asia*, The Center for a New American Security, June 2008.

[③] Richard N. Haass, "Think Tanks and U.S. Foreign Policy: A Policy-Maker's Perspective," p. 5.

[④] 宋鹭、孙巧铃、李欣洁：《美国智库涉华研究的"新冷战化"趋势》，《现代国际关系》2021年第4期，第54页。

个人和集团通过媒体影响大众的竞争。①

与其他社会行为体相似,媒体也同样具有党派性和特殊的意识形态偏好。民主党主要接受与主流的传统新闻媒体和学术机构的合作,共和党人依靠保守派智库、电视台、谈话电台、社交网络等新兴媒体获得信息。共和党人不信任来自大学和科研机构的科学家和专家,又因为受意识形态驱使、多元程度低,容易受到单一媒体的影响。共和党保守派长期不信任民主党自由派主导的主流学术界和新闻界,而是培养自己的信息来源。例如,福克斯新闻频道(FOX News)不仅是实时信息的新闻来源,还在共和党各机构中发挥巨大的影响力和号召力,没有任何媒体能在民主党内发挥类似的影响力。特朗普就非常喜欢观看福克斯,许多共和党政客积极参加福克斯的节目以博得特朗普的关注。

媒体特别关注贸易、人权、环境、移民、宗教等非传统安全领域的议题,也比较容易对政治行为体在这些议题中形成压力。媒体还在议题传播中融入自身的价值观念取向。美国政府经常出于国内政治的考虑将这些议题嵌入对华战略当中。

第二节 因果机制

国际体系中的国家行为,可以被视为产生于决策联盟内部对华战略规划和实践差异性互动的产物,来自国内和跨国压力的国家偏好对国家行为产生了至关重要的影响。有些议题与国内事务关联性较低,决策者的选择空间会更宽阔,但是与对华战略有关的议题涉及各层次各领域,引起多个行为体的广泛参与。

关于美国对华战略演变的研究即是对美国国内由决策联盟主导的集团博弈过程的研究,国家的战略行为被解构为围绕特定议题的连续政策集合。决

---

① 杰里尔·A.罗塞蒂:《美国对外政策的政治学》,周启朋等译,世界知识出版社,1997,第479页。

策联盟的变化（更替与内部博弈）会导致战略规划的调整和变革。在战略规划阶段的分析过程中，首先，需要通过目标识别环节来确定此时决策联盟战略目标，并且界定战略竞争者的身份。其次，通过议程设置为战略实践环节提供被关注并将优先进行的议题。战略规划决定战略实践的方向，具体而言各政治和社会行为体通过议题嵌入、议题联系、议题执行等方式阻碍或促进总统领导的国家对外战略实践，从而导致战略实践与战略规划之间的协同或偏差。最后，战略实践的结果导致任内和任间美国政府对华战略的不一致性和不连贯性。战略性危机则作为干预变量，同时影响战略规划和战略实践，特别是影响战略目标的识别并提升某些议题在议程中的处理优先级。

如表2.1所示，各行为体参与对外战略的环节不同，分别起到直接或间接的作用。没有一个行为体能够单独将自身的偏好赋予每个环节，各行为体在各环节扮演的角色不同。每个环节中都存在多个行为体之间的博弈，从而导致以多元化涉华政策议题组成的美国对华战略不一致性与不连贯性。

表2.1 参与不同对外战略环节的各行为体

	具体环节	直接参与者	间接参与者
战略规划	目标识别	总统、官僚部门	政党、智库
	议程设置	总统	政党、利益集团、智库、媒体
战略实践	议题嵌入	总统、国会	智库、媒体、利益集团
	议题联系	总统、国会	媒体
	议题执行	官僚部门	总统、国会

数据来源：作者整理。

一、战略规划

在战略规划阶段，总统需要充分考虑国际环境、国家能力、国内政治经济条件等因素，以便获得决策联盟的支持。正如杨楠指出国际战略是"国家在国际体系中实现自身利益的整体规划"。① 决策联盟不仅是总统进行战略规划的重要保障性力量，也会对其造成干扰。例如，国家安全委员会注重危机治理，轻视战略规划，会导致美国国际战略难以转型。因此，优秀的战略规划要考虑到各种国内和国际的制约条件，有效的战略规划有助于将复杂的国际关系现实简单化、模式化、程序化，缩短了行为体决策的时间，可以处理更多、更复杂的任务。② 战略规划主要由目标识别与议程设置两个环节组成。

（一）目标识别

有效且合理的战略规划首先需要对战略目标有着清晰的认识和定义，对外战略涉及不同目标之间的取舍。战略目标决定了决策者选择和行动的意义，也是检验战略实践质量高低的标准。纳里泽尼将大战略定义为决策者或机构争取国际政治目标的原则。③ 韩召颖和黄钊龙认为，战略目标对国家相关部门的工作起到直接或间接的指导作用。④ 严肃的战略规划必须基于对国际形势和美国国家利益和目标的分析，美国对华战略的目标决定了彼此间的实力关系是"零和"还是"正和"。

行为体的利益即是目标，利益就是行为体对于结果的偏好。⑤ 对大战略的分析需要将抽象的国际利益转化为具体的战略目标。保罗·肯尼迪认为，国际战略的目的是在抽象的国家利益基础上对国家长期追求方向的概括，是长期政策的改进和整合。⑥ 正如前文所述，美国的国家利益是由决策联盟中的行

---

① 杨楠：《政府组织如何制约美国国际战略转型？——基于美国国安会的分析》，《美国研究》2020年第6期，第111页。

② C. Neil Macrae, Alan B. Milne and Galen V. Bodenhausen, "Stereotypes as Energy-Saving Devices: A Peek inside the Cognitive Toolbox," *Journal of Personality and Social Psychology*, 66, no. 1 (1994): 37.

③ 凯文·纳里泽尼：《大战略的政治经济学》，第8页。

④ 韩召颖、黄钊龙：《对冷战后美国大战略的考察：目标设置、威胁界定与战略实践》，《当代亚太》2019年第5期，第39页。

⑤ Robert Powell, "Anarchy in International Relations Theory: The Neorealist-Neoliberal Debate," *International Organization*, 48, no. 2 (1994): 313–344.

⑥ Paul Kennedy, *Grand Strategy in World and Peace* (New Haven: Yale University Press, 1991), pp. 1–10.

为体共同建构出来的，功能上存在差异的个人、组织或群体确定物质和观念目标，而后通过政治手段影响总统实现多元性目标。行为体的价值判断影响国家的目标，① 不同精英对国际体系和中美关系的不同认知导致他们对不同的目标和达成目标的手段有不同的偏好。因此，多元化的战略目标可能导致决策联盟的分裂。

总统作为决策联盟的核心，对战略目标的识别发挥重要作用。战略目标往往会体现领导人的执政风格、从政经历等。约翰·加迪斯认为，战略是"目的与手段、意图与能力、目标与资源联系起来的过程"，② 劳伦斯·佛里德曼则强调，战略是"寻求并达成政治目的的可用手段间的最佳关系"。③ 虽然战略目标往往宏观而模糊，但是有助于对议题进行清晰的优先排序，毕竟制定任何长期战略目标的第一步就是找对问题。

对美国精英来说，保持美国的世界领导地位是其坚定的信念。美国的能力越大，利益的界定就越宽泛，目标就越广阔。这种美国精英阶层的信念使得美国要主动塑造国际环境，而不仅是在国际环境中谋生。美国的对外战略体现了其利益与权力、目标与手段之间的平衡与协调，旨在有效应对外部环境带来的挑战，并致力于维护和拓展其国家利益。④ 然而，国际体系中各主要大国之间的实力对比是制约和限制美国对外战略的主要因素，战略目标的转变也往往来自国际体系层面结构性的变化。美国始终不变的战略目标就是追求世界霸权。

美国对华战略目标需要区分对不同领域利益的不同威胁，对目标进行排序。克里斯托弗·莱恩提出，大战略形成的三个步骤：确定核心利益、确定

---

① Philip Zelikow, "Foreign Policy Engineering: From Theory to Practice and Back Again," *International Security*, vol.18, Spring (1994): 143–171.

② 约翰·刘易斯·加迪斯：《遏制战略：战后美国国家安全政策评析》（增订本），时殷弘译，商务印书馆，2019，第2页。

③ Lawrence Freedman, eds., *Strategic Coercion: Concepts and Cases* (Oxford: Oxford University Press, 1998), p. 15.

④ 王浩：《社会联盟与美国对外战略演化的逻辑（1945—2015）》，第62页。

威胁、决定如何有效利用各类资源维护利益。① 在中美关系中，美国在对自身的目标进行排序的同时，也在确定中国的哪些目标威胁到了美国的核心利益？哪些目标美国应该包容，哪些不可接受？哪些不会伤害美国的利益？美国战略界据此将对华战略竞争性目标分为中期、长期和终极目标，中期目标是防止中国在亚太地区的影响力超越美国，长期目标要阻止中国重塑美国领导的国际秩序，终极目标是要维护美国的民主制度和价值观。战略目标一般会形成表述明确、清晰的文件纲领，最能够体现美国国家安全战略目标的是由白宫国家安全委员会发布的《国家安全战略报告》，报告列举美国在未来外交和安全事务中的关键目标及威胁，并以此为各政府部门和机构制定国家安全战略时提供指导意见。王缉思指出，发布《国家安全战略报告》《四年防务评估报告》《国情咨文》等文件只是美国行政部门应国会的要求，但是从行政部门的角度来说，为了保持自身政策的灵活性并不希望过多受到这些文件的约束，美国政府关于对华战略的规划文件也不一定能转换为实际政策。②

虽然美国战略界在对华战略的中期和终极目标上具有一定共识，但在如何实现目标的手段上仍有争议。无限的目标也并不比有限的目标更好，因为目标的有限性也决定了消极后果的有限性，不确定战略竞争对手的对外战略也许更符合美国的长远利益。③ 特朗普就偏爱将战略目标模糊化，从而达到混淆对手、争取最大回报的目标。④ 美国战略目标与手段不一致的原因，往往就在于各类决策联盟及其行为体都希望将有利于自身的议题加入议程战略框架中。因此，宏观的战略目标固然重要，但是战略规划中哪些议题将进入战略实践环节则由议程设置环节来决定。

---

① Christopher Layne, "From Preponderance to Offshore Balancing: American Future Grand Strategy," in John Ikenberry, ed., *American Foreign Policy: Theoretical Essays,* 3rd ed. (New York: Addison-Wesley Educational Publishers Inc., 1999), p. 564.

② 王缉思、本刊编辑部：《美国内政外交演变的表现与动因——王缉思教授专访》，《当代美国评论》2022年第1期，第10页。

③ 王缉思：《大国战略：国际战略探究与思考》，中信出版集团，2016，第222页。

④ 李泽生：《特朗普政府的防御性单边主义外交及其影响》，《当代世界与社会主义》2020年第2期，第167页。

（二）议程设置

议程设置原本是新闻传播学的概念，主要指媒体对议题是否进入受关注度较高的议事日程的取舍。斯蒂芬·利文斯通提出的议程设置是，"在相关的行为体群体中，将议题提升显著的过程"，[①] 其中总统等政治行为体发挥比媒体等社会行为体更大的影响力。韦宗友将国际议程设置定义为，"行为体将其关注的议题列入国际议程的过程"。[②] 赵长峰和左祥云的定义，则将议程设置的主体扩展为国家，即"某国将某几个问题或某几个国家就共同关心的问题，按它们对国家利益重要性的排序向其他国家取得议题的话语权和行动的主导权"。[③]

本书结合以上几种定义，将议程设置定义为，以总统为核心的决策联盟根据战略目标决定，在对外战略实践中推进何种议题的过程。因为在对外事务中行政部门掌握更多关于战略选项的信息和专业知识，所以总统领导的行政部门在外交领域仍然掌握议程设置的主要权力，其他行为体的议程能否被设置取决于对总统的影响力。议程的容量是有限的，因为总统及其团队的关注度也是有限的。因此，一个行为体设置的议题的增多意味着另一个行为体议题的减少。行为体对总统的影响力决定了什么议题被纳入战略框架，什么议题没有进入，以及怎样及何时提升议题的优先级。

议程设置是"超级权力工具"和稀缺资源，因为议程设置可以设定辩论的内容，有利于推行自己偏好的方案。议程设置关注的是将某些议题排除在外的能力。[④] 行为体通过议程设置也可以将其他行为体的注意力导向特定的议题。

美国对华战略议程中议题优先级的排序取决于行为体偏好的博弈和战略

[①] Steven G. Livingston, "The Politics of International Agenda-Setting: Reagan and North-South," *International Studies Quarterly*, 36, no. 3 (1992): 313.

[②] 韦宗友：《国际议程设置：一种初步分析框架》，《世界经济与政治》2011年第10期，第38页。

[③] 赵长峰、左祥云：《国际政治中的议程设置浅析》，《当代世界与社会主义》2013年第6期，第122页。

[④] 约瑟夫·奈：《权力大未来》，王吉美译，中信出版社，2012，第17页。

性危机导致的急迫性。首先，战略性国际危机会使诸如反恐、国际金融、地区安全等议题迅速成为优先议题。其次，国会、官僚部门、利益集团、智库、媒体都会试图通过影响总统参与议程设置。对外战略中的议题没有明确的等级排序，安全并非始终是美国关注的首要议题，在美国对华议程中安全议题也并不总是推动战略演变的主要动力，经贸、人权、环境等议题经常成为美国对华战略框架中的重要议题。具体领域内议程设置的能力主要取决于该议题内的权力分布。

议程设置的过程也是总统团结、联合、凝聚决策联盟的过程，总统的战略议程需要决策联盟的支持，决策联盟也需要与总统进行交易以换取自身的议题可以进入议程。在决策联盟中政治和社会行为体分享议程设置的权力，实际上的权力分享是随各方力量的消长而变化的。议程设置有助于总统领导的决策联盟区分紧要的议题和只涉及边缘利益的议题。但是，因为一些强力行为体对特定议题的敏感性，导致该议题大概率会进入美国对华战略议程中。在不同的议题之间分配资源也非常棘手，总统会把最多的资源投入到最有影响力的行为体推动的议题上。

在经过战略规划阶段的多方博弈后，战略决策者需要在尽可能短的时间内，在复杂的目标中确定采取行动的优先顺序和紧急性。因此，牛军认为，"合理确定目标和行动的轻重缓急并根据变动的内外条件加以控制和协调"是战略决策研究的优先内容。[①] 由此，议程设置成为美国对外战略规划中的关键环节，只有经过议程设置的议题才能够被纳入战略实践环节中。因此，界定议题的权力格外重要。

二、战略实践

虽然决策联盟在议程设置中基本提出了对华战略行为体的涉及议题，然而在战略实践中，各类行为体总会让各种新的议题进入决策和执行过程中，使总统必须优先专注并处理这些特定议题。战略规划有时不能落实的原因主

[①] 牛军：《冷战时代的中国战略决策》，世界知识出版社，2019，第3页。

要就在于各行为体的干扰导致国内的制约因素太多。美国对华战略的实践主要由议题嵌入、议题联系和议题执行三个环节组成。

（一）议题嵌入

议题嵌入与议程设置最大的区别在于，议程设置是在战略规划阶段进行的，而议题嵌入则是在战略实践阶段进行，是指行为体将原本不在战略议程中的议题加入正在实践的议程框架当中。议题嵌入也被称为议程建设（agenda building），指将被忽视的议题重新提升为优先级。议题嵌入分为主动嵌入和被动嵌入。主动嵌入是指行为体根据自身偏好的调整主动选择加入自身关注的议题，被动嵌入是指突发的、在国际层次发生的战略性危机导致总统及其他行为体不得不将涉及危机的议题迅速提升至优先级。

美国对华战略议程在设置后不是固定不变并坚定实施的，各行为体都有机会向战略议程中嵌入有利于自己的议题。国内行为体可以在此环节将一个局部性或技术性议题扩展延伸为具有体系性意义的重要议题，从而将更多的行为体吸引来进行新一轮博弈。[①] 利益集团或智库表达对某类涉华议题的专注，吸引行政和立法部门的介入，国会听证会可以使议题引起广泛关注。国会领袖也会主动参与对外事务。例如，1997年共和党籍众议长纽特·金瑞奇和2022年民主党籍众议长佩洛西分别窜访中国台湾地区，导致"台湾议题"迅速成为美国政府对华战略议程中的重要事项。

政党、利益集团、媒体等行为体的议题嵌入会对既有的战略规划造成强化或干扰作用。例如，小布什时期，美国商界会强化政府既有的对华接触战略，在奥巴马后期与特朗普时期，美国商界会阻挠政府对华强硬。而议题领域权力结构的变化是被局限还是扩散并与其他议题相联系，则由国内外的政治斗争决定。

（二）议题联系

议题并非孤立存在，而是相互夹杂、牵扯在一起的。各类行为体也可以运用多种手段同时推动各类议题并使之相互关联。行为体在某个议题上立场

[①] 韦宗友：《国际议程设置：一种初步分析框架》，第50页。

不同，却在另一个议题上可以合作，通过偏好的分配与互动交换利益。在一个议题中的失败可以在另一个议题上获得补偿，在一个议题中的诱导和制约也会影响其他议题内事态的发展。行为体也可以通过政治化的手段将某个议题与其他议题联系，以便追求自身优势的最大化。议题联系导致跨议题层次的战略博弈，从而实现讨价还价中的受益交换。[①]

议题联系通常是由总统发起的，目的是在行为体间建立相互依赖，提高双重交易的成本，从而使得战略议程的实践可以更加稳定、一致和连贯。然而利益集团和部分官僚不关心全局，因为集团、部门和群体会在不同层次上考虑问题。而作为最高决策者的总统需要主动进行全领域、多层次的协调和行为体之间的关联，尽可能抑制议题之间的差异性对战略实践的干扰。总统建立制度网络和议题联系的能力是重要的权力来源，将尽可能多的议题联系起来促进战略实践，也是国家拥有强大软实力的体现。

对总统而言，最佳的联系策略就是将各领域的议题囊括在一个宏观的战略框架下，将竞争引入到有利于美国的领域，以降低自身的代价或者提高竞争者的风险。例如，小布什时期所有的对外战略行为都囊括在以反恐战争为核心的大战略中，而奥巴马时期的"亚太再平衡"战略和特朗普时期的"印太战略"则是在各领域、多层次同时制衡竞争对手，以行政部门的力量动员各领域尽可能增强决策联盟的力量。总统也会将不相干的议题联系起来作为向其他国内行为体的让步或补偿。

（三）议题执行

议题执行是战略实践的最后一个环节，议题执行的质量决定战略的成败结果。官僚部门在议题执行中发挥重要作用。能否确保战略规划的有效执行取决于政治体制，特别是官僚部门能否为保持战略行为的一致性和连贯性提供保障，还需要机构系统内部有更紧密的协调。

官僚部门的有效性、总统对议题的支持力度和官僚部门的物质条件能力，

[①] T. Clifton Morgan, "Issue Linkages in International Crisis Bargaining," *American Journal of Political Science*, 34, no. 2 (1990): 311–333.

决定了领导人战略选项的有效选择范围。① 良好运转的官僚体系决定了国家能否充分有效地利用资源达到目标。② 乔治·凯南认为，作为对外战略的关键就是"以政治的整体主义抑制各种部门本位主义和归约主义，统御现代社会官僚制下部门的、专业主义的和纯粹技术的观点"。③ 但是，政策协调仍然是非常复杂的政府管理任务，只有将人事体系的独立性和多元性结合，并且与相应的跨部门协调机制结合，④ 才能保证官僚体系不会干扰战略实践。

在经过议程设置、议题嵌入和议题联系后的战略实践，可能已经与最初的战略目标有较大的差距。因此，议题执行需要不断调整，以避免战略实践脱离实际情况。执行中应当根据局势不断发展的需要不断调整战略目标的方式和手段，甚至调整目标。在美国战略决策体系中，国家安全委员会对战略调整发挥重要作用，由负责协调事务的幕僚总结战略的实践情况，并反馈至部长委员会及国家安全委员会正式会议加以探讨，从而确认正在进行中的战略实践是否适应现有环境。国家安全委员会负责制定的《国家安全战略报告》，还需要对各部门的利益诉求进行权衡、取舍与重组。

三、战略性危机

战略性危机是指在国际体系层面发生的、对美国战略规划和实践具有结构性影响的重大危机。重大的危机导致国际体系发生巨大变化，可以迅速打破既有的国际秩序、规则或规范，可能导致美国对外战略在短时间内的迅速调整。然而，并不是所有国际危机都能算是战略性危机，只有在国际体系层次显著地改变美国战略规划和实践的，才是战略性危机。具体表现为战略目

---

① 格雷厄姆·艾利森、菲利普·泽利科：《决策的本质：还原古巴导弹危机的真相》，王伟光、王云萍译，商务印书馆，2015，第188页。

② Fareed Zakaria, *From Wealth to Power: The Unusual Origins of America's World Role* (Princeton: Princeton University, 1998).

③ 牛可：《冷战与美国的大战略、国家安全理念和国家构建》，《国际政治研究》2021年第1期，第81页。

④ 孙成昊、肖河：《白宫掌权者：美国国家安全委员会（1947—2019）》，时事出版社，2020，第282页。

标的转移和危机相关的议题优先级迅速提升，从而导致对战略规划和实践的一致性和连贯性造成干扰。21世纪主要有四次战略性危机：2001年的"9·11"事件导致小布什政府对外战略的重心向反恐战争转移，从而重回对华接触的轨道；2008年的国际金融危机迫使奥巴马政府急需重振美国经济、维护国际金融秩序，因此继续与中国在经济复苏等议题中保持合作；2020年的新冠疫情破坏了特朗普的"经济政绩"，加剧了特朗普政府的对华全面战略竞争；2022年爆发的乌克兰危机促使拜登政府将同时遏制中俄视作重要的战略方针，因此增强了对"台湾议题"的关注度。其中，"9·11"事件和国际金融危机推动中美合作，而新冠疫情和乌克兰危机放大了中美已有的矛盾。在应对危机的过程中，美国国内各行为体之间因为彼此不同的利益诉求而有不同的政策偏好，因此，各行为体会加速对美国对华战略框架控制权的争夺。

战略性危机的形成通常具有必然性，是国际政治和经济问题的深层表征。正如"9·11"事件反映的是伊斯兰国家对美国过度偏袒以色列的反制；国际金融危机是新自由主义经济政策和美国过度金融化的代价；乌克兰危机是俄罗斯对美国长期对俄遏制的反击。但是危机发生后的走向却充满了偶然性，危机的复杂性和不确定性也使得出现非预期后果的可能性增加，而决策者对战略性危机的应对有时会改变历史的走向。冷战后，美国对外战略的不连贯性和不一致性加剧了战略性危机的效用，使得危机经常可以改变美国对华战略中议题的优先级，调整战略重心和方向，破坏脆弱的中美关系稳定性。

战略性危机可以为总统提供民意支持，因此，基于美国国内的政治利益，各行为体也会利用危机达到自身的目的，而不顾他们的行为可能造成的国际后果。在"聚旗效应"的作用下，当发生重大危机时，美国民众总是支持总统。"9·11"事件和新冠疫情使小布什和特朗普的支持率分别有过提升。每一次危机都蕴藏着调整对外战略的机会，战略性危机可以把旧议题延后，从而优先解决新议题。如果危机涉及的议题正好是总统想要优先解决的有关议题，将有利于总统推进既有的战略框架。战略性危机虽然会影响战略规划，但是，具有长期和宏观视野的战略规划如果能够应对突发事件就会帮助总统抓住机遇，反之则会阻碍既定的战略规划。由于战略性危机会导致美国对华战略议题战略重心优先级的调整，因此成为美国对华战略演变的干预变量。

战略性危机是国际体系发生重大转变的催化剂。国际体系变革是渐进而分散的深层制度和观念的共同结果，危机会巩固和加速变革。例如，经济或金融危机往往是国家陷入衰败的信号。然而，战略性危机对国际体系和美国的影响在短期内并不显著，需要长期观察才能分析出战略性危机所带来重大变革的后续影响。

第三章　小布什政府保守主义决策联盟与对华战略的转型

小布什政府延续了克林顿政府对华的"两面下注"策略，即在保持接触与合作的同时，也实施遏制与防范。小布什政府在经贸领域与中国积极合作，在反恐、朝鲜核问题等议题中也获得了中国的配合。然而在亚太地区安全和军事议题中，小布什政府以"战略模糊"的方式屡次突破中美两国在"台湾问题"上的共识，并渲染中国在亚太地区对美国的威胁。在人权议题中，小布什政府也与国会一道屡次指责中国。

在"9·11"事件前，深受新保守主义影响的小布什政府将中国定位为美国的"战略竞争者"，新保守派的战略目标正是遏制中国的发展与和平崛起。"9·11"事件作为战略性危机改变了小布什政府的战略目标，反恐成为接下来近二十年美国最主要的全球战略目标。美国国防部与国务院、国家安全委员会等部门在对华战略规划中有不同的立场，国防部是遏制中国的主要推动者和实施者，国务院和国家安全委员会则在一定程度上发挥缓和作用。在小布什政府的战略规划中，中国逐渐成为美国的反恐"盟友"和维护既有国际体系的"利益攸关方"，在其对华战略议程中，经贸、反恐、朝鲜核问题等成为中美之间重要的合作型议题，但也有人权、"台湾问题"、贸易逆差和人民币汇率等冲突型议题。总的来说，在小布什政府第一任期中，副总统和国防部势力较大时，中美之间冲突型议题更为显著。在其第二任期中，副总统被排除出核心决策圈、国防部长的更替以及国务院和国家安全委员会势力较大时，中美之间合作型议题更突出，反映了其决策联盟内部的变化。

小布什政府的对华战略在多领域、各议题中呈现"合作与竞争""遏制与接触"共存的现象，反映出美国国内各行政部门、党派、国会等行为体之间的冲突。具体而言，在行政部门中，深受新保守主义影响的副总统和国防部对华强硬，国务院、国家安全委员会、财政部等对华相对务实理性。国会的民主党人推动人民币汇率议题，共和党人则主要推动"对台售武"议题。在社会层面，虽然美国商界和金融界是推动对华接触战略的重要力量，但是也有如宗教右翼、军工复合体、制造业团体、劳工组织等利益集团为了各自的利益而推动有损中美关系的议程。因此，小布什对华既接触又遏制的"两面下注"是对其决策联盟内部多方势力涉华利益偏好之间的妥协与调和。其对华接触的目的是在接纳中国融入美国主导的国际政治经济体系的同时影响中国朝着更有利于美国利益的方向改变。

第一节 小布什政府决策联盟的构成

小布什政府决策联盟的政治和社会力量都基于共和党长期以来的保守派群体，包括了秉持保守主义意识形态的政客、国会议员、专家以及与共和党利益一致的各类利益集团、媒体和智库等。

一、共和党政治力量的重塑

在经历充满争议的2000年大选之后，小布什面临着迅速弥合美国社会分歧的挑战。因此，他并未仅仅迎合保守派的利益，而是尽量以温和保守派的立场来团结他所依靠的政治阵营。在其决策团队中包括新保守主义者和现实主义者，同时依靠共和党控制的国会配合决策。

（一）小布什的决策团队：新保守主义与现实主义者的冲突

小布什认为，最佳的管理模式是将自己置于专家与顾问之中，依赖他们对职责的忠诚，最后再由总统作出决断。[①] 布什父子认为，决策体系中的人际关系最为重要。副总统理查德·切尼、国务卿科林·鲍威尔、国防部长唐纳

---

① George W. Bush, Mickey Herskowitz and Karen Hughes, *A Charge to Keep* (New York: William and Morrow Company, 1999), p. 80.

德·拉姆斯菲尔德、国家安全事务助理康多莉扎·赖斯等决策圈成员，与布什家族私交甚密。

然而，小布什未能组织好团队内部的信息流通。在其第一任期中，国家安全事务助理赖斯未能成功地协调，主张采取单边主义的强硬派副总统切尼和国防部长拉姆斯菲尔德与主张多边主义的务实派国务卿鲍威尔之间的矛盾，导致副总统、国防部、国务院之间的派系斗争激烈。国家安全委员会的意见也经常被国防部忽视。副总统切尼积极介入外交事务，而国务院与副总统办公室、国防部之间长期存在意见分歧。总统并没有在其中扮演积极的平衡角色，反而造成了分权化的趋势。小布什政府的决策过程也不够透明，而是限于"小圈子"中，缺少广泛的多方讨论。进入小布什"小圈子"的标准是与总统的关系而非经验与职业熟练度。因此，小布什偏爱与其理念相符的阁员，如切尼和拉姆斯菲尔德，导致鲍威尔逐渐被排除出核心决策圈。①

虽然有学者将小布什政府划分为：信奉新保守主义的"民主帝国主义者"，"鸽派实用主义者"，"果敢的民族主义者"三类。②但总的来说，小布什核心圈的大部分人赞同新保守派对世界的基本认知：即霍布斯式充满冲突的世界观以及美国应当以军事能力应对威胁。小布什政府内部的鹰派主要是白宫和国防部的高级文官，他们几乎都是新保守主义理念的信徒。如副国务卿和美国驻联合国代表、新保守派代表人物约翰·博尔顿认为，要"尽可能有力地维护美国国家利益，把我们自己当作美国的推广者而非世界的卫士"。③

新保守主义者最关注如何阻止同侪竞争对手，即类似中国这样新兴大国的崛起。新保守派崇尚强权政治、先发制人打击、单边主义、政权更迭、意识形态外交，并追求美国仁慈的霸权。切尼、拉姆斯菲尔德等新保守派的支

---

① Ivo H. Daalder and James M. Lindsay, *American Unbound: The Bush Revolution in Foreign Affairs* (Washington D.C.: Brookings Institution Press, 2003), p. 30.

② 约翰·米克尔思韦特、阿德里安·伍尔德里奇：《右派国家》，王传兴译，中信出版集团，2014，第188页。

③ Caroline Daniel, "Hard Man Who Sits at the Heart of US Foreign Policy," *Financial Times*, December 19 (2002): 14.

持者和国防部副部长保罗·沃尔福威茨、助理国防部长道格拉斯·菲斯、副国务卿博尔顿、国防部国防政策委员会主席理查德·伯尔这样的坚定新保守派,一度主导小布什政府初期的外交政策。他们在"9·11"事件前,一方面,鼓吹"中国威胁论",将中国看作冷战后美国的主要对手,[1]导致小布什就任前也将中国视为"竞争对手";另一方面,鼓吹"制度决定论",认为中国的现代化将导致扩张行为并威胁美国的利益。[2]这是因为新保守主义认为政权的性质决定对外行为,而中国的政治制度、文化传统和意识形态都与美国差异极大。新保守派主张美国应当遏制、影响乃至"颠覆"中国。[3]在"南海撞机事件"后,威廉·克里斯托尔和罗伯特·卡根等新保守派代表人物称撞机事件是美国的"民族耻辱",中美军事交流与合作也被中止。

克里斯托尔和卡根于1997年成立"新美国世纪计划"(The Project for the New American Century)智库,主张以"兼具军事实力与道德感的里根式政策在海外促进政治与经济自由"。切尼、拉姆斯菲尔德、沃尔福威茨、小布什政府的助理国防部长彼得·罗德曼、副总统办公室主任兼副总统国家安全顾问小路易斯·利比等人都在该智库的章程上签字。弗朗西斯·福山、杰布·布什等人也参加了该计划。1999年8月20日,"新美国世纪计划"与传统基金会共同发表声明,敦促克林顿政府"防卫台湾"。[4]沃尔福威茨、博尔顿、利比等人都在该声明中签字,为小布什政府的对台政策奠定了基础。

而以国务卿鲍威尔为代表的稳健派,包括副国务卿理查德·阿米蒂奇、助理国务卿詹姆斯·凯利等人,还有国务院、国家安全委员会一些温和的现

---

[1] William Kristol and Robert Kargan, "Toward a Neo-Reaganite Foreign Policy," *Foreign Affairs,* Vol.75, July/August (1996): 20, 23.

[2] 吕桂霞:《新保守主义对美国外交政策的影响论析》,《安徽大学学报》2005年第3期,第124页。

[3] William Kristol and Robert Kargan, "Toward a Neo-Reaganite Foreign Policy," vol.75, July/August (1996): 20, 23.

[4] The Heritage Foundation and the Project for the New American Century, "Statement on the Defense of Taiwan," August 20, 1999, http://militarist-monitor.org/images/uploads/PNAC_Statement_on_the_Defense_of_Taiwan.pdf.

实主义者，在小布什政府第一个任期内处于弱势地位，他们支持建立稳定的而非对抗的大国关系。美国国务院内部的职业外交官们也反对新保守派非黑即白的二元论世界观。尽管如此，因为小布什与切尼、拉姆斯菲尔德等人的关系更加紧密，同时也欣赏他们的立场，导致鲍威尔虽然不断向外界传递美国政府内部更加温和与理智的信号，但还是在第一个任期内被排除在小布什的核心决策圈外。

在第二个任期中，与小布什私交甚密的赖斯出任国务卿并得到充分信任，[1] 她的副手斯蒂芬·哈得利则出任国家安全事务助理，形成了国务院与国家安全委员会之间的同盟。赖斯也是较早提出对华既接触又遏制主张的人之一。她认为，美国需要按现实主义的原则对华接触，即合作是必要的，但发生冲突时，美国也不应害怕与中国对抗。[2] 日后，美国深陷新保守派推动的伊拉克战争的泥潭，导致新保守派失势，拉姆斯菲尔德的国防部长职务被现实主义者罗伯特·盖茨取代，切尼被排除出核心决策圈，美国对外战略协调的情况明显好转。过度依赖军事手段导致美国陷入反恐战争的教训让小布什本人也更加理性务实，不再试图采用先发制人的军事手段实现政权更迭，在应对朝鲜核问题和"台湾问题"中也不再持新保守派的激进主张。

（二）国会对白宫对华接触战略的阻挠

在小布什时期，由于两党在反恐战争问题上达成了共识，国会通常在军事和安全议题上尽量配合总统。共和党在2002年中期选举后，同时控制参众两院，使小布什可以在推进其对华战略的同时不必担心国会过多的掣肘。2006年中期选举后，民主党控制了国会，在经贸、人权等议题中开始干扰小布什政府的对华战略。2007年5月，中国国务院副总理吴仪访美，民主党籍众议长南希·佩洛西向中国代表团提出了从人权、涉藏、苏丹达尔富尔到知识产权等一系列争议性议题，还在贸易和汇率等议题上向中国发起挑战。

---

[1] Hames Mann, *Rise of the Vulcans: history of Bush's War Cabinet* (New York: Viking, 2003), pp. 250–251.

[2] Condoleezza Rice, "Campaign 2000: Promoting the National Interest," *Foreign Affairs*, 79, no. 1, January/February (2000): 45–62.

国会试图将人权议题嵌入小布什政府的对华战略框架中，2008年7月，众议院通过决议，要求小布什总统在参加北京奥运会前后就中国人权状况发表声明。部分保守派议员还以人权和苏丹达尔富尔问题为借口，要求抵制北京奥运会。小布什政府与克林顿政府在对华人权问题上的态度基本相似，即认为可以继续通过对华接触来有效促进和改善中国的人权状况，[①]并将人权和"拓展民主"放在反恐之后。小布什总统还出席了北京奥运会的开幕式，这是美国总统首次参加的非美国举办的奥运会开幕式。在下文对人民币汇率议题的案例分析中，小布什政府和财政部更是顶住了来自国会和相关利益集团的压力，避免了中美经贸关系出现剧烈波动。

二、保守派社会群体的整合

小布什政府的社会支持群体主要有：支持自由贸易理念和自由市场体制的工商界（也被称为乡村俱乐部共和党人）、以白人基督教福音派为代表的宗教右翼（也被称为主街或广场共和党人），以及枪支利益集团、油气能源公司、军工复合体等传统的保守派产业集团。在21世纪初，共和党已经成为整合大型垄断资本、宗教右翼、保守派知识分子等社会力量的庞大保守派权势网络。小布什吸取其父亲疏远保守派而连任失败的教训，整合共和党内各派系，在国内积极迎合保守派的诉求。

（一）宗教右翼

宗教右翼强调美国的社会问题必须通过宗教恢复传统价值观来解决，在对外战略中鼓吹强大国防、单边主义、爱国主义，反对国际组织，并且鼓吹人权和信仰自由。在2000年总统选举中，以基督教福音派为主的宗教右翼在18个州的共和党中是主导力量，在其他26个州都有影响力。[②]小布什曾任州长的得克萨斯州共和党的纲领用了很长的篇幅迎合宗教右翼的诉求。

---

① The White House, "Interview of the President by Bob Costas, NBC Sports," August 11, 2008, https://georgewbush-whitehouse.archives.gov/news/releases/2008/08/20080811.html.

② Kimberly H. Conger and John C. Green, "Spreading Out and Digging In: Christian Conservatives and State Republican Parties," *Campaigns and Elections*, 23, no. 1 (2002): 59–61.

"9·11"事件推动了宗教回归国际关系，宗教右翼与新保守派结盟在社会和政治两个层面共同支持小布什政府对中东地区的大规模军事干预，实现了小布什决策联盟中政治与社会力量的充分结合。宗教右翼致力于"把宗教自由问题同时作为人权和安全问题"。① 从而推动小布什政府将主权问题、人权问题和宗教问题相互联系转化。② 2003年，美国国务院在该年的《国际宗教自由年度报告》中将中国等国家列为"特别关注国"，这些都是小布什政府为了迎合宗教右翼、巩固和扩大选民基础的举措，导致共和党和小布什政府在宗教右翼和大企业的偏好之间摇摆。

（二）商业利益集团：金融与军工

共和党内的商业保守派支持同中国加强经贸联系并扩大在华市场份额，因此也支持对华接触，欢迎将中国经济纳入美国主导的世界经济体系。小布什政府还推出有利于工商业和富人阶层的减税政策并放宽大量监管政策。众议院共和党领袖、小布什的主要竞选筹资人汤姆·迪莱的"K街工程"，试图向公司和利益集团施压，让他们雇用亲共和党的说客并为共和党候选人提供资助。而且崇尚自由市场经济体制、自由贸易理念，并反对政府对经济和社会大规模干预的商业保守派一向是共和党内的重要力量。企业界强烈反对宗教右翼参与美国外交，认为这将损害美国的商业贸易利益。小布什内阁中也有大量曾担任企业高管的阁员，他们与商界的紧密联系使得在小布什时期商业界和金融界成为维护中美关系稳定并促进中美经贸合作的重要力量。

反恐战争也使军工复合体对美国对外战略的影响增加，其作用在小布什政府推动"对台售武"议题中非常明显。新保守派、宗教右翼、军工复合体、油气公司、以色列院外游说集团共同推动了伊拉克战争，③ 使美国深陷中东地区的反恐战争，延误了战略重心向亚太地区转移的规划。特别是伊拉克战争

---

① Robert A. Seiple and Dennis R. Hoover, eds., *Religion & Security: The New Nexus in International Relations* (Lanham, Boulder: Littlefield Publishers, 2004), p. 1.

② 徐以骅：《后冷战时期的宗教与美国政治和外交》，上海人民出版社，2014，第13页。

③ 约翰·J.米尔斯海默、斯蒂芬·M.沃尔特：《以色列游说集团与美国对外政策》，王传兴译，上海人民出版社，2019，第八章。

成为美国盛极而衰的转折点,反恐战争让美国的对外政策持续军事化,美国用强大的军事实力推进无边的政治目标,失去了对复杂国际体系的敏感性和权衡代价的认知。

小布什的意识形态比老布什更加保守,更加仰仗宗教右翼群体、新保守派等保守主义势力的支持,也迎合共和党推崇强大国防的传统。但是,因为2000年争议性大选的险胜,小布什为了扩大政治支持,其政治立场也逐渐转向中间派。在陷入伊拉克战争的泥潭后,小布什更是抛弃了新保守派的意识形态化对外战略,在对华战略中更加务实温和。但极右翼势力并没有放弃对美国最高国家权力的争夺,在小布什时期受到冷落的宗教保守主义者、经济民族主义者、军事霸权主义者以及保守主义意识形态狂热者,在2016年迎来了一位超级候选人。

第二节 战略竞争者定位的识别与转变

"9·11"事件是小布什政府对华战略规划的关键转折点,小布什政府开始将恐怖主义与大规模杀伤性武器的结合视作对美国最严峻的安全威胁。在此之前,深受新保守主义影响的小布什政府倾向于采取对华遏制作为战略目标。此后,小布什政府的对华战略逐渐转向以接触和融合为主。最能体现美国对华战略规划调整的官方文件是由鲍威尔和赖斯等现实主义者控制的国务院和国家安全委员会制定的《国家安全战略报告》,以及新保守派控制的国防部制定的《中国军事实力报告》和《四年防务评估报告》。从这几份文件对中国的定位和措辞中,可以看出各机构部门之间在对华战略规划中的偏好差异。

一、"9·11"事件前的对华战略目标

小布什在竞选时,不再承认克林顿政府关于中美建设性战略伙伴的对华重要战略性定位,而称中国是美国的"战略竞争者"。2000年的美国共和党党纲中写道:"美国在亚洲的主要'挑战'是中国……中国是美国的战略竞争对手,而非战略伙伴……新一届共和党政府将理解中国的重要性,但不会把中

国放在美国亚洲政策的中心地位。"①国家安全事务助理赖斯也认为,中国潜在地"威胁了亚太地区的稳定",并成为美国的"战略竞争者"。②可见,共和党2000年党纲将中国定义为美国的战略竞争对手,体现了总统候选人小布什的对华政策主张,展现新保守主义理念对小布什和共和党的影响力。

在"9·11"事件前,小布什政府内部遏制派占据上风,它们的对华战略目标是:使美国通过加强与亚太地区盟友与伙伴的关系,阻止中国挑战美国在该地区的主导权,在加强与日本的同盟关系时还强调对中国台湾地区的"保护"。③但是也有主张缓和与接触的力量,这一时期美国对华战略还没有完全定型。2001年4月的中美南海撞机事件虽然造成了中美关系的紧张,但双方都表现得比较冷静克制,在国务卿鲍威尔与助理国务卿冯稼时的主持下,美方形成了道歉措辞,④双方都在限制该事件对中美关系的实质性影响。⑤4月底,小布什在讲话中也表示,中国在某些议题中是美国的伙伴。

美国国防部在"9·11"事件前的一项重要任务是负责制定和推动对华遏制战略。国防部长期战略评估办公室主任安德鲁·马歇尔就曾起草过一份未公开发表的《四年防务评估报告》的前期版本。马歇尔的这份报告指出,无论中国的强弱、政治体制稳定与否,中国都会成为美国的威胁,美国应当尽快将军事战略重心转移至亚太地区。⑥2001年5月,国防部长拉姆斯菲尔德宣布,美军将把战略重心从欧洲移向东亚并向亚太地区大规模增兵。6月,小布什会见俄罗斯总统普京时表示,从长远来看,中国可能是美国最大的挑

---

① The Republican Party, "Republican Party Platform of 2000," July 31, 2000, https://www.presidency.ucsb.edu/documents/2000-republican-party-platform.

② Condoleezza Rice, "Campaign 2000: Promoting the National Interest," pp.45–62.

③ 周琪:《奥巴马连任后的美国内外政策评估》,《外交评论(外交学院学报)》2013年第1期,第55页。

④ 冯稼时:《中国实力增长并非与美国利益不相容》,载复旦大学美国研究中心、上海市美国问题研究所主编《四十人看四十年:中美外交风云对话》,新世界出版社,2019,第311页。

⑤ 陶文钊:《中美关系史》(修订版)第三卷,上海人民出版社,2016,第438页。

⑥ Felix Soh, "Win-win Middle Path in US Security Strategy in Asia," *Straits Times*, May 26, 2001.

战。① 9月，美国国防部发布的《四年防务评估报告》将包括中国台湾地区的"东亚滨海区"列为对美国利益十分重要的地区，② 该报告认为中国仍是美国的潜在对手。国防部试图将中国作为美国主要遏制目标的尝试因"9·11"事件和美国全身心投入全球反恐战争而暂时搁置。

2001年7月底，美国国务卿鲍威尔访华，他在访华前曾多次表示美国不希望与中国为敌，代表了小布什政府中相对温和的观点。鲍威尔表示希望同中国建立友好的关系并希望中国发展，他也表示不会用"伙伴"或"敌人"任何一个词描述中美关系，虽然他"把中国称作战略竞争者，但也不是敌人，这仅表示中美两国之间在某些议题中有不同的意见、分歧或竞争"。③ 可见在"9·11"事件前，虽然美国对华战略目标倾向于以遏制为主，但中美关系也存在缓和的迹象。

二、"9·11"事件后的全球战略目标

"9·11"事件从根本上改变了美国的对外战略规划与实践。新保守主义代表人物卡根曾说："9月11日是转折点，小布什不再是9月10日的小布什了。"2000年，小布什参加选举时曾反对全球扩张的外交政策，并批评克林顿动用军队在海外进行"国家缔造"。然而"9·11"事件要求美国对国际关系特别是大国关系重新思考。④ "9·11"事件后，小布什的战略目标调整具有变革性，新保守主义开始成为美国的外交政策指导思想，即强调单边主义的强权政治，并用武力传播民主自由的价值观。

"9·11"事件后，美国将国家安全的首要威胁定为恐怖主义。但恐怖主义并非一个特定的组织、运动或可以宣战的"敌人"，恐怖主义只是一种攻击

---

① Peggy Noonan, "A Chat in the Ovel Office," *The Wall Street Journal*, June 25, 2001.

② Michael McDevitt, "The Quadrennial Defense Review and East Asia," Pacific Forum CSIS, October 26, 2001, https://pacforum.org/wp-content/uploads/2019/02/pac0143.pdf.

③ "Interview of Secretary of State Colin Powell by CCTV," *Backgrounder* (August 2, 2001): 1–2.

④ George Packer, *Assassin's Gate: America in Iraq* (New York: Farrar, Straus and Giroux, 2005), pp. 32, 38.

的战术，目的是制造恐怖氛围、削弱士气，并激起对手的相应反应。① 美国看似是对一种战术手段宣战，实则新保守派认为，"军事是全球民主化的首要力量"，② 试图借机通过武力推广美国的制度和价值观。在新保守派看来，反恐是短期的应对措施，但是在海外推广民主才是新保守派的长期战略，"在全球反恐战争中……是为了美国的民主价值观和生活方式而战"。③ 2001年9月11日，在国家安全委员会会议上，小布什指出"9·11"事件为美国与中国、俄罗斯、印度等新兴大国和地区强国提供了更多可以合作的机会。所以，小布什政府也不再像"9·11"事件前那样将中国和俄罗斯等大国视为主要威胁。

中美两国逐渐在反恐战争中找到某些战略共识，从而得以为建立更加紧密的合作关系夯实基础。美国国家安全委员会在2002年9月发布的《国家安全战略报告》中指出，美国开始建立不受挑战的国际霸权地位，即远超其他大国的力量。报告指出，美国要"将竞争对手限制在贸易和其他和平事业中"。此时美国的战略决策者已经将国际恐怖主义列为美国的首要敌人并形成了社会共识，报告还指出，"美国当前面临的最严重威胁是极端主义与科技的结合"，④ 即存在着国际恐怖组织可能获取大规模杀伤性武器从而袭击美国的风险与威胁。该报告也指出，"9·11"事件后，美国与多个地区性大国开展了前所未有的合作，这在实质上重塑了美国与中国、俄罗斯、巴西、印度等国家之间的双边关系。

美国总统国家安全事务助理赖斯于2002年10月提出，美国要建立一个"有利于自由的力量平衡"的国际体系，⑤ 意味着美国要拉近与所有主要大国的关系。因此，美国与中国和俄罗斯等传统大国发展稳定与非对抗的关系符合美国的利益。美国也采用分而治之的策略改善了与主要大国的关系，不让

---

① 约翰·J.米尔斯海默、斯蒂芬·M.沃尔特：《以色列游说集团与美国对外政策》，第81页。

② Fareed Zakaria, "Bush's Really Good Idea," *Newsweek*, 132, no. 20 (2003): 41.

③ The White House, *National Security Strategy*, September 17, 2002, https://georgewbush-whitehouse.archives.gov/nsc/nss/2002/.

④ The White House, *National Security Strategy*, September 17, 2002.

⑤ Condoleezza Rice, "A Balance of Power That Favors Freedom," October 1, 2002, https://www.manhattan-institute.org/html/2002-wriston-lecture-balance-power-favors-freedom-5566.html.

它们之间的关系超越同美国的双边关系,再促使它们之间的竞争。

三、部门机构对华战略目标的差异性

"9·11"事件使美国民主共和两党达成了反恐共识。又因为战时总统身份带来的聚旗效应,小布什的支持率从51%飙升至90%,[①] 为其后的对华战略调整提供了民意基础。"9·11"事件客观上拖延了美国重返亚洲,为中国赢得战略机遇期,更为中美关系的改善进而良性发展提供了重要的机会。恐怖袭击发生后不久,江泽民致电小布什表示了深切慰问。

"9·11"事件和全球反恐战争的爆发使中美反恐合作迅速升温。2001年9月12日,在中美领导人通话中,小布什表示期待中美共同打击国际恐怖主义。小布什开始把中国看作美国构建的全球反恐联盟中的重要伙伴,中国也支持了联合国安理会关于打击恐怖主义的相关决议。10月,在上海参加亚太经合组织领导人非正式会议期间,小布什表示"中国和其他亚太地区国家是全球反恐联盟的重要伙伴"。[②] 小布什还用"坦诚的"(Candid)、"建设性的"(Constructive)、"合作的"(Cooperative)"3C"来概括中美关系,[③] 并恢复了两国军事交流。2002年8月,副国务卿阿米蒂奇访华期间宣布"东伊运"是恐怖组织并将其列为制裁对象。

美国国务院和国家安全委员会开始推动以"融合战略"为核心的对华接触。2002年4月,美国国务院政策规划司司长理查德·哈斯提出"融合战略",该战略指出,美国的对华战略目标是使中国"永久、彻底地融入和平、繁荣和自由的国际体系"中。[④] 2002年9月发布的《国家安全战略报告》强调,美

[①] David W. Moore, "Bush Job Approval Highest in Gallup History," Gallup News, September 24, 2001, https://news.gallup.com/poll/4924/bush-job-approval-highest-gallup-history.aspx.

[②] The White House, "U.S., China Stand Against Terrorism," October 19, 2001, https://georgewbush-whitehouse.archives.gov/news/releases/2001/10/20011019-4.html.

[③] Willy Wo-Lap Lam, "Bush deems China 'an ally'," CNN, October 26, 2002.

[④] Richard N. Haas, "China and the Future of U.S.-China Relations," Remarks to the National Committee on U.S.-China Relations, December 5, 2002, https://2001-2009.state.gov/s/p/rem/15687.htm.

国"欢迎强大、和平与繁荣的中国",美国希望与中国发展建设性关系,两国在反恐、促进朝鲜半岛的稳定等利益重合的领域进行了很多合作,①该报告重申支持对华接触战略。10月,小布什在接待江泽民访美时,再次表示中美两国是反恐盟友,双方宣布恢复两军交往。

2003年底,国务卿鲍威尔称,中美关系"处于历史上最好的时期"。②虽然2005年美国国防部发布的《中国军事实力报告》将中国列为最高级"常规威胁",但同年8月中美举行了首次战略对话。中美战略对话在小布什时期进行了六次,2006年发起的中美战略经济对话在小布什时期则进行了五次,中美沟通机制开始常态化。2005年9月,美国对华战略的主要制定者、常务副国务卿罗伯特·佐利克称,中国为"负责任的利益攸关方",并提出美国应当超越"融合战略"并鼓励中国维护国际体系。佐利克承认中国已经成为有全球性影响力的大国,美国维持开放的国际经济体系需要中国的合作。③表明小布什政府基本延续了克林顿政府对华接触的方向,尽量避免两国间冲突。同年,小布什和赖斯对中美关系的"3C"定性上又增加了第四个"C"——"复杂的"(Complicated),并称中美关系是"建设性的合作关系"。

在美国国务院和国家安全委员会不断推动对华接触的情况下,国防部仍然视中国为敌,并拖延小布什总统要求恢复中美两军交流的指示。虽然2005年10月拉姆斯菲尔德首次访华,但2006年2月美国国防部发布的《四年防务评估报告》首次将中国视作"最大的潜在对手",并宣布美军在战略重心从大西洋向太平洋地区转移的同时会强化对中国的威慑能力,强调应"两面下注"防范中国与美国敌对的可能性。④9月13日,财政部长亨利·保尔森指出,中国值得作为全球经济的领导国和领袖之一来对待。小布什政府试图推广的

---

① The White House, "National Security Strategy 2002".

② Colin L. Powell, "Remarks at Conference on China-U.S. Relations," November 5, 2003, https://2001-2009.state.gov/secretary/former/powell/remarks/2003/25950.htm.

③ Robert Zoellick, "Whither China: Membership to Responsibility?" September 21, 2005, https://2001-2009.state.gov/s/d/former/zoellick/rem/53682.htm.

④ U.S. Department of Defense, "Quadrennial Defense Review Report," February 6, 2006, p. 27.

自由主义国际秩序观为延续对华接触战略树立了大方向，2006年的《四年防务评估报告》和《国家安全战略报告》都采纳了"利益攸关方"的对华定位，鼓励中国"作出正确的选择"。特别是该年的《国家安全战略报告》指出，美国仍将继续与中国合作。①

小布什政府对华战略规划的形成是曲折而缓慢的，虽然有"9·11"事件这一战略性危机的推动，但各部门在对华战略规划中仍存在巨大的立场差异，深受新保守主义影响的国防部与较为温和理性的国务院、国家安全委员会有着不同的对华立场。国防部始终将中国视为战略竞争对手，其制定的《中国军事实力报告》和《四年防务评估报告》等官方文件和报告反映了美国最主要的战略目标是，防止有潜在实力的竞争对手对美国的全球霸权地位构成挑战。而《国家安全战略报告》更加重视以"融合战略"为基础的对华接触战略。这种"遏制派"与"接触派"反映的决策联盟内外权力和理念之争是，小布什政府任期内对华战略不连贯的主要原因。

第三节 对华接触与合作的战略实践

经过战略规划阶段后，小布什政府的对华战略议程主要聚焦于"反恐"、朝鲜核问题、经贸、"对台售武"等议题。本节将针对朝鲜核问题、经贸领域的人民币汇率议题和"对台售武"议题进行深入案例分析，探讨美国国内不同行为体在这些议题上的互动与博弈。

在朝鲜核问题中，国务卿鲍威尔等人支持对朝接触，争取通过谈判和平解决问题。而副总统切尼和国防部长拉姆斯菲尔德则主张孤立、颠覆，甚至军事打击朝鲜，同时阻挠中国的积极斡旋，试图降低中国在朝鲜核问题中的影响力。

在经贸领域的人民币汇率议题中，受到美国对华贸易逆差影响的两大利益集团——全美制造商协会和美国劳工联合会-产业工会联合会（简称"劳

---

① The White House, *The National Security Strategy*, March 16, 2006, pp. 31–33.

联-产联"),以及由部分国会共和党人与民主党人组成的对华"人权与贸易"议题联盟,通过议题嵌入的方式迅速提升了人民币汇率议题的严重性和急迫性,持续向财政部和贸易代表办公室施加压力,要求对中国采取行动。而财政部受到小布什总统的坚定支持,以及代表金融界利益的《华尔街日报》等媒体的声援,坚持没有将中国列为"汇率操纵国"。

在"对台售武"议题中,新保守派控制的国防部、军工企业与以共和党人为主的国会议员组成的军工复合体共同推动"对台售武",小布什本人出于个人政治立场采取了"战略模糊",即在坚持一个中国政策、反对"台独"的同时推动"对台售武"等实质上违背一个中国政策的行为。美国国务院、国家安全委员会和部分国会民主党人试图缓和局势,但收效甚微。直到小布什的第二任期才重新开始强调中美三个公报并警告台湾当局。

尽管国会试图将各类涉华议题互相联系,例如在中美南海撞机事件后,部分议员主张在贸易、"对台售武"、申办奥运会等议题中制裁中国。但是中美两国政府较为克制,小布什政府也没有试图在"反恐"、台湾、朝核、经贸之间进行议题联系战略。虽然在2001年底鲍威尔称反恐不会与美国对台政策挂钩,美国不会因为中国对美国反恐的配合而减少对台湾当局的支持,但是小布什政府也没有以"台湾问题"要挟中国在朝鲜核问题中配合或在经贸议题中让步。

一、朝鲜核问题中的合作

"9·11"事件后不久,国防部长拉姆斯菲尔德就提出了"邪恶轴心"概念,并认为朝鲜对美国构成"威胁"。阿富汗战争让小布什政府信心大增,美国民众对他的支持率也节节攀升,小布什政府意图借机彻底解决朝鲜核问题。小布什在2002年1月的国情咨文中,将朝鲜称为"恐怖主义的盟友与邪恶轴心"。[1] 同年发布的《国家安全战略报告》中,还宣称要促使朝鲜"改变政权"。

---

[1] George W. Bush, "President Delivers State of the Union Address," Office of the Press Secretary, January 29, https://georgewbush-whitehouse.archives.gov/news/releases/2002/01/20020129-11.html.

新保守派将朝鲜视为"邪恶轴心"并贴上"无赖国家"的标签，推动小布什政府将反恐与防扩散问题相绑定。

国务卿鲍威尔和国家安全事务助理赖斯在小布什政府第一任期负责朝鲜核问题。① 2001年3月6日，鲍威尔曾表示小布什政府将延续克林顿政府的对朝政策。② 然而第二天小布什在与赖斯、白宫办公厅主任安德鲁·卡德和总统通信主任卡伦·修斯讨论后公开否认了鲍威尔的观点。小布什内阁中就朝鲜核问题再次发生分裂，即国务卿鲍威尔和副国务卿詹姆斯·凯利领导的以国务院为代表的"接触派"，以及副总统切尼、副国务卿博尔顿、副国务卿罗伯特·约瑟夫、国防部副部长沃尔福威茨、副国家安全事务助理埃利奥特·艾布拉姆斯等代表的"孤立派"。

2002年10月第二次朝核危机后，中国提出，希望以和平的方式实现半岛无核化，推动有关国家共同解决问题。2003年2月，鲍威尔访华并希望中国向朝鲜转达美国想要举行多方会谈的意愿。为了尽快促成各方关于六方会谈模式的共识，中国付出了大量艰辛的努力，在2003年8月到2007年3月，分别举行了六轮六方会谈。在美国政府内，赖斯和助理国务卿克里斯托弗·希尔支持六方会谈，而切尼、拉姆斯菲尔德、博尔顿等强硬派则反对。

切尼和拉姆斯菲尔德反对中国参与谈判的一个重要原因是，他们担心如果在中国帮助下彻底解决了朝鲜核问题，驻韩美军就失去了存在的必要，③ 中国在朝鲜半岛的影响力会大大加强。2003年初，拉姆斯菲尔德连续向小布什政府的重要阁员们表示反对参加中国倡导的三方会谈。而鲍威尔也曾经示意美国可以考虑给予朝鲜某种较为正式的安全保证，以换取朝鲜的无核化。④

在伊拉克战争爆发前一个月，副国务卿博尔顿就告知以色列领导人，在

---

① Victor Cha and David C. Kang, *North Korea: A Debate on Engagement Strategies* (New York: Columbia University Press, 2003), p. 70.

② "Chronology of U.S. North Korea Nuclear and Missile Diplomacy," *The Nonproliferation Review,* January 2003.

③ 周琪主编《美国外交决策过程》，中国社会科学出版社，2011，第384页。

④ Glenn Kessler, "Security Assurances Possible for N. Korea," *The Washington Post,* January 9, 2003, p. A01.

推翻萨达姆后,小布什将立即准备对付叙利亚、伊朗和朝鲜。① 国会则对总统的对朝政策给予配合,但主要关注人权领域,通过了《2003年朝鲜自由法》和《2004年朝鲜人权法》。2006年发布的《国家安全战略报告》再次强调"一些专制政权寻求发展大规模杀伤性武器或支持恐怖主义威胁美国的安全利益",② 报告对朝鲜的指向性非常明显。

然而伊拉克战争分散了小布什政府对朝鲜的关注力,使得新保守派的强硬主张受到冷落。在第二任期中则由赖斯主导的国务院掌握了对朝鲜事务的主导权。尽管切尼和拉姆斯菲尔德不断阻挠中国参与美朝谈判,但中国还是努力斡旋,并多次组织六方会谈,力争问题的和平解决。

二、经贸领域:人民币汇率议题

小布什政府主张自由贸易,反对贸易保护主义,认为"贸易是推动自由议程(Free agenda)的一个工具",③ 推动经贸合作成为对华接触战略的重要组成部分。但是对中美经贸发展最大的阻力来自国会,因为国会在贸易议题上拥有较大权力。小布什政府期间,经贸取代了安全和人权成为中美之间最重要的议题,而贸易逆差、人民币汇率、知识产权和美国对华高科技出口的严格控制成为中美经贸关系中突出的四个议题。其中,国会和相关利益集团最为关注人民币汇率与贸易逆差这两个相互关联的议题,人民币汇率议题是此时美国对华经贸战略的核心议题。

(一)小布什政府对华经贸合作

2000年,克林顿给予中国最惠国贸易地位后,在国会中形成了由倾向宗教右翼的共和党人与倾向工会的民主党人组成的对华"人权与贸易"议题联盟。新保守派、宗教右翼、工会组织等群体反对中美贸易正常化,它们认为需要对中国提出附加条件。福音派组织"国际宗教自由委员会"以违反人权

---

① John R. Bolton, "Beyond the Axis of Evil: Additional Threats from Weapons of Mass Destruction," The Heritage Foundation, May 6, 2002.

② The White House, "The National Security Strategy", March 2006, p. 3.

③ George W. Bush, *Decision Points* (New York: Crown Publishers, 2010), p. 427.

为由试图通过国会让中国失去"最惠国"待遇，而商业利益集团都希望继续发展中国的巨大市场，因此遭到了小布什与工商界的共同反对，其中美国商界对国会"人权与贸易"联盟进行了反击游说。但是国会还是在通过法案时附加了《莱文修正案》，要求设立对中国人权和宗教自由状况进行监督的"国会与行政部门中国委员会"。

小布什政府同样支持中国加入世界贸易组织。在南海撞机事件后，小布什仍然要求国会延续对华"最惠国"待遇，也没有对北京申奥设置障碍。2001年6月，美国贸易代表佐利克（在小布什第二任期出任副国务卿）访华并达成支持中国加入世界贸易组织的协定。10月，在"9·11"事件沉重打击美国航空业后，中国与美国波音公司签订了巨额订单。[①] 中国加入世界贸易组织后快速融入世界经济体系，两国间的经济联系越来越紧密，为中美关系的发展提供了新的基础。中美经贸关系是互利共赢关系，有利于两国的经济发展与民生就业，中美经贸相互依存度不断升高。

小布什政府还提出"竞争性自由化"战略保护国内产业并打开国际市场，但是国会和相关行政机构也针对中国进行反倾销、反补贴税的"双反"调查，增加各类新型非关税壁垒。尽管国会持续提出取消中国"最惠国"待遇的议案，但小布什政府还是决定自2002年起给予中国无条件、永久性的"最惠国"待遇。在2002年的《国家安全战略报告》中，也提及中国加入世界贸易组织会为美国带来更多的出口机会和工作岗位。

（二）利益集团和国会对人民币汇率议题的推动（2003—2005年）

2002年以来，美国贸易和财政赤字不断扩大，其2003年的贸易赤字已达4894亿美元。[②] 自2000年起，中国连续三年都是美国最大的贸易逆差来源国，[③] 这导致美国国内的制造业集团和工会组织开始将美国对中国的贸易赤字

[①] 陶文钊：《中美关系史》（修订版）第三卷，第438、449页。

[②] The United States Census Bureau, "Trade in Goods and Services, 1992-present," https://www.census.gov/foreign-trade/statistics/historical/exhibit_history.pdf.

[③] "Record U.S. Trade Deficit In 2003," CBS news, February 13, 2004, https://www.cbsnews.com/news/record-us-trade-deficit-in-2003/.

和制造业衰退归咎于人民币汇率被"操纵"。实际上,中美贸易不平衡的主要原因在于结构性的因素,自中国加入世贸组织以来,长期被抑制的出口潜力得到了释放,调动了中国对外贸易的积极性,中国对美国出口的廉价日用品也降低了美国经济的通胀率和消费者的生活成本。美中贸易逆差也不是造成美国失业的原因,对美国的中高端产业不构成威胁,而同期美国对华出口的增加(例如,民航客机等)也创造了新的就业岗位。

美国最具影响力的工业贸易组织之一全美制造商协会和美国劳工组织的主要代表"劳联-产联"针对国会议员和政府官员进行游说,通过向国会和政府施压要求中国提高人民币汇率。全美制造商协会在2001年领导组建了代表美国制造业和农业利益集团的组织——"健全美元联盟",2004年"劳联-产联"则领导组建了"中国货币联盟"。

从2003年开始,对华经贸议题中的人民币汇率问题逐渐成为国会两党频繁讨论、参与的最重要涉华议题之一。在不到一年的时间里,国会议员提出了9个相关议案。① 民主党参议员马克斯·鲍卡斯、克里斯·多德、查尔斯·舒默,众议员蒂姆·瑞恩与共和党参议员林赛·格雷厄姆,众议员邓肯·亨特等人积极提交相关议案。舒默所在的纽约州、格雷厄姆所在的南卡罗来纳州和众议员唐纳德·曼祖洛所在的伊利诺伊州,正是与中国厂商竞争的传统制造业(如钢铁、纺织)集中分布的州,而亲工会的民主党议员在该议题中十分活跃。相对应,农业大州艾奥瓦州国会参议员查尔斯·格拉斯利和蒙大拿州国会参议员鲍克斯提出了比较温和的人民币汇率议案,因为它们担心过多的贸易保护主义政策会伤害本州农牧业对华出口的商业利益。②

2003年1月,"健全美元联盟"游说小布什政府的经济团队,要求美国政府向中国等国家和地区施压。③ 从2003年6月到7月,美国财政部部长约

---

① 张腾军:《国会委员会与美国对华决策研究》,世界知识出版社,2020,第114页。
② 李巍、赵莉:《产业地理与贸易决策——理解中美贸易战的微观逻辑》,《世界经济与政治》2020年第2期,第98页。
③ Michael M. Phillips, "U.S. Manufacturers Lobby against Asian Rate Strategies," *The Wall Street Journal*, January 24, 2003, https://www.wsj.com/articles/SB1043364824624160344.

翰·斯诺和美联储主席艾伦·格林斯潘两人都表示，希望在未来人民币汇率制度能够更具有弹性。7月31日，舒默和曼祖洛等16名两党国会议员写信敦促总统、财政部、国务院和贸易代表办公室采取更多措施。8月26日，亲民主党的《纽约时报》刊发评论文章，指责中国出口的增长是以美国制造业岗位的减少为代价的，[1] 引发广泛关注。9月初，在斯诺访华前，"健全美元联盟"敦促斯诺将严重被低估的人民币作为首要目标。9月4日，小布什发表声明称："在（中国）政府操纵货币的情况下，美国制造商、工人、农民没有被公平对待。"[2] 9月5日，舒默和格雷厄姆联合提出议案，要求小布什政府可以证实中国不再"操纵"人民币汇率，否则将对从中国进口的货物额外加征关税。9月8日，斯诺迫于压力表示会要求相关国家中止"操纵货币"。9月底，"劳联-产联"也加大了对国会的游说力度。10月，小布什再次要求"人民币汇率需由市场决定"。10月30日，众议院筹款委员会的成员们再次督促小布什、斯诺和时任贸易代表佐立克。

由于2004年是选举年，亲共和党的全美制造商协会淡化了对人民币汇率议题的推动，但是亲民主党的"劳联-产联"则加大了攻势，还获得了民主党总统候选人约翰·克里的支持。2004年9月9日，"劳联-产联"领导组建的中国货币联盟要求美国政府调查中国是否操纵货币，[3] 并要求到世界贸易组织起诉，然而贸易代表办公室当天就驳回了该申诉。9月30日，莱文和舒默组织了"国会中国货币行动联盟"配合"中国货币联盟"的利益诉求，并继续向总统和贸易代表施压。

相对比较低调的全美制造商协会领导人于2004年9月访华，但是在2005

---

[1] Elizabeth Becker and Edmund L. Andrews, "The Currency of China Is Emerging as a Tough Business Issue in the U.S.," *The New York Times,* August 26 (2003): A.1.

[2] "Sino-American talks on currency fail," *The Times of India*, September 7, 2003, https://timesofindia.indiatimes.com/world/us/sino-american-talks-on-currency-fail/articleshow/169557.cms.

[3] China Currency Coalition, "The Section 301 Petition, at 49," September 9, 2004, http://www.chinacurrencycoali-tion.org/petition.html.

年又恢复了行动，敦促美国财政部将中国列为"货币操纵国"。① 国会美中经济与安全评估委员会在2005年1月发布报告指出，从1989年到2003年，美国对华贸易逆差增长了20倍，导致美国损失了150万个就业岗位。② 2月，舒默和格雷厄姆再次要求中国政府提升人民币币值，否则将对进口自中国的货物增收关税，却遭到小布什政府的反对。4月，亨特和瑞恩在"中国货币联盟"的支持下，提出了已获得大量众议员支持的《2005年中国货币法案》。7月，中国政府改革人民币汇率机制。11月，在向国会提交的报告中，美国财政部没有将中国列为"汇率操纵国"，全美制造商协会继续要求财政部采取措施，而"劳联-产联"更加愤怒地表示财政部"违背了美国制造商和工人的利益"。③

（三）小布什政府与财政部对议题的搁置（2006—2007年）

2006年，美国全球贸易赤字达到创历史新高的7636亿美元，④ 再次引发国会的强烈关注。在2006年开启的中美战略经济对话及其他谈判中，小布什政府迫于国会的压力要求中国作出让步。小布什在2006年的《国情咨文》和《总统经济报告》等官方文件中，要求中方尽快解决对美贸易顺差问题、汇率机制问题和知识产权问题。特别是在《国情咨文》中，将中国界定为"美国新的经济竞争者"产生"不确定性"。⑤ 但是，美国财政部仍然坚持没有将中国列为"汇率操纵国"。总统经济顾问委员会主席格里高利·曼昆在众议院听证会上也为中国做了辩护。

2007年4月28日，代表金融界利益的《华尔街日报》发表评论，批评国

---

① "The NAM Trade Agenda for China 2005," February 1, 2005, http://www.nam.org/s_nam/bin.asp?CID=46&DID=233030&DOC=FILE.PDF.

② U.S.-China Economic and Security Review Commission, "2005 Report to Congress," November 2005.

③ 周琪主编《美国外交决策过程》，第288—296页。

④ Doug Palmer, "Trade Gap Sets Record Again in 2006," Reuters, February 13, 2007, https://www.reuters.com/article/us-usa-economy-idUSN1349562220070213.

⑤ George W. Bush, "Address Before a Joint Session of the Congress on the State of the Union," The American Presidency Project, January 31, 2006.

会无视中美贸易给美国带来的好处。①5月,42名国会议员联名向美国贸易代表办公室提出申请,要求以"301条款"对中国采取贸易报复措施。5月22日和6月25日,《华尔街日报》连续发表评论反对惩罚中国人民币汇率问题的立法,认为类似立法会损害美国公司的利益。②2007年,《华尔街日报》的积极介入意味着受益于中美经贸合作的美国金融界对小布什政府提供了有力的舆论支持。

第108届和第109届国会不断提出涉及中国的汇率议案,正如美国商务部长唐纳德·埃文斯访华时表示,贸易政策上的威胁主要来自美国国会。尽管存在美国商会等与中国关系紧密的大公司组成的商业利益集团,但是,因为害怕被指责为"出卖美国工人利益",所以没有组织发起有效的反击游说。由于小布什政府的对华接触战略支持自由贸易,所以小布什政府尽量降低了中美经贸摩擦和人权问题等议题的优先级。总体而言,国会共和党人和全美制造商协会比民主党人和"劳联-产联"的态度更加温和,体现了国会对行政部门的制衡是由党派政治所主导的。

从2003年人民币汇率成为中美经贸议题的核心到2009年小布什离任,小布什政府三次拒绝就人民币汇率机制展开"301条款"调查,财政部受到小布什的支持,顶住国会的压力始终没有将中国列为"汇率操纵国",为中美相互依存的经贸关系发展奠定了基础。2006年,中国国务院副总理吴仪和美国财政部长保尔森共同创立副总理级的战略经济对话机制(SED),为两国高层经济事务负责人之间搭建了重要的沟通和对话平台。

三、安全领域:"对台售武"议题

历届美国政府一方面支持一个中国政策;另一方面却坚决执行"与台湾关系法",坚持"对台售武"。美国行政机构的目的是利用"台湾问题"遏制中国,并在通过售武获取经济利益的同时,不完全破坏中美关系,还能够满

---

① "China Trade by Numbers," *The Wall Street Journal,* April 28 (2007): A8.
② 周琪主编《美国外交决策过程》,第356页。

足国会的要求。与往届政府相比，小布什政府"对台售武"的规模更加庞大，而且严格限制美国盟友对中国的技术和高技术产品出口。美国副国务卿佐利克也曾警告欧洲国家，如果解除对华武器禁运将会面临严重后果。①

小布什出于个人的政治立场和共和党长期以来的"亲台政策"，在第一任期内迎合军工复合体的"对台售武"计划。虽然国务院和国家安全委员会试图缓和局势，小布什也希望维持台海现状，但是强势的国防部持续推动军售。台湾当局各层级人员不断访美，中美关系因"台湾问题"出现较大波折。在第二任期中，小布什政府深陷伊拉克战争，国防部的影响力被削弱，总统、国务院和国家安全委员会开始明确反对台湾陈水扁当局的"台独"行为，最终"对台售武"计划没有全部完成。

（一）小布什总统的"战略模糊"

2001年3月中国国务院副总理钱其琛访美，旨在阻止美国"对台售武"计划。他表示，在美国政府不断重复表示坚持一个中国政策的前提下，向中国台湾地区出售武器和军事装备的理由是不成立的。②然而，在2001年4月24日，小布什仍然决定向中国台湾地区出售总价值达40亿美元的进攻性武器。南海撞机事件发生后，小布什还曾宣称要继续协防中国台湾地区并向其出售军事装备。25日，小布什公然宣称美国将"保卫台湾"。③2002年2月，小布什在访华期间表示美国将继续支持"与台湾关系法"。

此后小布什本人有关"台湾问题"的言论，以及美国政府的行为在不断地调整。2002年10月和2003年6月，小布什在分别与江泽民和胡锦涛会晤期间，都表示不支持"台独"立场。④同样在2003年6月，中国驻美国大使杨洁

---

① Michael E. O'Hanlon, "The Risk of War over Taiwan Is Real," Brookings Institution, May 1, 2005, https://www.brookings.edu/opinions/the-risk-of-war-over-taiwan-is-real/.

② 《钱其琛说，台湾问题是中美关系的关键》，中国新闻网，2001年3月24日，http://www.chinanews.com.cn/2001-03-24/26/80874.html.

③ "Bush Vows Taiwan Support," ABC News, April 25, 2001, https://abcnews.go.com/US/story?id=93471&page=1.

④ George W. Bush, "The President's News Conference With President Jiang Zemin of China in Crawford, Texas," The American Presidency Project, October 25, 2002.

簏在美国商会的演讲中明确指出,美国应当坚持一个中国政策和中美之间的各项公报,美国可以在中国的和平统一事业中发挥重要作用,同时,美国不要向"台独"势力传递错误的信号。但是在2003年10月,美国政府又允许陈水扁"过境"美国。12月9日,小布什表示反对任何一方单方面改变台海现状,并严厉地批评了陈水扁,这一讲话标志着小布什本人的立场开始转变为抑制"台独"势力,防止美国被卷入到危险的局势中。"美国在台协会"台北办事处负责人包道格曾当面向陈水扁转达小布什总统表示反对"台独"的立场。[①] 12月30日,小布什在与胡锦涛通话时重申美国不希望任何一方改变现状。然而在2004年4月,美国政府又决定对台出售价值约18亿美元的军事装备。

叶晓迪指出,当美国对华战略倾向维持现状与缓和关系时,其对台政策将保持战略模糊,当其对华战略走向战略竞争或对抗时则倾向战略清晰。[②] 小布什个人的表态更多地反映了自里根以来共和党保守派,对台湾当局和"与台湾关系法"的坚定支持,采取一方面支持军售,另一方面又反对陈水扁当局破坏台海现状的战略模糊。在小布什政府的决策联盟中,最为积极推动"对台售武"和"以台制华"的行为体便是军工复合体。

(二)军工复合体的议题嵌入

由国防部、军工企业、国会参众两院军事委员会、科研院校等组成的军工复合体长期牵制美国的军控和裁军政策,推动美国扩军和对外军售。[③] 军工复合体中的国防部自20世纪90年代以来不断宣传"中国威胁论",并推动"对台售武"。国防部在为本部门获取更多的军费预算的同时,也促使军工企业从"对台售武"订单中获取利润,特别是海军和空军部门在国防预算分配中受益

---

① 包道格:《美国必须在新的国际格局中给中国一席之地》,载复旦大学美国研究中心、上海市美国问题研究所主编《四十人看四十年:中美外交风云对话》,第333页。

② 叶晓迪:《美国对华战略与对台政策间的逻辑关系辨析:以新一轮对华战略大辩论为分析视角》,《台湾研究集刊》2018年第6期,第43—54页。

③ James Nathan and James Oliver, *Foreign Policy Making and the American Political System* (Baltimore: The John Hopkins University Press, 1994), 3rd ed., chapter 12, pp. 216–235.

于针对"中国威胁论"的"大战争概念"。①

军工企业所在的州或选区的议员也有强烈的动机推动相关军售和涉台议案，以促进本选区经济的发展。如果美国出口10亿美元的军事装备，就能够为国内提供约4.2万个就业岗位。②中国台湾地区从1995年到2002年，购买了200多亿美元的军事装备，是仅次于沙特的第二大军事装备进口地，③成为美国军工产业的重要市场。

军工企业通过游说、捐款等方式影响白宫和国会。因为共和党保守派强调单边主义、对外强硬和建设强大国防力量的重要性，所以军工复合体与共和党的关系比民主党更加密切。自里根时期以来，共和党内就有庞大的亲台势力，"对台售武"符合新保守派的主张，新保守派更是抓住一切遏制中国的机会。因此，国防部比白宫、国务院、国家安全委员会等部门更积极推动"对台售武"。共和党控制的国会又与军工企业联系紧密。例如，参议院对外关系委员会主席、共和党参议员杰西·赫尔姆斯和莉萨·穆尔科斯基等人出于意识形态差异，一向对中国保持敌意而支持"对台售武"。但是，共和党内的商业保守派基于商业利益支持对华接触、反对军售。

小布什政府与军工企业的关系格外紧密。小布什本人和副总统切尼的夫人曾任军工企业的董事，诺思罗普·格鲁曼公司、洛克希德·马丁公司和休斯公司都在2000年大选中向小布什政府提供了大量竞选捐助。空军部部长詹姆斯·罗奇、空军部副部长艾伯特·史密斯、海军部部长戈登·英格兰都曾任职于军工企业并积极推动"对台售武"。④

---

① Thomas P. M. Barnett, "The Chinese Are Our Friends," in Royce Flippin ed., *The Best American Political Writing* (New York: Thunder's Mouth Press, 2006), pp. 395.

② Roger P. Labrie, John G. Hutchins, Edwin W.A. Peura with the Assistance of Diana H. Richman, *U.S. Arms Sales Policy Background and Issues* (Washington and London: American Enterprise Institute for Public Policy Research, 1982), p. 47.

③ Denny Roy, "U.S.-Taiwan Arms Sales: The Perils of Doing Business with Friends," *Asia-Pacific Security Studies*, 3, no. 3 (April 2004): 1–4.

④ 张清敏：《从布什政府对台军售看美台军事关系的变化》，《美国研究》2004年第4期，第38页。

支持"对台售武"的议员主要来自加利福尼亚州、纽约州、得克萨斯州、弗吉尼亚州、佛罗里达州、俄亥俄州等拥有大型军工企业的州。意图向中国台湾地区出售潜舰和宙斯盾级驱逐舰的，分别是由康涅狄格州、密西西比州、弗吉尼亚州和加利福尼亚州的造船厂制造。例如，密西西比州共和党参议员特伦特·洛特和萨德·科翰，以及来自缅因州的参议员奥林匹娅·斯诺威和苏珊·科林斯等，都是"对台售武"的积极推动者。

台湾陈水扁当局也在美国大力游说各方，特别是把工作重点放在国会。与陈水扁关系密切的"台北台湾研究所"和持"台独"立场的院外游说集团"台湾公共事务协会"大力游说美国各界对台出售宙斯盾级驱逐舰。① 2001年2月起，台湾当局陆续邀请参议院外委会主席赫尔姆斯的助手等国会相关人士访问中国台湾地区，向小布什政府施加压力。② 2001年3月，台湾当局驻美代表开始频繁接触游说美国智库、政府官员、国会议员、媒体等，渲染大陆"军事威胁"。③ 国会共和党众议员鲍勃·谢富尔和罗斯科·巴里特访台后，呼吁小布什总统向中国台湾地区出售宙斯盾级驱逐舰。台湾当局对国会大力游说和利益输送的结果是部分国会众议员和参议员，特别是外交委员会成员和保守意识形态的共和党议员在参众两院先后设立"台湾连线"（Taiwan Caucus）积极推动涉台议案，④ 受到"台独"组织的大力支持。

2002年3月，台湾当局派汤曜明赴美参加"美台防卫会议"，突破了中美建交以来美台"军事关系"的限制。美国国防部副部长沃尔福威茨在会上宣称，美对台的防卫义务是"绝对的"，美国要"帮助保卫台湾"。除了美国国防部和国务院官员参加"美台防卫会议"，许多军工企业也都派出人员参会。美国军方和军火商代表也曾赴中国台湾地区"立法机构"进行游说。2003年

---

① Erik Guyot and Jason Dean, "As U.S.-China Standoff Simmers, Taiwan Backers Push Their Cause," *The Wall Street Journal*, April 11, 2001.

② Bill Gertz, "Senate Report Urges Arms for Taiwan," The Washington Times, March 12, 2001.

③ "Taiwan US Rep. Denies US Informed Him of Destroy Decision," *Australia and NZ New Asian Business Headline*, March 23, 2001.

④ 张光、刁大明：《美国国会"台湾连线"成员分布决定因素实证分析》，《台湾研究集刊》2009年第3期，第1页。

6月，美国军火商邀请中国台湾地区"立法机构"负责人赴美沟通并催促台方付款。2004年10月，在亚利桑那州举行的"美台国防工业论坛"中，超过五分之四的参会人员来自美国大军火商和军工产业游说机构。2005年7月，国会通过《2006财年国务院授权法案》允许台湾当局高级官员访问美国。

与在经贸议题上的激进立场不同，国会反对军售的议员多为民主党人。参议院对外关系委员会成员克里表示，"对台售武"要考虑对两岸关系和中国台湾地区长期安全的影响，美国也没有义务防卫中国台湾地区。① 但民主党人的作用甚微，因为在小布什第一个任期内，国会仍由共和党控制。在小布什第二个任期，虽然民主党重新控制众议院，但两党在支持反恐战争共识的基础上，民主党人也没有过多干扰小布什政府的安全和军事政策。国会民主党人并不完全支持"对台售武"的原因在于民主党与军工复合体的关系没有共和党那么紧密，而且民主党自由派认识到中美关系的健康发展有利于美国的利益。对华接触战略也可以使中国在制度、意识形态和价值观等方面靠近美国，"对台售武"无益于对华接触战略的实践。时过境迁，2022年再度出任众议长的民主党人佩洛西竟主动挑起台海事端。

（三）国务院与国家安全委员会尝试缓和局势

在"对台售武"问题中，美国国务院和国家安全委员会发挥了缓和局势的作用，试图维护中美关系的稳定。2002年8月，陈水扁发表"两国论"，遭到美国国家安全委员会和国务院发言人的驳斥。2004年10月底，鲍威尔访华时再次强调反对"台独"。12月底，副国务卿阿米蒂奇表示"与台湾关系法"没有规定美国有义务防卫中国台湾地区。② 但此时国务院和国家安全委员会试图缓和局势的努力收效甚微，正如前文所述，在小布什第一个任期内副总统和国防部长对总统的影响力要远大于国务院和国家安全委员会。

在小布什第二个任期，随着副总统切尼、国防部长拉姆斯菲尔德等政府中新保守派支持者的失势，国务院和国家安全委员会在台湾问题中的影响力

---

① John Kerry, "Kerry Says U.S. Not Obligated to Defend Taiwan from Attacks (Sen. Kerry's April 25 speech on President Bush's Remarks) (1580)," American Institute in Taiwan, April 26, 2001.

② 吴心伯：《布什政府第二任期内对台政策走向》，《美国问题研究》2005年第一辑，第224页。

迅速提升。小布什政府也开始改变第一个任期严重倾向"与台湾关系法"、虚化一个中国政策的立场,开始朝向以落实中美三个公报为重点的政策。2007年6月,台湾当局提出"入联公投"后,小布什政府多次公开严厉地批评。12月21日,国务卿赖斯表示,所谓"入联公投"是挑衅。① 2008年6月,为了在小布什参加北京奥运会开幕式前向中国示好,国务卿赖斯和国家安全事务助理哈德利决定搁置对台价值110亿美元的军售计划。②

最终,2001年小布什允诺的"对台售武"计划到其卸任也没有全部完成。张清敏和罗斌辉指出,美国"对台售武"的目的,即追求经济利益和政治影响都服从于美国领导层的政治和战略利益。③当陈水扁走向冲突的危险边缘时,小布什政府便对其管控和限制,避免其损害美国的战略利益。④国会主流的意见虽然支持发展美台关系,但是因为小布什政府在东亚地区需要优先解决朝鲜核问题,对台海的政策则是维持现状。在美国全身心投入两场反恐战争的两党共识下,国会也不希望在军事和安全议题中反对总统,小布什得以抑制国会的不满。然而,2008年10月,美国国务院宣布,政府已通知国会决定启动新一轮"对台售武",把军售的最终决定权留给了下一届政府。⑤

小布什政府和国会一方面反对台湾当局"法理台独",支持维护两岸现状;另一方面利用"对台售武"议题制衡中国,鼓励台湾当局进行"渐进台独"。这种对台战略模糊将在今后很长时期继续阻碍中美关系的健康发展。

---

① Condoleezza Rice, "Press Conference by Secretary of State Condoleezza Rice," December 21, 2007, https://2001-2009.state.gov/secretary/rm/2007/12/97945.htm.

② Glenn Kessler, "Top U.S. Officials Stalling Taiwan Arms Package," *The Washington Post*, June 12, 2008.

③ 张清敏、罗斌辉:《外交决策模式与美国对台军售政策决定因素分析》,《美国研究》2006年第3期,第32页。

④ Richard C. Bush, *Untying the Knot: Making Peace in the Taiwan Strait* (Washington: Brookings Institution Press, 2005), pp. 245–266.

⑤ Zain Verjee, "U.S. to Sell $6.4 Billion in Weapons to Taiwan," October 3, 2008.

第四章　奥巴马政府自由主义决策联盟与"亚太再平衡"战略

"9·11"事件后，中美维持了七年多相对稳定和积极的友好关系，没有发生重大的战略性危机。在2008年总统选举中，两党候选人都基本肯定了小布什政府以接触为主的对华战略。但是，随着选举后政府决策联盟的更替，导致对华战略在战略目标、议题与执行手段上产生了变化。

总体来说，奥巴马希望与小布什政府的全球战略划清界限。2008年金融危机后，美国的综合国力相对下降。罗伯特·吉尔平指出，当守成国实力衰落时，有增加新财源、降低外交政策成本、缩减外交目标以匹配资源这三种应对方式。① 奥巴马政府则以降低军事干预在对外事务中的地位、倡导多边主义、以"巧实力"推动价值观外交、重新调配资源并发动盟友、与曾经的"敌对国家"缓和关系等方式应对。奥巴马政府反对小布什时期新保守主义主张的，以武力输出美国式民主以及意识形态狂热主义。同时，奥巴马政府利用多种制衡手段，通过加强与地区盟友和伙伴的集体行动、发展双边关系等方式降低战略成本，来提高美国对外战略实践的性价比。② 因为奥巴马政府和民主党更加关注经济利益，而非小布什和共和党关注的安全利益，加之国际金融危机对美国和世界经济的巨大破坏，为了配合国内的经济复苏议题，所以奥巴马政府将小布什时期的安全外交战略逐渐转向经济外交战略。

奥巴马政府优先关注国内而非外交事务，试图减少军费开支以便将更多

---

① 罗伯特·吉尔平：《世界政治中的战争与变革》，宋新宁、杜建平译，上海人民出版社，2007，第191—197页。

② Ross Douthat, "The Obama-Trump Grand Strategy," *The New York Times,* June 12, 2018, https://www.nytimes.com/2018/06/12/opinion/obama-trump-north-korea-summit.html.

的财政资源投入到国内的社会和经济改革中,这意味着国防部地位不可避免地下降。重振经济、强化气候变化、加强金融监管、推进医疗改革和移民改革都是奥巴马政府关心的国内议题。奥巴马执政初期,表现出强烈的对华示好和合作意愿正是为其国内政治议程的平稳推进而服务的。在金融危机后实现美国经济复苏是奥巴马政府的首要目标,其他所有的国内外议题都需要依靠良好的经济基础。因此,民主党控制的国会配合了总统的对华战略。随着美国从金融危机中的缓慢复苏,以及中国综合实力的快速上升,导致两国结构性矛盾的激化,奥巴马政府将战略目标从全球反恐战争逐渐向大国战略竞争转变。

在对华战略中,奥巴马政府继承了小布什政府"两面下注"的战略,在经贸、气候变化等领域对华接触并合作,在军事和安全领域则进行竞争和对抗。一方面,通过中美经贸合作促进美国的经济发展;另一方面,通过"亚太再平衡"战略强化同盟关系、拉拢中国周边国家,运用制度和规则约束、制衡中国,实现对中国的战略对冲。美国国务院内的"接触派"曾提出旨在弥合两国之间分歧的"战略再保障"概念,但"遏制派"提出的以制度制衡为核心的"亚太再平衡"战略,赢得了美国国务院内对华战略理论博弈的胜利。在战略实践中,财政部、商务部、能源部等机构保持对华接触并欢迎中国积极参与国际机制,特别是在贸易、金融、技术转移、教育、气候等领域继续合作;而国防部和情报界则继续遏制中国,并加强同盟友与伙伴在军事安全等议题中的合作。① 在美国国务院和国防部相继发生人事更替导致新任官员对再平衡战略的关注度下降,以及国家安全委员会开始主导对华战略实践的情况下,中美之间就新型大国关系的概念达成了一定共识。奥巴马政府对华战略的演变体现出美国政府部门之间在对华战略中固有的官僚政治博弈和利益偏好的折中妥协,导致了其任内对华战略的不连贯,以及与小布什政府相比的不一致。

---

① Richard Weixing Hu, "Assessing the 'New Model of Major Power Relations' Between China and the United States," in Andrew T. H. Tan ed., *Handbook of US-China Relations* (Northampton: Edward Elgar Publishing, 2016), pp. 222–242.

第一节 奥巴马政府决策联盟的构成

奥巴马政府的决策联盟主要由亲民主党的自由派政治群体和社会群体组成。它们共同推动奥巴马政府,采取了更具有自由主义倾向的对外政策。

一、民主党政府的构成

奥巴马政府虽然成功地凝聚起自由主义力量,但是也引起了保守主义势力的反扑。特别是其在国内政治议程中大刀阔斧的改革,引起了保守派新茶党运动的崛起,导致共和党控制的国会严重阻碍了奥巴马政府对外政策的实践。

(一)奥巴马的决策团队:自由主义与理想主义者

奥巴马个人极为重视亚太地区和中国事务。2006年奥巴马在出任参议员后,组建了"参议院美中工作小组",主张通过接触和对话发展中美两国的关系。在2008年总统竞选期间,奥巴马组成了由许多"知华"成员组成的外交顾问团,包括:前国家安全事务助理兹比格涅夫·布热津斯基、前国家安全事务助理安东尼·雷克、前国家安全委员会亚太资深主任杰夫里·贝德、前总统特别助理和国家安全委员会亚洲事务高级主任李侃如、前国防部长办公室亚太事务特别助理德里克·米切尔,以及美国华人全国委员会主席薛海培等。竞选期间,在贝德的建议下,奥巴马没有作出有损中美关系的事情或发表相关言论。① 在新政府上台之初,奥巴马将中美关系定义为"合作与竞争共存"的关系,使中美关系有了良好的开局。

奥巴马虽然担任过国会参议员,但是因为从政经验有限,不像布什家族有着庞大的人脉网络,因此奥巴马从各种渠道网罗幕僚与阁员。刁大明将奥巴马的外交安全团队分为:过去与奥巴马是竞争对手关系的成员、民主党内

---

① 杰弗里·贝德:《中美两国都能成为国际体系的支柱》,载复旦大学美国研究中心、上海市美国问题研究所主编《四十人看四十年:中美外交风云对话》,新世界出版社,2019,第269页。

的政治盟友、非民主党的专业官员、民主党内的专业官员、国会助理和竞选班底成员等五类,① 体现出民主党内派系林立的特点。

第一类是"对手阁员",主要是国务卿希拉里·克林顿。克林顿夫妇在民主党内具有重要影响,因此,希拉里也较为强势,在中东事务中曾与奥巴马有过对立的立场,更难与其他阁员达成妥协。在对华战略中,希拉里提出了"重返亚太",之后主要负责推动"亚太再平衡"战略。但是美国驻利比亚班加西领事馆被袭击事件为其政绩留下了重大污点,日后此事件被特朗普反复提及,作为攻击希拉里渎职的例证。中东事务上的重大外交失败,让希拉里不再谋求继续担任国务卿的职务,其继任者约翰·克里推动"亚太再平衡"战略的意志远不如希拉里。

第二类是政治盟友,主要有副总统拜登、第二任国务卿克里、国防部长查尔斯·哈格尔等人,但是,这些人难以进入奥巴马的核心决策圈。拜登因其亲和的性格使其与奥巴马有着良好的关系,在奥巴马的决策联盟中有一定地位。② 拜登当时也被视为对华稳健的温和派,曾多次访问中国,其长期助手托尼·布林肯升任常务副国务卿、托马斯·多尼隆成为国家安全事务助理,也证明拜登对奥巴马政府的人事任命具有一定的影响力。③ 拜登在担任副总统期间曾表示,并不否认中美两国在人权、知识产权等议题中的矛盾,但"两国关系是良性竞争"。④

第三类是非民主党专业官员,包括从小布什政府留任的国防部长罗伯特·盖茨、中央情报局局长迈克尔·海登及其继任者约翰·布伦南等。

第四类是民主党专业官员,其中一些是曾经长期效劳克林顿夫妇的幕僚进入国务院。在专业官员中,与奥巴马较为亲近的则有国家安全事务助理苏

---

① 刁大明:《决策核心圈与奥巴马外交》,《现代国际关系》2015年第5期,第24—25页。
② 李宏洲、尹继武:《拜登的人格特质及决策特点》,《现代国际关系》2021年第2期,第13页。
③ David E. Sanger, "Obama Makes His Choice for no. 2 Post at State Department," *The New York Times*, November 7 (2014).
④ The White House, "Remarks by the Vice President at Sichuan University," August 21, 2011, https://obamawhitehouse.archives.gov/the-press-office/2011/08/21/remarks-vice-president-sichuan-university.

珊·赖斯和副助理多尼隆。

第五类是曾经的国会助理与奥巴马的竞选班底成员,如驻韩大使马克·利珀特、白宫办公室主任丹尼斯·麦克多诺、国家安全事务副助理本·罗兹等。

奥巴马决策风格的最大特点,就是过度依赖"小圈子",与小布什的"小圈子"一样,封闭且具有对外冲突性。奥巴马的"小圈子"成员主要有:赖斯、多尼隆、利珀特、麦克多诺、罗兹以及美国驻联合国代表萨曼莎·鲍尔等人。在国防部长盖茨和国务卿希拉里离职后,奥巴马更加仰仗这些心腹。赖斯和她掌控的国家安全委员会,实际上成为总统的外交政策汇报者与各部门外交和安全政策的主要协调者。美国对华战略的核心成员一直在白宫,特别是国家安全委员会,而非国务院或国防部。多尼隆、麦克多诺、罗兹等核心圈成员都认为,"重返亚太"具有重要意义。① 按照盖茨的说法,"白宫及其国安会成员的控制特性将微观管理和程序干涉推向了新高"。②

奥巴马"小圈子"的成员大多出自其竞选团队,非常年轻、缺乏资历和经验,导致奥巴马政府的对外战略决策在较为务实、意识形态色彩较弱的同时,忽视了长期的战略规划,政策的实践也缺乏连贯性。③ 在奥巴马第一任期中,其核心决策圈对中国的基本形象认知复杂。④ 而总统核心决策圈的人事调整也导致"亚太再平衡"战略的反复和挫折。

奥巴马政府继承了克林顿时期相当多的外交思想、组织和政治遗产。与小布什政府内,新保守主义者和现实主义者的对立不同,奥巴马政府的成员都具有强烈的自由主义色彩。自由主义的外交理念强调美国式价值理念,人

---

① Jeffrey A. Bader, *Obama and China's Rise: An Insider's Account of America's Strategy* (Washington, D.C.: Brookings Institution Press, 2012), p. 9.

② Robert Gates, *Duty: Memoirs of a Secretary at War* (New York: Alfred A. Knopf, 2014), p. 587.

③ 孙成昊、肖河:《白宫掌权者:美国国家安全委员会(1947—2019)》,时事出版社,2020,第232—234页。

④ 陈宗权:《第一任期奥巴马政府眼中的中国形象——兼与小布什政府对华形象认知的比较》,《当代世界与社会主义》2013年第4期,第94页。

权在奥巴马时期也成为与经济、安全、国际秩序并列的重要议题。① 在对华战略的人权议题中,奥巴马采取"有原则的自由主义",主张通过私下而强硬的方式,与中国进行人权对话,以减少对双边关系造成的伤害。②

国际自由主义主张,美国重视运用自身对国际规则和国际社会舆论的影响力以及对盟友的影响力巩固地位,并且慎用武力与人道干预,这也意味着国防部地位的下降。奥巴马与他的历任国防部长经常有分歧,盖茨、莱昂·帕内塔和哈格尔三位国防部长都在卸任后,对奥巴马政府进行过批评。2013年11月,哈格尔表示,军事力量在美国对外战略中只是配角而非主角。③ 国防部长的频繁更换,也与小布什政府第一任期内国防部的强势地位完全不同。

(二)短暂的"一致政府"与新茶党运动的崛起

在奥巴马获胜的同时,民主党成功控制国会参众两院,实现了"一致政府"的态势。长期对华强硬的南希·佩洛西再次出任众议长。在奥巴马政府第一任期,民主党控制的国会将经济复苏列为首要议题,因此并未干扰奥巴马政府初期的对华接触战略和示好行为。就连长期持反华立场的佩洛西,在2009年5月访华期间也表示,希望推动两国在能源、环境及气候变化等议题的合作,避谈人权议题。9月,全国人大常委会委员长吴邦国访美期间,也受到了佩洛西的盛大欢迎。

与此同时,国会中的共和党人正极力阻挠奥巴马的经济刺激计划。由于共和党内的保守派主张减税和低福利支出,他们更倾向于通过市场调节实现效率和公平,反对政府干预经济和社会变革。美国政治中传统的共识和妥协

---

① 杨卫东:《奥巴马外交:主义意识还是问题意识》,《人民论坛·学术前沿》2015年第8期,第79—80页。

② Ben Smith, "'Principled Pragmatism' on Human Rights," Politico, December 14, 2009, https://www.politico.com/blogs/ben-smith/2009/12/principled-pragmatism-on-human-rights-023486.

③ "CSIS: Global Security Forum—Defense Sec. Chuck Hagel on Budget Cuts," C-Span, November 6, 2013.

性文化正在逐渐变为差异性和对抗性文化。① 两党的中间派力量正在减弱,导致政党极化现象加剧。

奥巴马的激进改革导致2009年新茶党运动的崛起,以及共和党人在2010年中期选举后控制众议院,民主党勉强保住参议院多数席位。政治极化导致奥巴马执政后期只能依靠行政命令来施政,无法争取到国会的跨党支持。国会中,共和党内的新保守主义者和新孤立主义者开始频繁干扰总统的对华战略,新保守派主要攻击奥巴马对华"软弱",新孤立主义派则阻挠《跨太平洋伙伴关系协定》等自贸协定。2012年国会选举后仍然处于"府会分立"状态,持续诱发部分议员对中国议题的炒作,其中一些关键委员会领袖、非正式连线组织以及反华议员增加了国会提出的涉华议案。② 国务卿克里在2013年2月指出,对美国外交政策最大的威胁,不是中东地区的不稳定,也不是崛起的中国,而是国会。③ 选民对奥巴马国内政策的不满,以及民主党缺乏凝聚力和影响力,直接导致在2014年中期选举中,共和党全面控制国会参众两院,使奥巴马政府推动的各类多边协议在国会更难获得通过。

二、社会极化格局逐渐形成

在特朗普崛起前,民主党传统上代表美国蓝领工人阶层、弱势群体、制造业、高科技、"劳联－产联"等阶层、群体和行业的利益。在2008年总统选举中,奥巴马依靠少数族裔等"非主流"选民的支持获胜,而非以往选举中两党都极力拉拢的高收入白人群体。产业工人作为民主党以往的基本盘,在本次大选中对奥巴马主打的"变革"主张仍然抱有希望。因此,奥巴马加强对金融业的监管力度、扶持新能源产业发展、振兴制造业,还通过税制改革缓解社会矛盾。然而,得益于美国实施的量化宽松政策,低利率环境得以维

---

① 潘亚玲:《美国政治文化转型与外交战略调整》,复旦大学出版社,2018,第158页。
② 刁大明:《2012年美国国会选举与新一届国会对华政策走向》,《美国研究》2012年第4期,第68页。
③ Charlottesville, "Kerry Says the Greatest Challenge to US Foreign Policy Is the Congress," *Daily News*, February 21 (2013).

持,同时新兴市场国家如中国对美元地位的支持,使美国金融业从经济复苏中获益巨大。此外,新崛起的互联网巨头与金融垄断资本的结合,进一步加剧了美国的贫富差距。

右翼保守势力和巨型资本财团强烈抵制社会变革力量。奥巴马执政初期专注于处理经济危机,但在失业率攀升的情况下,奥巴马政府大力拯救银行业,导致民粹主义情绪不断增加。奥巴马政府的救市计划、经济刺激计划、医疗改革、金融业改革、气候变化等相关立法,以及移民政策、多元文化政策等,引发了保守派的激烈反弹。同时,奥巴马的诸多政策导致贫富差距继续扩大,中产阶级不断萎缩,社会下层从全球化中获益甚少。奥巴马时期,对银行业的大力救助、对自由贸易的拥护,使得产业工人群体与民主党逐渐疏远。特朗普的崛起,得益于一场右翼民粹主义风暴,这一风暴在奥巴马时期就已经开始酝酿。由于文化认同和经济问题等原因,白人劳工群体的政治立场逐渐从民主党转向共和党。同时,由于美国商界对中国市场开放力度仍然不满,因此,从奥巴马时期开始,长期支持对华接触战略的美国工商界利益集团,也逐渐不愿对国会的涉华法案进行反击游说,转而希望通过美国政府和国会的压力迫使中国让步。

第二节 后危机时代对华战略规划的形成

小布什政府发动的全球反恐战争,削弱了美国的国际声誉和相对实力,将战略重心完全放在反恐战争上也并非可持续。奥巴马希望逆转付出巨大代价的、以反恐战争为核心的战略目标。奥巴马政府将重心放回国内,其施政重点关注国内改革与经济复苏,围绕战略克制与收缩来继续保持全球领导地位。2010年发布的《国家安全战略报告》指出,"重担不能只给美国,美国拒绝设定超出自身的责任、能力或利益范围的战略目标"。[①] 在奥巴马执政初期,将中国定位为稳定和建设性的力量,旨在让中国分担美国维系霸权的成本。

---

① The White House, *The National Security Strategy*, May 2010, p. 5.

奥巴马需要在有限的资源中管理美国霸权的相对衰落，因此，由学术界提出的"巧实力"理念强调综合运用各种实力工具保持美国的地位。

奥巴马的对华战略是现实主义与理想主义、接触与遏制、竞争与合作相结合的产物。奥巴马的决策联盟将解决金融危机提上议程的最优先级，总统、国务院、财政部、国防部，甚至众议长佩洛西都表示要积极寻求对华合作。关注美国国家安全的智库，新美国安全中心则为"亚太再平衡"战略提供了最初的设想。由詹姆斯·斯坦伯格和库尔特·坎贝尔分别代表国务院内侧重于接触与遏制的两派，提出了不同的主张。随着金融危机影响的衰退，中美之间的分歧增多，导致斯坦伯格等"接触派"离职，希拉里和坎贝尔开始主持"亚太再平衡"战略，"遏制派"占据上风。其中，参与并建立多边机制的任务由国务院负责，加大军事力量对华施压则由国防部负责。

一、"巧实力"理念的形成

约瑟夫·奈首创"软实力"这一美国外交和国际关系指导的新概念，主张凭借文化、价值观念、规则和机制，去吸引、约束其他国家的能力，才是美国新的力量源泉。"软实力"可以通过塑造其他国家偏好的标准制度，使美国获得设置议程的能力。[①]

自由主义国际秩序构建的初衷，就是在"软实力"的基础上，减少美国维护霸权地位的"硬实力"投入，并争夺国际议程设置的权力。先后担任奥巴马政府国务院政策规划办公室主任和副总统国家安全事务助理的杰克·沙利文认为，美国应当拥有"催化型"领导力，而非"指令型"领导力，[②]只有争夺国际议程的设置权，才能维护美国的领导地位。美国正是在国际议程设置中，将核安全和气候变化问题等美国自己关注的议题塑造成国际议题，以满足其国内议程的需要。奥巴马政府还有效利用二十国集团机制处理金融危机，将"美国金融危机"在话语上转化为"全球金融危机"，迫使新兴国家共

[①] 罗伯特·基欧汉、约瑟夫·奈：《权力与相互依赖》，门洪华译，北京大学出版社，2012，第243页。

[②] 约瑟夫·奈：《美国总统及其外交政策》，安刚译，金城出版社，2022，第194页。

同协助美国应对危机。①

2007年，美国战略与国际问题研究中心组织，由前副国务卿理查德·阿米蒂奇和约瑟夫·奈领导的跨党专家委员会，提出了"巧实力"（smart power）的概念。即美国将"硬实力"与"软实力"结合，整合战略、资源基础及各种手段来实现自己的目标。"巧实力"不仅强调军事力量的重要性，还要求对同盟、伙伴关系和国际制度进行全方位的投入，以扩展美国的实力，提高美国行为的合法性。② 该概念迅速被民主党各位总统竞选者接受，特别是受到了希拉里的青睐。

"巧实力"是"奥巴马主义"的核心思想，结合了现实主义的平衡战略以及理想主义的价值观外交。③ "巧实力"是奥巴马在面对美国实力和影响力有限的情况下，不得不采取的措施，通过在国际事务上的战略收缩换取在国内事务上的空间。④ "巧实力"要求，摒弃军事优先理念，综合利用外交、经济、军事、政治、法律、情报、科技和文化等领域的手段，还要求美国尊重其他国家的意见、强调与其他国家合作的意愿与姿态。美国还要推行多边外交，以恢复国际形象，重新塑造美国的领导地位。但"巧实力"外交的缺陷在于，过于相信国际规范而并非实力的作用。

中国是美国"巧实力"的主要外交对象。美国综合运用合作、利用、拉拢、分化、牵制等手段针对中国，以延缓美国霸权地位的衰落。霸权国的领导人倾向于，从崛起国锋芒毕露之初，就通过制衡行为来迎接崛起国的挑

---

① 李巍：《霸权护持：奥巴马政府的国际经济战略》，《外交评论（外交学院学报）》2013年第3期，第53页。

② Richard L. Armitage and Joseph S. Nye, Jr., *A Smart, More Secure America: Report of the CSIS Commission on Smart Power* (Washington, D.C.: CSIS Press, November, 2017), Executive Summary, p. 1.

③ 王鸣鸣：《奥巴马主义：内涵、缘起与前景》，《世界经济与政治》2014年第9期，第108—128页。

④ Colin Dueck. *The Obama Doctrine: American Grand Strategy Today* (New York: Oxford University Press, 2015), p. 2.

战,① 利用多边机制及地区性安排制衡崛起国。② 如果能够放纵乃至诱导竞争性大国犯错,就更能体现"巧实力"外交。③ 奥巴马政府注重理念和规则的维系,无论是执政初期在二十国集团框架中的对华合作,还是后期的"亚太再平衡"战略,都是主动通过议程设置推进其战略实践;企图在不破坏中美在各领域合作的前提下,利用各类多边机制和规则,制衡中国在亚太地区影响力的上升。

二、执政初期应对金融危机与对华示好

(一)对华经贸合作

小布什时期的经济自由放任政策达到了极致,新自由主义的取消管制风气和美国经济的过度金融化、虚拟化,导致金融危机的爆发。2008年金融危机的爆发,产生了重大的地缘经济效应,是全球权力格局变化的关键节点。吴心伯指出:"金融危机快速终结了旧时代,反映了新变革趋势的深度和广度。"④ 2008年后,美国受到反恐战争的巨额军费开支、国际信誉受损以及金融危机的压力,导致高昂的战略成本,推动美国开始战略收缩。

奥巴马政府认为,小布什时期税率过低,因此选择扩大政府干预经济的力度,以缓和贫富差距,这也是以往民主党的主要政策主张。奥巴马政府在国际事务中的主要关注点,已经由军事安全议题转向经济安全议题,以加强国内建设的形式应对美国国力的相对衰退。中国在此次金融危机中应对得当,受到的冲击相对较小。与中国合作应对金融危机,成为美国两党的共识。在2008年的党纲中,民主党重申了继续对华接触的必要性。2008年9月,温家宝在纽约会见美国金融界人士时表示:"中方愿与美方加强协调与配合……共

---

① Paul Schroeder, "Historical Reality vs. Neo-Realist Theory," *International Security*, Summer, vol. 19 (1994): 108–148.

② 刁大明:《决策核心圈与奥巴马外交》,第27—28页。

③ Jeffrey Goldberg, "The Obama Doctrine," *The Atlantic*, April 2016, https://www.theatlantic.com/magazine/archive/2016/04/the-obama-doctrine/471525/.

④ Wu Xinbo, "Understanding the Geopolitical Implications of the Global Financial Crisis," *The Washington Quarterly* 33, no. 4 (2010): 156.

同维护国际金融市场的稳定。"① 中美经济的相互依赖关系,在2008年前后达到了前所未有的高峰。

在美国对华接触与遏制战略的"两面下注"中,经贸议题一直承担着接触的任务。奥巴马的经贸团队,整体对华态度友好。财政部长蒂莫西·盖特纳通晓中文;贸易代表罗恩·柯克曾支持给予中国永久"最惠国"待遇;商务部长骆家辉在担任华盛顿州州长期间,积极促进该州与中国的贸易;驻华大使洪博培虽然是共和党人,但其家族与中国有商业往来,他极为熟悉中国商业环境和市场背景。这些人事任命也表现出,奥巴马政府希望借助中国的力量,稳定全球经济,发展两国经贸关系,帮助美国实现经济复苏。2009年2月,希拉里访华的主要议题是经济合作与气候变化,她还以"同舟共济"形容中美关系,明确表示反对贸易保护主义。② 3月,中国外交部部长杨洁篪表示,中国将继续保持本国经济的发展速度,同时希望与美国合作,共同维护国际金融市场的稳定;还希望金融危机后,中美两国能够共同反对在世界范围内甚嚣尘上的贸易保护主义势头。③ 奥巴马比小布什更积极地建立对华建设性合作伙伴关系,在上任首年的访华时表示,"欢迎中国在国际事务中发挥更大作用,能够成为国际社会中强大、繁荣和成功的成员"。④

美国希望凭借中国充足的美元外汇储备与广阔的市场,帮助其实现经济复苏。通过两国密切的合作,从而帮助国际金融形势稳定,共同推动经济复苏和增长。⑤ 奥巴马政府上任之初,推行再工业化和出口倍增计划,重视发展出口和实体经济,试图通过再工业化的方式,帮助美国制造业降低生产成本、

---

① 《温家宝与美国金融界人士座谈》,中华人民共和国中央人民政府网,2008年9月25日,http://www.gov.cn/ldhd/2008-09/25/content_1105238.htm。

② 《希拉里展示"中国情结" 中美"同舟共济"值得期待》,中国新闻网,2009年2月24日,https://www.chinanews.com.cn/hb/news/2009/02-24/1575722.shtml。

③ 《杨洁篪在美国战略与国际问题研究中心的演讲(全文)》,中华人民共和国驻法兰克福总领事馆,2009年3月13日。

④ The White House, "Remarks by President Barack Obama at Town Hall Meeting with Future Chinese Leaders," November 2009.

⑤ 陶文钊:《中美关系史》(修订版)第三卷,上海人民出版社,2016,第457页。

恢复竞争力，并为美国创造更多就业机会。①2010年发布的《国家安全战略报告》，将美国经济增长视为"全球发展和解决国际问题的引擎和源泉"。②扩大对华贸易是美国经济复苏的动力，制造业振兴需要中国的消费市场。奥巴马通过派遣原商务部长骆家辉出任驻华大使，表现对华贸易议题的重视。中国曾是美国国债的最大持有国。2012年，中国持有美国国债占境外投资者持有总额的21.8%，约1.16万亿美元。③美国需要中国政府继续增持美国国债，以保障美国政府的开支，并保持美元地位的稳定。美国通过量化宽松政策，让中国等美元外汇持有国共同承担美国的经济调整成本，刺激美国实体经济的复苏。中国也推出约4万亿元人民币的宏观刺激政策，并且接受了美国政府的请求，没有让国内机构出售经美国政府担保的"房利美"和"房地美"等债券，从而以自身的力量，帮助和协调美国稳定其国内金融市场和国际金融市场的正常运行秩序。

民主党的经济政策一向接近具有贸易保护主义和反全球化倾向的工会组织，奥巴马也是自卡特以来与工会关系最密切的总统。但是，奥巴马主张把自由贸易作为增加美国就业机会的工具，与贸易保护主义保持距离，并反对利益集团干预贸易政策。虽然奥巴马在竞选期间指责中国"操纵"汇率，但是在2009年4月，美国财政部没有认定中国操纵汇率。2010年3月，30名国会议员联名致信财政部和商务部，要求对中国商品征收反补贴关税和制裁，并将中国列为"汇率操纵国"。美国财政部选择通过继续推迟公布《国际经济和汇率政策报告》的方式，拖延国会部分议员的要求。在奥巴马政府时期，财政部仍然在美国对华战略中保持"接触派"的角色，对汇率议题的看法较

---

① Lori Montgomery and Brady Dennis, "New Democratic Strategy for Creating Jobs Focuses on a Boost in Manufacturing," *The Washington Post*, August 4 (2010).

② The White House, *The National Security Strategy*, May 2010, https://obamawhitehouse.archives.gov/sites/default/files/rss_viewer/national_security_strategy.pdf.

③ Wayne M. Morrison and Marc Labonte, *China's Holdings of U.S. Securities: Implications for the U.S. Economy*, CRS Report for Congress RS34134, December 2012, p. 1.

为客观并肯定了中国的努力。① 美国政府虽然欢迎国会关注人民币汇率议题，但也不希望中美货币谈判复杂化，② 力争以外交手段解决中美之间的经贸议题争端，而非立法手段。

奥巴马和财政部尽力安抚国会，而随着人民币的不断升值，汇率议题也逐渐淡出。总的来说，奥巴马虽然致力于保护美国产业工人的利益，但是并不反对自由贸易。奥巴马政府虽然也以新能源壁垒、碳税壁垒、知识产权壁垒等保护美国制造业并迫使中国继续开放市场，还在世贸组织对华发起多次贸易诉讼，但也在尽力避免全面的贸易战。

（二）行政部门与战略界的响应

在两国共同应对金融危机的背景下，美国国务院和国家安全委员会内的"接触派"也积极地塑造对华接触战略的新概念、新理念。2009年9月，常务副国务卿斯坦伯格提出"战略再保证"（strategic reassurance）的理念，指出虽然美国仍然欢迎中国更繁荣、成功和强大，但是美国需要中国保证其崛起不会损害美国的国家安全和经济利益。③ 这一概念的核心仍然是对华接触。国家安全委员会亚洲事务高级主任贝德也认为，中国已经全面融入国际体系，中美之间并不必然要发生冲突，遏制战略不可取，美国应当坚持对华接触与合作。贝德还透露，"奥巴马是有史以来最关注中国的美国总统"。④ 2009年，财政部长盖特纳将"中美战略对话"与"战略经济对话"机制整合升级为"战略与经济对话"。在11月访问日本期间，奥巴马表示美国并不试图遏制中国，强调"强大且繁荣的中国崛起将会为国际社会贡献力量"，⑤ 充分展示出欢迎中国崛起的态度。奥巴马在2009年底还推迟了与达赖喇嘛的会面，因为国家

---

① Andrew Mayeda and Kasia Klimasinska, "U.S. Softens Criticism of Yuan Level Amid Currency Pressures," Bloomberg, October 19, 2015.

② Wayne M. Morrison and Marc Labonte, *China's Currency Policy: An Analysis of the Economic Issues*, CRS Report for Congress RS21625, December 2011, p. 15.

③ 余万里、肖河：《奥巴马第一任期的中美关系》，《国际经济评论》2014年第5期，第49页。

④ 安刚：《奥巴马这八年，给中美关系留下了什么？》，《世界知识》2016年第23期，第15页。

⑤ Jesse Lee, "In Tokyo, Our Common Future," The White House, November 14, 2009, https://obamawhitehouse.archives.gov/blog/2009/11/14/tokyo-our-common-future.

安全委员会认为，这会导致中国的强烈反应，动摇中美关系的基础。①

国防部和国家安全委员会在其官方报告中，也降低了"中国威胁论"的声调，配合总统的对华接触战略，在多份政府文件中表达与中国深化合作的意愿。在2009年3月发布的《中国军力报告》中，虽然国防部继续鼓吹"中国威胁论"，但也表示欢迎"稳定、和平与繁荣的中国崛起"。② 2010年的《国家安全战略报告》提出，美国要追求"安全、繁荣、价值和国际秩序四项持久的国家利益"，特别是试图建立"由美国领导地位推进的……应对全球化挑战的国际秩序"。报告还提出，美国要继续发展积极的、建设性的和全方位的中美关系，欢迎两国在经济复苏、气候变化等领域共同发挥领导作用。③ 同年的《四年防务评估报告》认为，中国的崛起将重塑世界体系，中国正在进行长期和综合的军事现代化将对美国构成威胁。但是，美国仍希望"通过与中国更广泛的合作来促进中国的发展带来积极和正面的好处"。④

美国战略界也提出各种概念，试图将中国与美国的利益紧密捆绑。尼尔·弗格森提出"中美国"（Chimerica）的概念，描述中美已经进入共生关系；亨利·基辛格提出中美"共同演变"（co-evolution）的理念，构建"太平洋共同体"；弗雷德·伯格斯坦和布热津斯基提出"两国集团"（G2），描述中美之间已经存在具有明显政治特征的结构性权力关系，并且希望美国能够继续鼓励中国更深度地融入由美国等西方资本主义国家主导的国际政治和经济体系；傅立民认为，美国衰落是趋势，只有中美合作才能领导国际体

---

① Jeffrey A. Bader, *Obama and China's Rise: An Insider's Account of America's Asia Strategy* (Washington, D.C.: Brookings Institute Press, 2012), p. 50.

② Office of the Secretary of Defense, "Military Power of the People's Republic of China 2009," April 25, 2009, http://www.andrewerickson.com/wp-content/uploads/2015/11/DoD_China-Report_2009.pdf.

③ The White House, *The National Security Strategy*, May 2010, p. 1.

④ U.S. Department of Defense, *Quadrennial Defense Review Report*, February 2010.

系。①虽然这些学者主张承认中国的地位,以软硬兼施的手段让中国继续维护国际体系。然而,这些概念的实质是美国企图继续保持其领导地位,让中国承担治理成本和责任,更隐含着"两强独霸"的霸权主义逻辑。这些概念对中美合作的前景过于乐观,也没有成为美国各种利益集团的共识,更没能转化为具体的政策。中方对上述概念表示了审慎的态度,温家宝曾表示不赞同"中美共治"的说法。2012年5月,戴秉国在第四轮中美战略与经济对话中,也针对相关概念明确表示和澄清。他指出,当今世界不应该只由中美两国主宰,中美两国不应当组建所谓的"两国集团",同时,中美两国之间也不应当发生直接冲突或对抗,中美两国可以通过建立"两国协调"(C2)机制,来加强两国之间的沟通、合作与协调,从而能够更好地探索并发展中美两国和平相处、密切合作、共同发展的新型关系模式。②奥巴马政府对中国的表态不置可否,但对华战略已经逐渐向制衡的方向转变。

尽管中国也推出了规模巨大的经济刺激计划,以促进本国和全球经济的稳定,还帮助美国完成了经济复苏、阻止其经济下滑,但是两国在涉及战略互信的具体议题上缺少进展。如中方没有回应美国要求开辟瓦罕走廊作为北约驻阿富汗军队补给线的请求,美国也没有同意禁止"东突"分子利用美国领土进行反华分裂活动。在2009年12月的哥本哈根气候大会上,中美两国围绕"责任和能力的关系"问题,针锋相对,最终达成的协议也不尽如人意。奥巴马回国后,指责中国等"基础四国"不愿承担责任。美国国会更是多次批准"对台售武",奥巴马和佩洛西屡次会见达赖喇嘛,全然不顾中国的核心利益。2010年,中美在朝鲜问题中,关于同年发生的"天安号事件"和"延坪岛炮击事件"的不同立场也让两国的矛盾凸显,短暂的中美关系回暖戛然而止。

---

① Chas W. Freeman, "Nobody's Century: The American Prospect in Post-Imperial Times," Remarks to the 27th Class of MIT's Seminar, September 4, 2012, The National Press Club, Washington D.C.

② 戴秉国:《促进中美在亚太地区良性互动》,中华人民共和国外交部网,2012年5月3日,https://www.mfa.gov.cn/web/zyxw/201205/t20120503_318552.shtml。

三、"亚太再平衡"战略的形成

小布什时期,美国的战略资源和重心被中东事务和反恐战争牵制,使小布什政府对东亚地区的经济与政治一体化进程加速的局面缺乏足够的准备和投入,①导致美国在东亚地区影响力相对下降。金融危机后,美国对自身独霸地位的怀疑、焦虑,以及面对多极化的趋势和中国的崛起,迫使美国需要可以取代全球反恐战争的大战略。"亚太再平衡"战略是美国第一个尝试将各领域议题进行联系的系统性对华战略框架。"亚太再平衡"战略将军事和经济议题紧密联系在一个一致的对华战略规划框架中,也为特朗普政府的"印太战略"规划奠定了理论基础。"亚太再平衡"战略试图将美国的战略重心从欧洲和中东移到亚太地区,是美国建国以来最大的战略重心调整。②

(一)新美国安全中心的策划

在小布什时期,美国已经开始向亚太地区进行战略重心的转移,但是顾及中美之间的友好伙伴关系,所以并没有提出明确的战略口号和规划。③亲民主党的智库新美国安全中心主张,美国应当加大对亚太地区的投入,强化和升级美国在亚洲的联盟关系。④该智库的创始人米歇尔·弗卢努瓦出任奥巴马政府的国防部副部长,坎贝尔则出任助理国务卿一职,主导亚太事务。还有常务副国务卿斯坦伯格、先后出任国家安全事务副助理和常务副国务卿的布林肯、国家安全事务助理赖斯、国家情报总监丹尼斯·布莱尔、国防部副部长威廉姆·莱恩、总统特别助理奈特·蒂比兹等人,也都出自该智库。新美国安全中心对奥巴马政府的影响堪比"新美国世纪计划"对小布什政府的影响。该智库的坎贝尔和斯坦伯格都入职国务院,分别代表了"遏制派"和"接

---

① 陈东晓:《布什政府亚太政策的调整》,《现代国际关系》2005年第9期,第16页。
② 袁莎:《大战略迷思与大战略困境——实践逻辑下的奥巴马政府大战略评析》,《战略决策研究》2017年第3期,第87页。
③ Nina Silove, "The Pivot before the Pivot: U.S. Strategy to Preserve the Power Balance in Asia," *International Security* 40, no. 4 (2016): 47.
④ 郑安光:《新思想库与奥巴马政府的亚洲政策决策——以新美国安全研究中心为例》,《当代亚太》2012年第2期,第27页。

触派"两种不同的立场倾向。

新美国安全中心极为重视亚洲事务,认为亚太地区的权力平衡关乎美国未来的地位与繁荣。2008年,坎贝尔和斯坦伯格在著作中,都提出美国要积极参与亚太地区的多边机制。① 2009年,新美国安全中心发布报告提出,美国应当将安全战略重心移至亚太地区,② 特别是要灵活运用"巧实力"原则,应对中国的崛起。这表明,美国一方面需增强其在亚太地区的军事存在;另一方面却未明确采取遏制中国的策略,也不强求亚太地区其他国家选边站队。③ 同时美国应当坚持对华接触,支持中国融入美国主导的国际经济体系,鼓励中国对地区和全球事务发挥建设性作用,同时,还要确保美国和美军在亚太地区的领导地位和行动自由。④ 新美国安全中心的政策建议也反映在2010年发布的《国家安全战略报告》中。

(二)美国国务院的推动

"亚太再平衡"战略不仅能够凝聚议题,还向国内外传递了清晰的战略信号。对外战略的成功要求其具有长期性、连贯性和可持续性,公开的大战略口号更容易框定具体的政策选项。⑤ 奥巴马政府提出"亚太再平衡"的口号,将制衡中国作为战略目标,可以调动国内政治和社会力量的支持,协调各部门的行动。2009年6月,坎贝尔在国会听证会上表示,美国也是太平洋

---

① Kurt M. Campbell and Jim Steinberg, *Difficult Transitions: Foreign Policy Troubles at the Outset of Presidential Power* (Washington D. C.: Brookings Institution Press, November 2008).

② Ralph A. Cossa, Brad Glosserman, Michael A. McDevitt, Nirav Patel, James Przystup and Brad Roberts, *The United States and the Asia-Pacific Region: Security Strategy for the Obama Administration* (Washington D. C.: Center for a New American Security, 2009).

③ Ralph A. Cossa, et al., *The United States and the Asia-Pacific Region: Security Strategy for the Obama Administration*, p. 44.

④ Abraham Denmark, "China's Arrival: A Strategic Framework for a Global Relationship," in Abraham Denmark and Nirav Patel, eds., *China's Arrival: A Strategic Framework for a Global Relationship* (Washington D. C.: Center for a New American Security, September 24, 2009), p. 165.

⑤ William Murray, "Thoughts on Grand Strategy," in William Murray, Richard Hart Sinnreich, and James Jacey, eds., *The Shaping of Grand Strategy: Policy, Diplomacy, and War* (New York: Cambridge University Press, 2011), p. 4.

地区的相关国家。①7月，助理国务卿帮办斯科特·马希尔在国会举行的听证会中表示，"维护秩序的稳定、船只的自由航行，以及合法商业活动的权利是美国在该地区的核心国家利益"。②负责东亚和太平洋事务的助理国防部长帮办罗伯特·谢尔宣称，要保持美国在东亚的军事存在，强调自由航行权。③8月，担任国会参议院东亚和太平洋事务分委员会主席的民主党国会参议员詹姆斯·韦伯在访问越南时表示，"美国应当利用自身的外交力量、国际地位和国家意志，在亚太地区制衡中国而非与其直接对抗"。④11月奥巴马访华期间，淡化了人权和涉藏议题，在朝鲜核问题、伊朗核问题、扩大市场等议题中，也并没有获得中方的让步，导致美国国内要求对华施加更大的政治压力。

自2010年中国制造业增加值超过美国并成为世界第二大经济体以来，中美实力对比变化加快，中国国内生产总值占美国的比重从2005年的17.9%，上升至2011年的48.8%，⑤美国民众对中国已经具有明确的竞争意识。⑥奥巴马在2011年国情咨文中，把中国超越日本称为他们那代人的"斯普特尼克时刻"⑦。奥巴马推动的制造业振兴战略加剧了与正处于制造业价值链上升阶段

---

① Kurt M. Campbell, "Testimony, Nominee for Assistant Secretary for East Asian and Pacific Affairs," Statement before the Senate Foreign Relations Committee, Department of State, June 10, 2009.

② Scot Marciel, "Testimony of Deputy Assistant Secretary, Bureau of East Asian and Pacific Affairs," U.S. Department of State, July 15, 2009, https://www.foreign.senate.gov/imo/media/doc/MarcielTestimony090715p1.pdf.

③ Robert Scher, "Testimony of Deputy Assistant Secretary of Defense, Asian and Pacific Security Affairs," Office of the Secretary of Defense, July 15, 2009, https://www.foreign.senate.gov/imo/media/doc/ScherTestimony090715p1.pdf.

④ "In Vietnam, Webb Says U.S. Must 'Balance' China," VOA News, November 2, 2009, https://www.voanews.com/a/a-13-2009-08-19-voa32-68754932/410361.html.

⑤ World Bank, "Gross Domestic Product 2011," April 15, 2013.

⑥ 庞琴：《中美权力变化与美国公众对"中国威胁"的认知》，《世界经济与政治》2020年第7期，第79页。

⑦ The White House, "Remarks by the President in State of Union Address," January 25, 2011, https://obamawhitehouse.archives.gov/the-press-office/2011/01/25/remarks-president-state-union-address.

的中国之间的竞争。两国在气候变化、"对台售武"、朝鲜核问题以及南海等议题的分歧也日趋增多。2010年1月，坎贝尔在国会听证会上再次强调，美国是太平洋国家，美国必须提高和加深在亚太地区的战略参与和领导作用。[①] 7月，国务卿希拉里宣称美国要"重返亚洲"，声称维护南海"航行自由"是美国拥有的"国家利益"。美国力图使南海问题国际化和复杂化，使该议题面临着被区域外大国主导设置的危险。与此同时，美国政府内部以国家安全委员会为首的行政部门，仍然在进行对华接触、缓和局势的尝试。9月，总统经济顾问劳伦斯·萨默斯、国家安全事务副助理多尼隆等人访华，确保中国继续增持美债并保证人民币继续升值，是萨默斯访华期间负责的主要任务，而与中国协调包括"南海问题"在内的地区安全议题和政策，则主要由多尼隆负责。

奥巴马政府于2010年中期开始积极介入亚太事务并声称，"美国决不当世界第二"。随着美国经济复苏和中美关系陷入僵局，特别是在气候变化议题上，两国的合作受阻，导致奥巴马政府不再有顾虑，开始大规模实践"亚太再平衡"战略。2011年初，美国国务院和国家安全委员会内对华温和的成员开始被强硬派取代。3月，提出"战略再保证"的国务院二号人物斯坦伯格辞职，因为中美关系的恶化，导致他的政策观点在美国国务院内部不再有吸引力，在美国社会也缺乏认可。斯坦伯格的政策盟友国安会亚洲事务高级主任贝德也于4月辞职。这两次明显的政府外交事务人事任命调整，被视作美国对华战略即将大幅度转型的标志，预示着奥巴马政府将由增进对华关系，开始逐渐转型为侧重对华制衡的战略规划。[②] 负责亚洲和太平洋事务的助理国务卿坎贝尔开始主管对华战略实践，希拉里在其亲信国务院政策规划办公室主任沙利文的帮助下，在对华战略中的影响力也大增。坎贝尔类似小布什政府

---

① Kurt M. Campbell, "Principles of U.S. Engagement in the Asia-Pacific," Testimony before the Subcommittee on East Asian and Pacific Affairs of Senate Foreign Relations Committee, January 21, 2010.

② William Lowther, "Obama's Top China Hand Jeffrey Bader Leaves Job," *Taipei Times*, April 14, 2011, https://www.taipeitimes.com/News/taiwan/archives/2011/04/14/2003500707.

常务副国务卿罗伯特·佐利克，同样作为对华战略规划师发挥作用，只不过两人的对华立场几乎完全相反。坎贝尔所代表的"遏制派"（或称"制衡派"）希望在通过接触手段利用中国的同时，重点依靠盟友在军事、经济、区域机制等领域制衡中国，防止中国"威胁"美国的霸权地位。

（三）"亚太再平衡"战略的正式出台

2011年5月，本·拉登被美军击毙，奥巴马政府全身心地投入"亚太再平衡"战略的实践中，以外交、军事和经济相互配合的方式将对华制衡推入实质性阶段。11月，希拉里在《外交政策》上发表文章，宣告美国全球战略的地缘重心将移向亚太。① "亚太再平衡"战略的正式出台，标志着美国对华战略发生了根本性的调整。② 奥巴马政府的对华战略目标由"欢迎繁荣的中国"转向要求中国遵守美国制定的规则。自2012年起，中国的主要战略利益由经济发展转向民族复兴，③ 中国实施的"一带一路"倡议、创立亚洲基础设施投资银行、金砖国家银行等举措也被美国视为"另起炉灶"，与美国进行制度竞争的行为。中美两国在安全领域摩擦不断。8月，美国国务院指责中国加剧了南海地区的紧张局势。2012年以来美国页岩气革命为美国提供了大量低价能源，美国制造业成本降低，中美两国在制造业领域的竞争加剧，美国与中国经贸合作的动力进一步降低。2012年也是大选年，共和党总统候选人威拉德·罗姆尼指责奥巴马对华软弱，奥巴马政府只能继续加大力度推动"亚太再平衡"战略作为对指责的回应。奥巴马在竞选期间也表示，中国"是美国的敌对者，但是在遵守规则的情况下也是美国的潜在伙伴"。④ 在罗姆尼与奥巴马的电视辩论中，中国崛起议题首次成为美国大选辩论的单项议题。

2012年初，美国国防部在其发布的《防务战略指南》中正式提出了针对

---

① Hillary Clinton, "America's Pacific Century," *Foreign Policy*, November 2011, p. 59.

② 吴心伯：《论奥巴马政府的亚太战略》，《国际问题研究》2012年第2期，第74页。

③ Yan Xuetong, "From Keeping a Low Profile to Striving for Achievement," *Chinese Journal of International Politics*, 7, no. 2 (Summer 2014): 166.

④ "The Candidates on U.S. Policy toward China," *Council on Foreign Relations*, October 21, 2012, https://www.cfr.org/backgrounder/candidates-us-policy-toward-china.

中国的"亚太再平衡"战略。① 该战略的最终目标在于维护美国在亚太地区的权力优势,遏制中国在亚太地区影响力的扩大,通过应对变化的地缘政治环境,防止因权力结构失衡而破坏美国在本地区的国家利益并导致在全球的权力转移。同样任职于新美国安全中心的罗伯特·卡普兰认为,早在20年前就应该调整应对中国崛起的目标。② 再平衡战略将经济与安全领域的议题相联系,在安全领域,通过拓展盟友体系挑拨中国与邻国的矛盾达到包围中国的目的;在经济领域,主导建立将中国排除在外的亚太地区贸易和投资规则,但又同时表示愿意与中国合作。

在安全和军事领域的任务,主要由国防部和国会参众两院军事委员会配合完成。美国不仅在巩固与日本、韩国、澳大利亚、新加坡、菲律宾等盟国的关系,还尝试与印度、越南等国建立新的联盟关系,以便通过亚太地区的代理人实现美国对华围堵的目标,从而降低美国的战略成本。2010年《四年防务评估报告》中提出,将加大对亚太地区海空军力量的投入。③ 2012年,参众两院军事委员会将中国领土钓鱼岛列为《日美安保条约》第五条适用对象。同年发布的《国防战略评估指南》明确指出,中国综合国力的崛起和军事力量的高质量快速发展影响并挑战了美国的经济和国家安全。④

2014年《四年防务评估报告》等文件确定了,美军将60%的海军舰艇和空军力量都部署到亚太的目标。两任国防部长帕内塔和哈格尔都曾宣布将继续向太平洋地区转移军事力量。随后,美国向关岛、日本、澳大利亚、新加坡、菲律宾增兵或重新驻军,在韩国部署"萨德"反导系统,建立并巩固多边安全机制和多边联盟,在中国周边地区,特别是南海和东海海域频繁进行军事演习,并且经常以外交手段介入中国与相关国家的海域和岛礁领土争端。

---

① The White House, *Sustaining U.S. Global Leadership: Priorities for 21st Century Defense*, Washington, D.C., January 2012.

② Robert D. Kaplan, "Why John J. Mearsheimer Is Right?", *The Atlantic* (January /February, 2012).

③ Department of Defense, *Quadrennial Defense Review Report* (February 2010).

④ The White House, *Sustaining U.S. Global Leadership: Priorities for 21st Century Defense* (January 2012).

同年5月，美军参谋长联席会议主席马丁·邓普西表示，中国是对美国安全的主要威胁之一。[1] 但总的来说，为了配合全球战略收缩和对军事力量的限制，奥巴马政府还是在军事领域保持克制，白宫曾下令禁止国防部使用"大国角力"来形容中美关系，避免两国完全处于军事对抗的状态。

在经济领域和参与区域机制的任务，则主要由美国国务院完成。"亚太再平衡"战略通过积极介入区域经济整合和治理机制，加强与中国的竞争能力。美国于2009年11月宣布加入《跨太平洋伙伴关系协定》（TPP）谈判。TPP作为一种小多边方式的自由贸易协定是"亚太再平衡"战略的重要组成部分。美国推动TPP意在建立排除中国的区域贸易规范，保持美国在亚太的主导地位，通过设定规则限制中国，制衡中国的区域经济影响力。美国要通过TPP在亚太地区重建均势，并争夺国际经济体系的规则制定权与合作主导权，进一步扩大美国出口和振兴经济，服务于美国出口倍增计划。奥巴马在2016年的《国情咨文》中表示，TPP有助于美国而非中国成为地区规则与规范的主要制定者。[2]

"亚太再平衡"战略充分体现出奥巴马政府决策联盟所持有的多边主义外交理念，通过"规则导向型"战略联合、接触亚太地区其他国家，在经济领域制衡中国、在军事领域威慑中国，以防止中国的影响力在亚太地区和全球范围超越美国。这体现了美国议程设定的特权角色，智库、国务院和国防部共同参与再平衡战略的规划过程，试图通过议程设置主导亚太地区的经济发展和政治格局演变的走向。

第三节 对华接触与制衡并举的战略实践

奥巴马时期中美两国间的议题颇多，除了小布什时期就存在的议题，还

---

[1] James Kitfield, "Dempsey Wants to 'Rebalance the Use of Military Power'," *Defense One* (May 12, 2014).

[2] The White House, "Remarks of President Barack Obama-State of the Union Address as Delivered," January 13, 2016.

有能源、气候变化、人文交流、反腐执法、国家重建、网络安全和基础设施等具有鲜明民主党特色的新议题,南海问题等竞争性议题也在增加。

2010年,美国国家安全委员会在《国家安全战略报告》中表示,"美国欢迎中国在促进全球经济复苏、共同应对气候变化和防止核扩散等国际事务中扮演负责任的领导角色"。① 在2015年发布的《国家安全战略报告》中,气候变化是美国面对的长期性挑战之一。② 经济复苏、气候变化、新能源等议题都是奥巴马决策联盟重点关注的国内议题,体现出奥巴马时期的美国对华战略议题与其国内政治议程之间的互动关系。气候变化和新能源议题也成为中美之间的重要合作型议题,自"亚太再平衡"战略推出以来,为紧张的中美关系提供了缓和的空间。

国务卿希拉里,因2012年美国驻班加西领事馆遭袭事件的重大失职而离任。其继任者克里更加关注克里米亚危机与"伊斯兰国"崛起后的欧洲和中东局势,在对华战略中,则更关心气候变化议题。美国没有充足的战略资源同时应对欧洲、中东与亚太局势的变化,加之美国国内各类政治和社会行为体都对以TPP为代表的自由贸易协定有着不同程度的不满,导致"亚太再平衡"战略遭遇反复挫折。

一、气候变化议题中的合作

气候变化是民主党色彩最强的议题。党派属性是决定气候变化立场的最大因素,民主党选民远比共和党选民更关心气候变化。奥巴马政府因为民主党及其相关利益集团的诉求,而将气候变化视为对美国和全球安全的重大威胁和挑战,将其与经济、能源安全等议题并列,纳入国家安全的范畴,从而实现议题之间的相互关联,并打破了国际和国内议题之间的界线。

---

① The White House, *National Security Strategy*, May 27, 2010, p. 43, https://nssarchive.us/wp-content/uploads/2020/04/2010.pdf.

② The White House, *National Security Strategy*, February 2015, https://obamawhitehouse.archives.gov/sites/default/files/docs/2015_national_security_strategy_2.pdf.

第四章 奥巴马政府自由主义决策联盟与"亚太再平衡"战略

(一)奥巴马的"绿色新政"

奥巴马和竞选搭档拜登在竞选时,大力宣传"绿色新政"(Green New Deal)的主张,即通过发展可再生能源、鼓励电动汽车的研发和使用,为美国带来新的经济增长点和就业机会。能源部长朱棣文是从事替代和可再生能源研究的专家,上台后推动可再生能源的开发,并负责与中国合作应对气候变化。

实现能源独立并发展清洁能源产业是奥巴马政府经济复苏计划的重要内容。2009年2月,奥巴马上任之初,签署了《美国复苏与再投资法案》,法案的重要内容之一就是发展新能源技术。6月,国会勉强通过的《美国清洁能源安全法案》确立了美国的减排目标。奥巴马政府也在11月作出减排的承诺。2010年发布的《国家安全战略报告》强调,开发清洁能源可以为美国提供新产业发展的动力,还能帮助解除对中东地区进口石油的依赖并保护地球环境。但是,因为共和党逐渐控制了国会,奥巴马只能依靠行政命令来继续推动气候变化议题。例如,2015年8月颁布的"清洁电力计划",以限制美国发电站的碳排放量。奥巴马政府借助气候变化议题,大力发展新能源产业,力图通过新能源革命推动经济产业革命,让美国继续保持全球经济和科技主导地位。

历届美国政府不签署《京都议定书》的主要原因是,担心此举会削弱美国钢铁、造纸、汽车和化学等传统制造业的利益。奥巴马的"绿色新政",致力于将美国经济置于开发可再生能源和应对气候变化的基础上,创造新经济发展模式和就业机会,成为经济复苏与增长的新动力。而应对气候变化,需要对产业结构和能源结构进行重大调整,改变经济发展模式,导致政治价值认同的重塑和国家安全战略的变革,损害了既得利益集团的利益。①

(二)气候变化的国内外议题联系与中美合作

奥巴马将气候变化议题视为美国对外战略的重点议题之一。美国需要中方配合其推进低碳经济增长模式、规划可持续能源计划,共同完成全球及减

---

① 余建军:《美国奥巴马政府气候变化政策及对我国的启示》,《国际观察》2011年第6期,第72页。

排目标，以便支援奥巴马国内政策的实施，满足其决策联盟的利益偏好。

奥巴马上台之初就与中国在气候变化合作方面展开了密切的接触，使气候变化与经济复苏共同成为执政初期对华战略的重要议题。2009年2月，国务卿希拉里和气候谈判特使托德·斯特恩访华，将中美合作以应对气候变化作为重要议题。希拉里表示，中美两国需要建立清洁能源经济，有效阻止全球气候变化。希拉里还参观了中美技术合作的成果——北京太阳宫燃气热电站。斯特恩认为，中美应该搁置在气候变化和其他议题中的争议，集中解决如何有效应对气候变化问题。7月，能源部长朱棣文、商务部长骆家辉访华，仍然重点就中美合作减排问题对话磋商。9月，时任参议院外交委员会主席的克里表示，全球气候变化应对协议达成的关键是中美合作，国会将配合通过中美之间就气候变化问题达成的任何协议。11月奥巴马访华期间，将清洁能源议题与金融危机、核不扩散列为三大核心议题，两国宣布了各自的减排目标，一致认为既有的经济产业结构向绿色和低碳经济转型具有必要性。12月，副国务卿威廉·伯恩斯访华，也将气候变化作为重要议题之一。

尽管2009年哥本哈根峰会没有达成具有约束力的协议，中美双方在减排的基本原则和责任分担上争吵不断，但两国仍在继续加强清洁能源和气候变化的合作，建立了由美国国务院、能源部与中国国家发展和改革委员会主导的联系机制，签署了合作备忘录。2010年，美国环境保护署署长莉萨·杰克逊访华，他与中国的相关部门联合签署了合作备忘录，两国承诺继续合作。杰克逊指出，中美两国恢复了环境伙伴关系，中美必须应对挑战、拓展国内外机遇。[①] 2013年，国务卿克里访华，两国发表《中美气候变化联合声明》，决定成立气候变化工作组。2014年11月，奥巴马总统访华，中美两国共同发表了在全球气候变化议题中具有重要战略意义和国际影响力的《中美气候变化联合声明》。2015年9月，两国领导人共同发表《中美元首气候变化联合声明》，该联合声明为巴黎联合国气候变化大会能够成功而顺利地举办，奠定了

---

① Environmental Protection Agency, "EPA Administrator Wraps Up First Official Visit to China," October 14, 2010.

夯实的基础和大国共识。2016年9月,在二十国集团杭州峰会正式开幕前夕,为了向国际社会展现中美两国在气候变化领域达成的重要战略性共识和合作意愿,习近平主席、奥巴马总统与联合国秘书长潘基文共同出席了关于《巴黎协定》批准文书的交存仪式,标志着中美在气候变化领域达成了重要成果。然而,特朗普执政后立刻宣布退出《巴黎协定》,使中美失去了一个重要的合作型议题,体现出决策联盟的利益偏好决定了对华战略的议程设置。

奥巴马与中国国家领导人共举行了24次高层级会晤,这有助于弥合两国在气候变化和网络行为规范等议题上的分歧。中方也认识到,加强与美国在气候变化领域的合作可以弥补两国间不断恶化的战略互信,为其他议题中两国关系的缓和创造条件。

(三)传统制造业和化石能源利益集团的阻挠

奥巴马对气候变化议题的大力推动,既可以展示美国在全球治理中的担当与责任,也满足了国内相关利益集团的诉求。太阳能、风能、地热能、清洁燃料等新能源行业集团,以及受益于气候变化法案的金融、信息行业集团与绿色环保组织等,都大力支持奥巴马的"绿色新政"。奥巴马的气候变化和新能源政策,也意味着国内经济利益格局的重组,引发了相关利益集团之间的激烈博弈。

美国石油协会、美国制造商协会和国家煤炭协会等美国相关利益集团,反对奥巴马和民主党推动的气候立法。[①] 美国传统农业部门、化石燃料行业,以及包括军工、汽车、钢铁等高能耗企业在内的传统制造业等利益集团,对"绿色新政"最为担忧。因为碳排放额度的分配大大增加了生产成本,它们通过竞选捐款和游说国会议员的方式,来阻挠气候立法进程。例如,埃克森美孚公司曾大力资助反气候变化的组织。[②] 化石能源巨头科氏工业集团比埃克森美孚公司更加顽固,科氏工业集团曾资助卡托研究所、美国资本结构委员会、能源研究所、美国能源联盟、全国制造商协会、"美国繁荣"等智库和利益集

[①] 刘卿:《利益集团对美国气候政策制定的影响》,《国际问题研究》2010第3期,第58—59页。

[②] David Adam, "Exxon to Cut Funding to Climate Change Denial Groups," *Guardian*, May 28, 2008, https://acikradyo.com.tr/arsiv-icerigi/exxon-cut-funding-climate-change-denial-groups.

团，通过宣传、游说等手段，阻挠《美国清洁能源与安全法案》等气候变化和清洁能源领域的法案在国会通过。①

在国会民主党人内部，代表汽车制造、煤炭等传统行业利益的议员，与代表环保主义者利益的议员之间的矛盾，造成了民主党的分裂，使奥巴马的气候变化法案在参议院困难重重。②鉴于传统能源和高能耗行业的压力，奥巴马政府不得不向化石能源企业免费提供更多的排放配额，并延长了高能耗行业配额淘汰期，放宽了对中西部和东南部州煤炭行业的碳排放量限制。奥巴马还企图取消石油公司的减税优惠，但来自以化石能源为支柱产业州的国会议员都反对气候立法。2011年，来自路易斯安那州的参议员戴维·维特，要求中国等国家应当统一与美国等发达国家的减排标准。③共和党在2014年夺回国会后，重新大力推进美国—加拿大油气管道项目。

奥巴马推行的"再工业化"战略，也起到了保护本国新能源企业的作用。随着中国产业结构升级，中美在高新科技以及新能源领域的竞争加剧，两国开始争夺对中高端产业链的控制权。相关产业利益集团为了保护自身的竞争力，也向政府和国会施压，要求中国等国家"等同减排"。奥巴马政府通过设置"绿色壁垒"，打压中国的新能源产业和制造业的发展，避免对美国相关产业构成竞争威胁。一方面，体现在阻挠中国企业对美投资新能源产业，例如中止三一重工在俄勒冈州的风电项目建设；另一方面，体现在限制中国新能源产品的进口，例如对中国光伏产品增税。④

美国政府对新能源产业的保护缺乏持久性。随着决策联盟的更替，特朗普执政期间大力促进化石能源企业的利益，不再保护新能源产业。与此同时，

---

① 克里斯托弗·伦纳德：《隐秘帝国：美国工业经济和企业权力的兴衰》，程正译，中信出版集团，2021，第19、20章。

② 张莉：《美国气候变化政策演变特征和奥巴马政府气候变化政策走向》，《国际展望》2011年第1期，第92页。

③ S.15, Bill Summary & 112th Congress, https://www.congress.gov/bill/112th-congress/senate-bill/15.

④ 《美终裁中国产晶体硅光伏电池存在倾销和补贴行为》，中国政府网，2012年10月11日，http://www.gov.cn/jrzg/2012-10/11/content_2240927.htm。

中国新能源产业，特别是光伏发电和锂电池技术发展迅猛。

二、"亚太再平衡"战略实践的挫折

"亚太再平衡"战略是奥巴马政府的重要对外战略规划，其战略目标是巩固美国在亚太地区的地位，通过与中国的竞争重塑地区政治经济格局。首先，因为受到国内阻力和经济实力的制约，美国很难再次采取扩张的姿态，奥巴马不得不选择战略收缩。"亚太再平衡"战略与战略收缩实质上是相互矛盾的，最终给人留下"雷声大雨点小""虚多实少""只说不做"的印象。尽管奥巴马希望继续推动"亚太再平衡"战略，但美国的注意力和战略资源被中东的叙利亚战争和欧洲的克里米亚危机牵制。其次，"亚太再平衡"战略没有强大的国内经济基础支撑，缺乏各种政治和社会力量的坚定支持，战略实践凭借投入有限的军事、经济和政治力量难有作为。最后，因为美国战略资源有限，美国战略重心的转移导致中东和欧洲的战略资源投入减少，"伊斯兰国"的崛起和克里米亚危机的爆发，威胁了美国在中东和欧洲构建的秩序，使美国在奥巴马任期结束时，也没能将战略重心完全转移到亚太地区。

（一）行政部门的人事变动与国务院的消极应对

在"亚太再平衡"战略正式出台后，美国仍然深陷中东地区和反恐战争当中。尽管奥巴马坚决要从伊拉克撤军，但叙利亚内战以及"伊斯兰国"的崛起，使中东牵制了美国决策者的注意力和战略资源。伯格斯坦和布热津斯基曾提出的中美"两国集团"概念，遭到欧洲主要国家和日本的质疑。"亚太再平衡"战略将东北亚、东南亚与欧洲、中东地区的地位并重，从欧洲向亚太转移军事力量加深了欧洲盟国的担忧。欧洲各国认为，美国推行的"亚太再平衡"战略忽视了欧洲。[①] 2013年，克里米亚危机的爆发以及恐怖组织"伊斯兰国"在伊拉克和叙利亚的肆虐，使美国不得不再次将资源投入欧洲和中

---

① Henriette Rytz, "Global Advice for Obama's Second Term," Council on Foreign Relations, February 7, 2013, https://www.cfr.org/expert-roundup/global-advice-obamas-second-term.

东。在同年的《国情咨文》中,奥巴马没有提及亚太地区或再平衡战略,① 体现出此时中东和欧洲地区危机的急迫性,导致议题优先级的变化。

在奥巴马政府第二任期中,"亚太再平衡"战略的主要推动者希拉里不再担任国务卿一职,新任国务卿克里是著名的大西洋主义者,他更关心欧洲和中东事务。克里上任之初便出访欧洲和中东,向美国的传统外交重点回归。克里领导的国务院对是否继续推进"亚太再平衡"战略犹豫不决。克里曾对国会表示,他认为美国没有必要扩大在亚太地区的军事力量,美国的军事力量比中国强很多。② 在对华议题中,克里最关心气候变化议题。日后在拜登政府时期,克里出任气候问题特使,频繁与中方沟通协商。在奥巴马第二任期初,由于负责亚太事务的助理国务卿一职长时间空缺,制约了"亚太再平衡"战略的连续性和系统性实施。美国的战略重点仍在中东和欧洲,并没有完全移向亚太。

新任国防部长哈格尔也是较温和的务实派,曾在参议院外交委员会任职,他认为,美国必须明智地处理对华关系。③ 哈格尔和克里立场相近,在涉华议题中比较务实理性,都支持对华继续接触和合作。由于国务院和国防部的人事变更,以及他们对华相对温和的态度,导致奥巴马政府缺乏遏制中国的战略决心。

(二)债务危机和国防开支削减导致的财力限制

内部因素是决定美国对华战略实践成败的根本原因,美国经济的缓慢复苏、失业率居高不下、债台高筑以及军费缩减等因素不利于战略实践。正如迈克尔·曼德尔鲍姆指出,不断增长的经济压力将持续压缩美国外交的

---

① The White House, "Remarks by the President in the State of the Union Address," February 12, 2013, https://obamawhitehouse.archives.gov/the-press-office/2013/02/12/remarks-president-state-union-address.

② Elizabeth C. Economy, "John Kerry on China and the Pivot," *The Diplomat*, February 28, 2013, https://thediplomat.com/2013/02/john-kerry-on-china-and-the-pivot/.

③ 唐彦林、卢馨尧:《奥巴马政府第二任期"亚太再平衡"战略调整及其影响》,《当代世界与社会主义》2014年第4期,第105页。

空间。①

2010年《国家安全战略报告》指出，"美国的国内情况决定了美国在国际的影响力与力量"。②而当时美国内外局势和国力难以同时支撑在欧洲、中东和东亚地区施展大战略。美国债务占国内生产总值的比例从2001年的56.4%增加至2008年的83.46%，2011年突破100%。③由于两党关于债务的决议没有达成共识，导致联邦政府大部分机构被迫停止办公。因此，奥巴马被迫取消了在2013年10月连续参加亚太经合组织和东亚峰会等多边国际组织会议的行程，破坏了"亚太再平衡"战略实践的连贯性。

奥巴马政府将更多的战略资源投入国内政策。同时，在债务危机的压力下，开始大幅削减占政府开支约20%的国防开支，其对外战略目标也不得不收缩。④根据2011年颁布的《预算控制法》，美国国防开支从2013财年开始削减，⑤计划裁撤陆军和海军陆战队并关闭部分军事基地。⑥奥巴马政府削减军费的行为导致在亚太地区的资源投入有限，力不从心。维基解密透露的希拉里电子邮件显示，2011年11月11日，担任希拉里助理的沙利文通过邮件向希拉里转发了纽约时报发表的《抛弃台湾，拯救美国经济》。该文认为，债务是美国国家安全最大的威胁，奥巴马政府可以考虑以终止美国"对台售武"及废止"美台防卫协议"，来换取中国大陆放弃美国对华的1.14万亿美元债务。希拉里表示可以讨论此想法。⑦这说明奥巴马政府对减缓美国债务危机的急迫

---

① 迈克尔·曼德尔鲍姆：《穷酸超级大国：美国在拮据时代的全球领导力》，刘寅龙译，海天出版社，2011，第33页。

② The White House, *National Security Strategy*, May 2010.

③ Kimberly Amadeo, "U.S. National Debt by Year," May 17, 2022, The Balance, https://www.thebalancemoney.com/national-debt-by-year-compared-to-gdp-and-major-events-3306287.

④ 周琪：《奥巴马连任后的美国内外政策评估》，《外交评论（外交学院学报）》2013年第1期，第58页。

⑤ Department of Defense, *Quadrennial Defense Review* 2014, March 2014, p. IV.

⑥ Jim Garamone, "Defense Officials Announce Fiscal 2013 Budget Priorities," American Forces Press Service, January 27, 2012.

⑦ "Hillary Clinton Email Archive," WikiLeaks, https://wikileaks.org/clinton-emails/emailid/23730.

性。在2012年发布的《国防战略评估指南》中也明确指出,"同时在两个主要战场维持长期作战能力"不再是美国的目标。① 虽然在战略规划阶段奥巴马政府强调军事力量作为"巧实力"之一的重要性,但在实践中还是忽视了现实主义原则中以实力作为对外战略的基础。

奥巴马为了缓和债务危机而牺牲军费的做法,遭到了民主党内部的自由鹰派和共和党保守派的强烈反对。新茶党运动领袖、共和党参议员马尔科·鲁比奥在2016年总统竞选期间反对奥巴马政府削减军费,他强调,美国应当增加军事预算开支以增强美国的军事力量。② 奥巴马对国防力量的投入不足也促使军工复合体等利益集团加大对共和党候选人的资助与支持。

(三)国内政治和社会行为体的反对

在美国国内,一些学者和政府机构也质疑"亚太再平衡"战略的效果。2012年3月,马克·马琳等国会研究部学者在提交的报告中认为,奥巴马政府的"亚太再平衡"战略在实践的过程中战略目标与手段失衡,该战略还损害了中国的安全利益,放大了中美两国之间的战略猜疑。③ "亚太再平衡"战略没有达成预计的目的,既没有成功制衡中国影响力的崛起,也没能以制度和规则为手段规制中国,还破坏了中美之间的合作机遇。在"亚太再平衡"战略陷入困境的情况下,2012年底美国国家情报委员会发布报告指出:"未来中美两国全面合作、加强伙伴关系是世界最好的发展方向。"④ 体现出美国政府中仍有力量支持对华接触与合作。

与此同时,与奥巴马重振制造业的愿景相反,金融业的复苏和新自由主义全球化的扩展加快了美国就业岗位的流失。虽然东西海岸的政治精英、大

---

① The White House, *Sustaining U.S. Global Leadership: Priorities for 21st Century Defense.*

② Marco Rubio, "Restoring-America's Strength: My Vision for U.S. Foreign Policy," *Foreign Affairs*, September/October (2015): 109–110.

③ Mark E. Manyin, Stephen Daggett, et al., "Pivot to the Pacific? The Obama Administration's 'Rebalancing' Toward Asia," CRS Report for Congress, March 28, 2012, https://sgp.fas.org/crs/natsec/R42448.pdf.

④ National Intelligence Council, *Global Trends 2030: Alternative Worlds*, December 2012, p. 116.

型跨国企业和金融业受益于经济全球化,但是中产阶级和劳工群体承受了不同程度的冲击,特别是没有从全球化中受益的普通选民对自由贸易协定的反感愈演愈烈。奥巴马政府推进《跨太平洋伙伴关系协定》还需要更多的财政投入与税收结构调整,导致既得利益者的强烈反对。

总统虽然可以在外交和军事上有较大自主性,但是贸易协定都需要国会的批准,在共和党控制国会的情况下阻力重重。尽管共和党内的商业保守派勉强支持《跨太平洋伙伴关系协定》带来的自由贸易收益,罗姆尼等建制派也表示支持自贸谈判,但来自农业州和传统制造业集中州的议员强烈反对,国会中新茶党运动成员更是坚定反对任何可能造成美国就业岗位流失的自贸协定。坎贝尔无奈表示美国两党长期以来一致同意介入世界的战略却因两党的相互责难而被破坏。①

在2016年的总统大选过程中,几乎所有的两党参选人都反对《跨太平洋伙伴关系协定》。作为"亚太再平衡"战略核心机制的《跨太平洋伙伴关系协定》无法获得足够多的国内支持,甚至遭到包括民主党内势力的反对。右翼民粹派的领军人物特朗普和民主党进步派领袖伯尼·桑德斯,都反对"不受限制的自由贸易",就连"亚太再平衡"战略的主要推动者希拉里也表示将阻止包括《跨太平洋伙伴关系协定》在内的任何不利于美国公民就业和薪酬的贸易协定。② 原本美国政府已经于2015年底完成了加入《跨太平洋伙伴关系协定》的谈判流程,但基于国会两党普遍的反对态度,在奥巴马离任前,国会无法批准加入《跨太平洋伙伴关系协定》。

三、国家安全委员会主导对华战略与新型大国关系的推进

随着克里执掌国务院后对"亚太再平衡"战略的冷落,奥巴马亲信多尼隆和赖斯先后领导的国家安全委员会在美国对华战略中开始发挥主导作用。

---

① Kurt Campbell, eds., *Extending American Power: Strategies to Expand U.S. Engagement in a Competitive World Order*, Washington D. C.: Center for a New American Security, May 2016, p. 2.

② 《希拉里明确表示反对TPP》,新华网,2016年8月12日, http://www.xinhuanet.com//world/2016-08/12/c_1119383443.htm。

"亚太再平衡"战略的难以维系，使美国需要将对华战略进行重新调整以适应新的国际和国内形势，两国元首再次恢复频繁的直接访问和会谈以在重大议题中寻求共识与突破。

2012年2月，习近平访问美国时提出中美两国要建立新型大国关系的倡议。美国国家安全事务助理多尼隆则在2013年3月指出，美国仍将对华关系与盟友关系并列作为"亚太再平衡"的支柱，将重点在军事、经济、规则与网络安全等领域构建新型大国关系。[1] 奥巴马在该年的《国情咨文》中对华表态也缓和了许多。2013年6月，习近平主席再次访问美国时，中美双方承诺构建中美新型大国关系。习近平主席将其概括为不冲突不对抗、相互尊重、合作共赢的新型大国关系。11月，美国国家安全事务助理、奥巴马的心腹赖斯明确表示，"美国寻求构建新型大国关系"。12月，时任副总统拜登在访华时积极回应了中美新型大国关系。2014年7月，在第六届中美战略与经济对话召开的前夕，奥巴马再度强调美国"欢迎稳定、和平与繁荣的中国崛起"，还希望能够与中国继续发展扩大双边务实合作，并且能够建设性地管理两国之间分歧的新型关系。[2] 在与习近平主席会见时，美国国务卿克里重复了奥巴马的表态，并表示无意遏制中国或与中国对抗。[3]

新型大国关系力图超越大国关系的"修昔底德陷阱"，但2014年11月奥巴马访华期间，对新型大国关系的理念只字不提，只是再次强调"强大而合作的对华关系处于重返亚太的核心位置"。[4] 这是因为奥巴马政府认为新型大国关系中的"相互尊重"要求美国尊重中国核心利益，特别是领土与安全利

---

[1] "Complete Transcript: Thomas Donilon at Asia Society New York," Asia Society, March 11, 2013, https://asiasociety.org/new-york/complete-transcript-thomas-donilon-asia-society-new-york.

[2] The White House, "Statement on the United States-China Strategic and Economic Dialogue," July 8, 2014.

[3] U.S. Department of State, "Remarks with Chinese President Xi Jinping," July 10, 2014, https://2009-2017.state.gov/secretary/remarks/2014/07/229022.htm.

[4] The White House, "Remarks by President Obama and President Xi Jinping in Joint Press Conference," November 12, 2014.

益,也意味着认同中国的区域主导权,① 无论是奥巴马的决策联盟还是共和党势力,都无法接受这一变化。

虽然在"亚太再平衡"战略中,美国试图通过建立《跨太平洋伙伴关系协定》等新型区域伙伴关系网络"另起炉灶",建立排除中国的区域经济合作机制,但中美两国在经贸领域的相互依赖关系却仍在不断加深。美国对华出口占其出口总额的比重从2007年到2015年的增幅为31%;中国对美出口与其占中国对外出口的总额也大幅增长。② 2015年,美国对华投资总额达774.7亿美元,与2007年相比增幅为160.8%。③ 2016年,中国持有的美国政府债券与2007年相比增幅为203%。④ 曾任克林顿政府财政部长和奥巴马总统经济顾问的萨默斯认为美国作为最大的市场进口了大量中国商品,庞大的出口量增加了中国的外汇储备,这些外汇储备又回流到美国填补其财政赤字,促进美国经济的稳定发展,还提高了美国消费者的购买力,促进了中美两国经济相互依赖的加深。⑤ 前财政部长亨利·保尔森和罗伯特·卢宾撰文表示,对中美而言最大的威胁是对方的经济繁荣和增长停滞,因此两国之间相互依存关系需要更加深化。⑥

"亚太再平衡"战略实施四年多以来,中美之间的相互依赖关系反而不断深化,奥巴马政府也不得不放低"亚太再平衡"战略的姿态,重新强调两国

---

① Brad Glosserman, "A 'New Type of Great Power Relations'? Hardly," *PacNet*, no. 40, June 10, 2013, https://www.files.ethz.ch/isn/165855/Pac1340.pdf.

② "China Trade Summary 2015," World Bank Group, https://wits.worldbank.org/CountryProfile/en/Country/CHN/Year/2015/Summarytext.

③ 《至2015年底中国企业在美累计直接投资466亿美元》,中国新闻网,2016年1月28日,https://www.chinanews.com.cn/cj/2016/01-28/7738261.shtml。

④ Bloomberg, "China's Holdings of US Treasuries Sink in 2016 to Prop up Yuan," *South China Morning Post*, February 16, 2017.

⑤ Lawrence H. Summers, "The United States and the Global Adjustment Process," Peterson Institute for International Economics, March 23, 2004, https://www.piie.com/events/united-states-and-global-adjustment-process.

⑥ Henry Paulson, Jr. and Robert Rubin, "Why the United States Needs to Listen to China," *The Atlantic*, June 2015, https://www.theatlantic.com/magazine/archive/2015/06/the-blame-trap/392081/.

之间的合作的必要性。国务卿克里表示,虽然中美两国的企业在国际市场上是彼此强有力的竞争对手,但是中美两国在彼此的经济体系和市场中都拥有重大的利益。① 在2015年中美领导人峰会上,习近平主席表示,"中国是现行国际体系的参与者、建设者、贡献者",中方提出各类国际合作倡议欢迎包括美国在内的世界各国的广泛参与。② 对此,奥巴马也表示虽然中国的快速崛起在国际体系中对美国造成了一定的结构性压力,但是他相信中美两国都拥有足够的能力可以解决彼此之间的分歧。同年的《国际安全战略报告》虽然提及了中国军事力量的快速现代化,但也再次说明美国"欢迎一个稳定、和平和繁荣的中国崛起",并且希望能够与中国继续发展具有建设性的双边伙伴关系,更没有将中国列为"首要战略威胁",③ 并且"拒绝中美必然对抗"的观念,这与特朗普政府的《国家安全战略报告》形成了鲜明对比。同年2月,常务副国务卿布林肯访华时表示,美国愿与中国加强对话、扩大合作,推动中美关系取得新进展。国家安全事务助理赖斯也声称:"加强中美合作将使世界更加繁荣与安全。"④ 最终,奥巴马政府维持了自克林顿政府和小布什政府以来采取的"两面下注"的对华策略,没有对中国进行全面遏制。

---

① Department of State, "Remarks on U.S.-China Relations," November 4, 2014, https://2009-2017.state.gov/secretary/remarks/2014/11/233705.htm.

② 《中美在全球治理领域的共识》,新华网,2015年10月4日,http://www.xinhuanet.com/world/2015-10/04/c_1116739476.htm。

③ The White House, *National Security Strategy*, February 2015, p. 24.

④ Ambassador Susan Rice, "Why I'm Here: The Importance of the U.S.-China Relationship," July 26, 2016.

第五章　特朗普政府决策联盟与对华全面战略竞争

特朗普持"美国优先"（America First）的理念施政，将美国国内政治利益凌驾于全球的公共利益之上，是对美国长期以来坚持的自由主义国际战略的重要调整。在2016年美国总统选举期间，民主党参议员伯尼·桑德斯、共和党总统候选人特朗普以及茶党领袖、共和党参议员特德·克鲁兹等人都反对美国奉行价值观和干预主义外交，表示美国应该将更多的精力和资源用于国内。正如特朗普政府第一任国务卿雷克斯·蒂勒森所说："有时美国会把一些对外政策建立在价值观念上，但安全和经济利益始终是第一位的。"①

与历任总统相比，特朗普对国内因素的关注度要大得多，其对外战略服从于国内的政治需要，追求"美国优先"。特朗普面对美国国力相对衰退和国内经济结构失衡等问题，延续了奥巴马的战略收缩，但是对奥巴马战略的具体原则、目标和手段几乎全盘推翻。"美国优先"以强现实主义的竞争型理念取代了自由主义的合作型理念。例如，对自由主义国际战略的关键议题，如多边国际组织、恐怖主义、气候变化等，进行了"去安全化"的过程。②

美国确立的自由主义国际秩序反映了美国的价值观，巩固了西方的优先地位。罗伯特·吉尔平认为，大国在预期收益超过成本的情况下会试图改变国际秩序。③特朗普政府对国家利益和国家安全重新进行排序和定义。特朗普

---

① Rex W. Tillerson, "Remarks to U.S. Department of State Employees," May 3, 2017, https://2017-2021.state.gov/remarks-to-u-s-department-of-state-employees/index.html.

② 孙兴杰：《美国战略收缩与中美关系演化》，《国际问题研究》2021年第1期，第72页。

③ Robert Gilpin, *War and Change in World Politics* (New York: Cambridge University Press, 1981), p.65.

政府将经济利益和安全利益视为美国核心利益，而被往届政府视为重要国家利益的价值观和自由主义国际秩序是次要的利益。① 特朗普试图终结自克林顿政府以来美国的自由国际主义霸权战略，将华盛顿的建制派精英和自由国际主义视为美国人民的威胁。曾任小布什政府的副国务卿和特朗普政府的国家安全事务助理约翰·博尔顿批评奥巴马主义是"放任自流、衰落的失败主义"，应该用里根式的外交政策取而代之。② 布鲁金斯学会高级研究员、共和党外交智囊、新保守派代表人物罗伯特·卡根指出，"国际秩序是强国意志强制实施的结果，因此必须基于美国的强大实力"。③ 特朗普的对外战略延续了共和党保守派的主要主张，体现出民族主义和单边主义的特征。例如，退出多项国际协议和多个国际组织、对敌人和对手进行极限施压和滥用单边制裁、扩张军事力量、要求盟友承担更多防务费用、以重商主义和贸易保护主义的角度重新评估双边和多变贸易关系等。总体而言，在"美国优先"理念的指导下，特朗普将美国的国家利益完全置于国际社会利益之上，尝试以实力为基础和低成本的方式维护美国的霸权地位。

自2008年金融危机以来，美国在安全、经济和国际主导权等领域都感受到来自中国的压力。民主、共和两党及其代表的不同决策联盟在应对"百年未有之大变局"下美国如何维持霸权地位和对外战略上有着不同的主张，但是都趋于对华强硬。特别是共和党保守派认定中国同时挑战并"威胁"了美国主导的国际秩序、国家经济安全和意识形态安全。因而，以共和党保守派为核心的决策联盟推动特朗普政府认为，美国面对的首要"威胁"是中国，中美之间的结构性矛盾在各种领域的议题中激化并相互联系。在2018年对华"贸易战"爆发后，特朗普政府基本上放弃了自克林顿政府以来美国对华战略中接触与遏制并存的"两面下注"模糊战略，开始强化对华制衡与牵制，逐

---

① 宋国友：《利益变化、角色转换和关系均衡：特朗普时期中美关系发展趋势》，《现代国际关系》2017年第8期，第31—43页。

② Washington Free Beacon Staff, "Bolton: Obama Doctrine Is 'Drift, Decline, and Defeatism'," Washington Free Beacon, March 6, 2014.

③ Robert Kagan, *The World America Made* (New York: Alfred A. Knopf, 2012), pp. 96–97.

渐走向战略清晰。甚至在经贸、科技、人文交流等议题中进行以往美国政府从未有过的"脱钩"尝试。

中美两国之间也几乎不再有单纯的合作型议题,在安全、经贸、国际主导权等议题中都形成了合作与竞争乃至与对抗并存的关系。特朗普对华战略的目标既来自他个人,也来自共和党以及相关利益集团的利益偏好。在经贸议题中,特朗普将新自由主义全球化导致的美国国内就业岗位流失和经济衰退归咎于中国的"不正当竞争"。特朗普的决策联盟因为其内部派系的复杂性和多样化的利益诉求,所以在对华经贸议题中希望在彻底解决贸易不平衡问题的同时,还能够扩大中国市场对美国企业、商品和资本继续开放;还有些派系则希望通过制裁等方式阻止中国赶超美国在科技领域的优势和地位,而且还希望能够改变中国的经济政策和产业结构以保障中国不会全面超越美国的经济水平。在政治和意识形态议题中,另类右翼、新保守派等共和党保守派系敌视和仇恨中国,渲染中国对美国的挑战。[①] 这些战略目标分别由美国国务院、国防部、商务部、贸易代表办公室等多部门同时进行。新冠疫情暴发后,特朗普政府开始采取全方面遏制中国的策略,试图以"全政府"原则,协调各政治和社会行为体,参与对华的战略竞争和对抗,并对中国进行"污名化",以洗脱自身抗疫不力的责任,同时为2020年总统选举渲染外部威胁。

特朗普政府的对华战略调整在美国对华战略演变中具有变革性的意义,体现在:第一,首次明确了美国对华的战略定位,将中国塑造成美国全方位多领域的最大威胁,并试图构建全政府、全社会的对华战略共识。第二,不再期望通过接触改变中国,转而追求以对华施压和对抗的方式维护美国利益。[②] 但是,特朗普政府始终没有明确的全球大战略和对华战略框架,其战略规划与实践也并不一致。

[①] 吴心伯:《特朗普执政与美国对华政策的新阶段》,《国际问题研究》2018年第3期,第88页。
[②] 刘卫东:《特朗普政府对美国对华政策的重塑》,《中国社会科学院研究生院学报》2021年第6期,第56页。

第一节 特朗普政府决策联盟的构成

特朗普并非职业政客出身,因此其决策联盟的组建仍然依靠支持共和党的传统政治和社会群体。但是,特朗普也在尝试将其依靠的民粹主义议程逐渐嵌入共和党的固定政治框架,而这也导致其对华战略与小布什时期共和党的对华战略有较大差别。

一、政治极化格局下的共和党政府

特朗普的个人性格和执政特点导致其决策团队,特别是对外政策团队成员不断发生变动,而特朗普政府又与民主党控制的众议院之间势同水火,继而导致美国国内的政治极化现象外溢影响对华战略的决策过程。

(一)特朗普的决策团队:新保守派、商业保守派与另类右翼的松散联盟

特朗普在对华战略决策过程中具有交易性、功利性、投机性、不讲原则、反复无常等特点,并极力寻求在具体问题上取得快速突破的结果导向。弗朗西斯·福山指出,特朗普擅长推销自我,不拘泥于传统规则,为了实现目标不择手段;同时,他并不追求公共利益,参与政治主要是为了满足他自己对公众认可的内在需求。[①] 特朗普善变的人格特质推动其打破美国外交政策既有的偏好和规范。[②] 按照阎学通的分类,特朗普是争斗型领导,因为他在试图改变国际地位的现状时也并不对政策结果负责。[③]

合格的战略决策者需要综合个人的意象、所在群体的利益和国家的宏观视野,但是特朗普通常只根据他个人的认识而非外部环境采取行动,他的理念和行为偏好更强调竞争而非合作。尹继武指出,特朗普的个性非常突出,

---

① 弗朗西斯·福山:《身份政治:对尊严与认同的渴求》,刘芳译,中译出版社,2021,第2、98页。

② 尹继武、郑建君、李宏洲:《特朗普的政治人格特质及其政策偏好分析》,《现代国际关系》2017年第2期,第15—22页。

③ 阎学通:《大国领导力》,李佩芝译,中信出版集团,2020,第40—43页。

其对华政策团队明显具有"小圈子决策"的随意性特征,①这导致特朗普的战略决策机制极其依赖决策层其他成员对他的个人忠诚,与特朗普的个人关系成为决定参与者地位的关键因素,个人忠诚的重要性完全压倒了专业和经验。例如,特朗普的女婿贾里德·库什纳作为白宫高级顾问同时负责主管多项重要的国内和国际议题,特朗普还在新冠疫情暴发初期让库什纳领导负责疫情管控,深受特朗普的器重。

特朗普更信任自己的直觉,而不是智库专家学者的意见。然而,特朗普作为华盛顿政坛的局外人,也不得不任用大量的共和党建制派成员,如国家安全事务助理赫伯特·麦克马斯特、国防部长詹姆斯·马蒂斯以及博尔顿等人,他们均来自原共和党政府的建制派或新保守派阵营。在对华战略的规划和实践过程中,白宫高级顾问白邦瑞和国家安全事务副助理马修·波廷杰在促使美国对华政策转向全面强硬的过程中也扮演了重要角色。

同时,特朗普政府内部的派系、部门斗争激烈,其程度只有小布什时期可以比拟。特朗普在执政初期不断在国家安全委员会设立新职位,并安置自己的亲信、总统首席战略顾问史蒂夫·班农进入,同时还频繁更换国家安全事务助理,严重损害了国家安全委员会的协调作用,使之无法阻止特朗普非理性的决策。共和党建制派的麦克马斯特在接任国家安全事务助理后,迅速清洗其前任迈克尔·弗林的旧部以及班农的支持者,延缓了国家安全团队的组建速度。在特朗普辞退国务卿蒂勒森后,又任命更为激进的新保守主义者博尔顿担任国家安全事务助理,在博尔顿因朝鲜、伊朗等问题与特朗普和国务卿迈克·蓬佩奥出现冲突后,特朗普选用了蓬佩奥的下属、相对弱势且缺乏跨部门经验的罗伯特·奥布莱恩出任新任国家安全事务助理。

特朗普重视个人利益,其内阁中也充斥着追逐个人利益的政客,其中以蓬佩奥最为露骨。蓬佩奥注重的是维持与特朗普的关系以及自己的政治前途。2019年初,在蓬佩奥的指示下,由美国国务院政策规划司承办制定"X

---

① 尹继武:《特朗普的个性特质对美国对华政策的影响分析》,《当代美国评论》2018年第2期,第52—74页。

报告",其核心思想是"应对一个与美国完全不同的文明和意识形态",将中国视为不断寻求国际影响力的长期威胁。班农领导创建的民间反华组织"抵御中国危险委员会"还深入影响该报告的编写与创作。该司司长基伦·斯金纳甚至以"不同意识形态和文明之间的冲突"形容中美两国之间的大国关系,更提出这是美国首次与一个非白人种族为主的国家之间进行的竞争,[①] 体现出蓬佩奥领导下的国务院在意识形态上对中国的仇视。该报告与特朗普几乎没有直接关联,而是由蓬佩奥以部门利益和个人政治利益为目的组织编写的。[②] 博尔顿离职后,其继任者奥布莱恩曾是蓬佩奥的下属,使蓬佩奥在对外政策上逐渐获得主导权。蓬佩奥因为曾担任中情局局长,经常以阴暗的思维思考外交,其对华强硬的态势让军方也难以接受,使得国务院与国防部的矛盾激化。蓬佩奥与防长马克·埃斯珀和常务副国务卿斯蒂芬·比根的分歧几乎公开化。在蓬佩奥对华言论越来越激进时,美国国防部却主动释放接触与合作的信号,只是难以动摇蓬佩奥的地位。[③]

特朗普政府的人事布局基本保持了共和党内部新保守主义军事鹰派、重商主义温和派(商业保守派)与文化保守派(以基督教福音派为代表的宗教右翼)的格局,在对华战略取向上则主要分成三派:(1)包括经济民族主义者和经济现实主义者在内的"美国优先"派。以特朗普本人、白宫首席战略师班农、白宫国家贸易委员会主任彼得·纳瓦罗、商务部长小威尔伯·罗斯和贸易代表罗伯特·莱特希泽为代表。他们主要从经济安全的角度希望解决对华贸易逆差问题,同时希望阻止中国高新技术的发展,其中的部分人士致力于中美完全"脱钩"。班农更直接地认为,中美是"国家资本主义"与"自由资本主义","东方儒家"与"西方基督教世界"的"两个互不相容的体系"。

[①] Joel Gehrke, "State Department Preparing for Clash of Civilizations with China," Washington Examiner, April 30, 2019.

[②] 王一鸣:《研拟"X报告":美对华遏制战略走向理论?》,《世界知识》2019年第11期,第52—53页。

[③] 孙成昊:《谁在左右特朗普政府的对外决策流程》,《世界知识》2020年第16期,第44页。

在中美之争中，"一方会赢，而另一方会输"，① 体现出班农对中国的强烈敌意。（2）包括文化保守派和新保守派在内的传统上对华强硬的共和党保守派。以副总统迈克·彭斯和老牌鹰派、国家安全事务助理博尔顿等人为代表，他们因为深受新保守派和文化保守派的意识形态影响，因此极力主张与中国开展全面战略竞争乃至对抗，并且鼓吹应当开始遏制中国。②（3）包括经济自由派或全球主义派在内的对华温和派。他们关心的是中国市场（特别是金融市场）的扩大开放，仍未完全放弃对华接触的手段，以白宫国家经济委员会主任加里·科恩、白宫高级顾问库什纳和财政部长史蒂文·姆努钦为代表。博尔顿认为，特朗普团队中的前两派将中国视为威胁，后一派则视中国为商业机遇。③ 各派系之间的矛盾也体现出，特朗普的共和党政府虽然基本延续了保守主义的价值共识，但是难以充分贯彻新保守主义的全面对华遏制主张。④ 商业保守派、以宗教右翼为主的文化保守派和建制派，在政府和国会中都有各自的代表。特朗普也主张将更多的资源用于解决国内问题，而非新保守派的激进扩张和干预，这也导致特朗普决策联盟的不稳定性和不确定性。

特朗普政府高层人事变动频繁、派系斗争严重，导致政策信息自相矛盾。然而，特朗普却借助这种状态让自己获得对各项议题的掌控，同时制造不可预测性作为战略工具。特朗普执政初期，平均每两周多一点时间，就会有政府官员离职或被解职。特朗普需要像蓬佩奥这样的执行者，而不是像蒂勒森那样经常与特朗普唱反调的人。⑤ 蒂勒森也是二战后美国第一位被开除的国务

---

① Robert Kuttner, "Steve Bannon, Unrepentant," *The Maerican Prospect*, August 16, 2017, https://prospect.org/power/steve-bannon-unrepentant/.

② Ben Smith and Peter Harris, "Trump Needs to Make Up His Mind on China," *The National Interest*, December 26, 2018, https://nationalinterest.org/feature/trump-needs-make-his-mind-china-39842.

③ Edward Wond and Michael Crowley, "The Biggest Obstacle to China Policy: President Trump," *New York Times*, June 18, 2020.

④ 罗永宽：《美国共和党偏爱新保守主义吗》，《人民论坛》2018年第17期，第19页。

⑤ 郭艳琴：《美国国家安全战略报告与对华政策：文本解读与分析》，《当代美国评论》2018年第2期，第46页。

卿。特朗普时期，白宫和官僚体系之间存在的紧张关系达到了巅峰。在"解构行政国"的规划下，2017年1月特朗普签署总统备忘录，要求立刻冻结雇用除军队、国家安全和公共安全部门外的新联邦雇员。[1] 特朗普执政首年，除内阁部长以外的白宫高级幕僚离职率达34%，第二年达31%，到2020年7月的离职率总和更是高达88%。[2] 特朗普政府大量的中层关键岗位空缺，阻碍了对外战略的有效实践。

特朗普决策联盟的脆弱性表现在，各政治行为体对个人利益和国家利益、短期利益和长远利益之间的摇摆不定。刁大明指出，在特朗普决策团队存在明显的"小集团思维"特征下，很难确定哪些人会在什么情况下主导特朗普政府对外战略决策过程中的哪些议题。因为这是个复杂的动态性问题，导致了特朗普政府的不确定性。[3] 特朗普政府依靠总统和少数心腹磋商后决策，再交由官僚机构研究并执行，他让下属竞争的执政风格增加了各部门的争斗和政策协调的难度，导致决策机制出现问题。

（二）对华战略定位一致的"分立政府"

基于两党对华战略竞争共识的形成，国会基本配合特朗普政府，甚至更加积极主动地塑造对华战略竞争的议程。国会两院中的涉华法案往往有签署成法的高效率和较高的通过率，白宫和国会在涉及港、台、藏、疆等议题的法案立场高度一致。美国国会及行政当局中国委员会和美中经济与安全评估委员会两个附属机构频繁干涉中国内政。众议长南希·佩洛西等人还频繁会见乱港分子，将香港与南海、网络安全、台海等议题相联系。

2018年中期选举后，共和党在众议院失去了多数党的地位，但在参议院保住了多数席位。虽然造成了弱"分立政府"的局面，但此后国会与政府对华开展全面战略竞争的步伐一致，积极推出涉华议案。国会先后通过"与台

---

[1] Martine Powers, "Does the President Has the Power to Downsize the Government?", *The Washington Post*, March 10, 2018.

[2] 孙成昊：《谁在左右特朗普政府的对外决策流程》，第42页。

[3] 刁大明：《特朗普政府对外决策的确定性与不确定性》，《外交评论（外交学院学报）》2017年第2期，第66页。

湾交往法案"、《2019财年国防授权法》、"2018亚洲再保证倡议法案"等。国会在要求特朗普政府制定全政府对华战略的同时,在"台湾议题"上继续对华施压。2019年,国会接连通过了"2019年香港人权与民主法案""2019年西藏政策及支持法案""2019年台湾友邦国际保护及加强倡议法案""2020年维吾尔人权政策法案"等破坏中国主权完整和粗暴干涉内政的议案。特朗普虽然签署了其中大部分的法案,但他认为国会此举侵犯了总统的外交权。特别是在众议院由民主党人和特朗普的"死对头"佩洛西控制的情况下,特朗普并不希望国会与政府攀比对华强硬,争夺对华战略议程的主导权。

相比之下,国会共和党人比民主党人对华更加强硬,对华强硬的共和党保守派在国会立法过程中的影响也更为突出。在第116届国会中获得两院通过并由总统最终签署成法的8部涉华法案中的5部主要提出者均为共和党人。例如"2020年维吾尔人权政策法案"由茶党领袖、共和党参议员鲁比奥带领50多名参议员组成的两党联盟起草,鲁比奥连续多届成为发起涉华提案最多的国会议员。另一位曾经的茶党活跃分子、共和党参议员克鲁兹则发起"重新评估香港政策法案"。自小布什时期以来的反华议案常客、共和党参议员林赛·格雷厄姆妄加指责"贸易战"给美国民众带来的痛苦是"中国强加给美方的"。2020年新冠疫情暴发后,格雷厄姆鼓吹"中国病毒论"和"实验室泄漏论",扬言要对中国进行制裁。格雷厄姆的反华跨党"老搭档"、参议院民主党领袖查尔斯·舒默认为,特朗普对中国商品征收关税是正确的。①

与此同时,严重的政党极化使两党视彼此为"比中国更大的威胁"。"分立政府"使两党陷入内斗,政治精英在对华战略竞争的手段选择上有差异,使相对一致的对华强硬政策共识出现分歧。民主党利用国会和联邦调查局等机构通过"通俄门""逃税门"等多项调查来干扰特朗普政府施政,更希望借助这些调查的结果成为完全否定特朗普当选总统和执政的合法性依据。特朗普本人则否定联邦调查局对"通俄门"的调查结果,宣称中国对美国大选的

---

① Luis Sanchez, "Schumer Praises Trump for China Tariffs," *The Hill*, June 17, 2018, https://thehill.com/policy/international/392636-schumer-on-china-tariffs-china-needs-us-more-than-we-need-them/.

威胁远超俄罗斯,他明确表示中国才是美国最大的外部对手。① 2019年7月,特朗普要求乌克兰总统泽连斯基调查在2020年大选中,他的政治对手拜登及其儿子的相关信息和情报。"通乌门"事件曝光后,在佩洛西的领导下,民主党控制的国会众议院迅速对特朗普发起旨在弹劾总统的相关调查,最终找到了"滥用权力"和"妨碍国会调查"这两项罪名,针对特朗普发起总统弹劾。但是针对总统的弹劾需要国会众议院过半数、参议院达到三分之二多数,而国会参议院仍然由共和党控制,因此并无悬念,参议院在2020年2月的投票中裁定特朗普无罪。在面对巨大国内政治压力的情况下,特朗普更需要通过对华强硬的姿态,以便重塑自身在国内政治中的威望和安全事务中的权威,进而利用这种威望和权威对抗主要来自民主党的竞争对手和政治敌人;从而在顶住政治压力的前提下,还能够顺利实现其国内政策和国际战略目标。②

二、保守派基本盘的巩固与扩展

特朗普政府决策联盟的主要支持者来自共和党保守派。当今美国各种保守派派系已经建立了覆盖高校、智库、基层、企业的各种网络,大量的基层活跃分子、智库高级知识分子与政客和商界精英相互配合;共和党组织负责募集和分配竞选捐赠资金,而保守派智库负责指定政策影响总统和国会。但是保守派内部也存在差异性,其中商业保守派注重经济利益、崇尚实用主义外交,基督教福音派等文化保守派关心美国社会的传统价值观和宗教信仰,新茶党运动中的右翼民粹主义者则呼吁反移民、反福利、反建制,新保守派继续主张对外武力干涉,所有保守派都重视文化传统并希望减少政府对经济的干预。对美国传统道德和价值观的重视使新保守派与宗教右翼成为对抗自由派势力和全球主义者的盟友。

特朗普决策联盟中重要的社会行为体主要由三个群体组成:(1)从民主

---

① Lesley Stahl, "The 60 Minutes Interview that President Trump Cut Short," CBC News, October 26, 2020, https://www.cbsnews.com/news/president-trump-60-minutes-interview-lesley-stahl/.

② 张文宗:《美国政治极化与对华政策的极端化》,《和平与发展》2020年第2期,第44页。

党"倒戈"而来的五大湖"铁锈地带"白人劳工阶层,他们支持贸易保护主义、经济民族主义和孤立主义;(2)大企业与中西部农业集团支持自由贸易和扩大对外出口;(3)新保守派与军工产业支持扩军和单边主义外交。① 除白人劳工阶层外,特朗普的社会层面基本盘与小布什政府基本相同,即以宗教右翼、大企业(尤其是化石能源企业)、军工复合体为主的传统共和党支持者。例如,彭斯、蓬佩奥、博尔顿等人都有福音派背景,特朗普的决策层有许多退役军人和大企业高管出身的官员。

白人劳工阶层与以基督教福音派为代表的宗教右翼组成了右翼民粹主义的联盟,为特朗普赢得2016年大选打下了基础。右翼民粹主义主张维护美国人的利益,反对自由贸易和外来移民。皮尤研究中心在2017年的报告中指出,共和党内有四个次级团体:核心保守主义者、市场怀疑派、新时代实业家以及美国优先主义者。② 美国优先主义者即右翼民粹主义者,一方面,他们反对在中国投资和依靠中国市场的美国企业、金融资本阶层和民主党自由派;另一方面,也对共和党内的建制派、商业保守派和大企业势力产生制衡。特朗普既要继续巩固选民基本盘为下次大选做准备,也要试图从内部改造保守主义并重塑共和党的政治格局。他推行的经济政策和对华战略,正是以迎合右翼民粹主义的诉求、获得白人劳工阶层的支持为导向。

(一)关键社会群体:白人劳工阶层

激进右翼的崛起是保守群体在面对后现代转型压力时采取的防卫性反应。③ 2008年奥巴马当选后施行的自由主义政策和美国经济产业结构的变化激发了以新茶党运动为代表的右翼民粹主义崛起。茶党主张自由市场、减税、取消社会福利和取消企业监管政策,而非限制华尔街的金融资本。科赫兄弟

---

① 王浩:《从制度之战到经济竞争:国内政治与美国对华政策的演变(2009~2018)》,《当代亚太》2019年第1期,第45页。

② "Political Typology Reveals Deep Fissures on the Right and Left," Pew Research Center, October 24, 2017.

③ 高春芽:《文化反弹与民粹主义激进右翼政党的崛起》,《世界政治研究》2022年第一辑,第35页。

等大企业家都曾为新茶党运动提供资金支持，福克斯电视台也是新茶党运动的重要传播者。

奥巴马的上任导致白人种族主义者彻底转向共和党。① 中下层的白人群体由于失去在美国经济和文化领域的主导权而日渐不安，特朗普则进一步刺激了"白人至上主义"。② 民主党对移民的拥戴和对本土白人的冷落使后者产生受害者情绪，白人劳工阶层倒向共和党，成为支持美国垄断资本的重要工具，使特朗普同时受到垄断财团和广大底层选民的支持。③

特朗普政府所持"美国优先"理念的特殊性是，特朗普并不接受美国传统政治和商业精英们对美国国家利益的建构，而是强调要全面掌控政治意义极其重要的社会基本盘（共和党的传统选民，包括文化保守派、中西部农场主和相关利益集团等），以及处于正在和民主党激烈争夺的关键盘（劳工阶层等近期新加入共和党但是很有可能再出现摇摆情况的选民）等群体。④ 以右翼民粹主义为核心的特朗普支持者，主要有两个核心诉求，一是保障中产阶级的经济利益、增加就业；二是抵制民主党推崇的多元文化主义身份政治。白人劳工阶层支持特朗普的原因在于，他同时抓住了经济和文化两个决定性领域，并且将移民问题、毒品泛滥、失业问题以及宗教自由视为关键性议题，把握了保守派和白人劳工阶层选民的关切。特朗普执政后，快速推进右翼民粹主义的议程。

特朗普当选的实质原因是，"美国主导的自由主义国际秩序没能解决美国

---

① Michael Tesler, "The Return of Old-Fashioned Racism to White Americans' Partisan Preferences in the Early Obama Era," *Journal of Politics* 75, no. 1 (2012): 110–123.

② 李庆四、翟迈云：《特朗普时代美国"白人至上主义"的泛起》，《美国研究》2019年第5期，第103页。

③ 马钟成：《特朗普为何会登上历史舞台——关于特朗普、美国保守主义与法西斯主义的思考》，《世界社会主义研究》2017年第4期，第53页。

④ 刁大明：《特朗普政府对外政策的逻辑、成因与影响》，《现代国际关系》2019年第6期，第22页。

民众的担忧"。① 在特朗普决策联盟中,社会行为体的利益诉求在于改变全球化带来的不利冲击,希望美国降低对外战略的成本、摆脱多边国际制度的约束、优先考虑美国的经济利益。② 特朗普自己解释,"美国优先"意味着每个贸易、税收、移民和外交的政策,都要使美国工人和家庭受益。③ 特朗普还拥有对实体经济的热爱、对产业工人的感情、对没落的制造业帝国的一种情怀。他将"铁锈地带"的复兴赋予重要的象征意义,希望借此唤起制造业工人的存在感和自豪感,从而达成重要的政治效果。④ 因此,特朗普将解决美国产业空心化和制造业工作岗位流失的问题视为核心议题。

特朗普的支持者们认为,美国的衰落是由自由主义全球化导致的。正如白宫首席战略师班农所说:"我是民族主义者和经济民族主义者……全球主义者毁了美国工人阶级,却在亚洲创造中产阶级。"⑤ 因此,特朗普不再把捍卫自由主义国际秩序作为长远战略目标,而是以美国的利益,特别是白人劳工阶层的利益优先。

(二)保守派智库

战略研究界对中国持怀疑态度的人也越来越多,特朗普青睐的保守派智库部分学者和主管人员更是直接参与了对华外交决策。例如,国防部长埃斯珀曾任传统基金会总裁,哈德逊研究所中国战略中心主任白邦瑞被特朗普任命为美国国防政策委员会主席,长期经营"2049计划研究所"的薛瑞福担任

---

① 阿米塔·阿查亚:《"美国世界秩序的终结"与"复合世界"的来临》,《世界经济与政治》2017年第6期,第15页。

② 王浩:《特朗普政府对华战略调整的双重逻辑及其互动》,《世界经济与政治》2018年第3期,第61页。

③ Politico Staff, "President Donald Trump's Inauguration Speech Transcript," *Politico*, January 20, 2017, https://www.politico.com/story/2017/01/full-text-donald-trump-inauguration-speech-transcript-233907.

④ 庞金友:《大变局时代保守主义向何处去:特朗普主义与美国保守政治的未来》,《当代美国评论》2019年第4期,第14—15页。

⑤ Louis Nelson, "Steve Bannon Hails Trump's Economic Nationalist's Agenda," *Politico*, November 18, 2016;2023年4月7日,中华人民共和国外交部发布外交部令,作出《关于对美国哈德逊研究所、里根图书馆及其负责人采取反制措施的决定》。——编者注

负责"印太"事务的助理国防部长。他们的一部分主张，例如，关于提升美台关系的建议，已被特朗普政府和国会立法吸收和采纳。蓬佩奥卸任后立即加入哈德逊研究所，任"中国中心"顾问委员会主席。奥布莱恩在离开特朗普政府后，则被台湾当局支持的所谓"全球台湾研究中心"组织聘为其下属的"美台工作小组"主席。①

（三）商业利益集团：金融与能源

特朗普的经济政策主要有减税、减轻金融监管政策、减少政府开支等。减税对大多数美国公民的长期发展并没有好处，主要增加了富人阶层的财富。特朗普推行的去监管政策同样惠及了大公司的利益。虽然特朗普在选举前指责华尔街的金融集团，但就任后，仍然与华尔街金融巨头们保持良好的关系，特别是将财政部长、国家经济委员会主任和白宫首席顾问等重要职位的任命，让给具有华尔街金融业背景的著名企业、银行和金融机构的主要负责人。放宽金融监管政策，导致了金融业对制造业的持续压榨，反而不利于实体经济的复苏，加剧了劳资分配失衡以及收入和财富的不平等。2020年新冠疫情在美国大流行后，美国社会中下层面临着新的经济困境，美国社会的贫富差距在疫情中仍然不断扩大。为了应对疫情给美国经济带来的冲击，特朗普政府颁布了一系列刺激政策，但是这些政策只是给华尔街金融资本市场带来繁荣，并且导致华尔街金融业精英及企业高管们的财富在疫情期间大幅度增长。特朗普政府的经济政策总体而言，是有利于大企业和富人的。特朗普为了争取白人中下层民众的政治支持，试图以种族矛盾掩盖和对冲阶级矛盾。②

化石能源巨头保持着对共和党的传统影响力，与特朗普相互支持。特朗普政府为了促进国内就业和保障国家能源安全，否认气候变化事实，打压清洁能源开发，减少对传统能源产业的政策限制，恢复化石能源的主流能源地位。石化产业巨头、科氏工业集团的科赫兄弟，在2016年投入大量资金支持

---

① 汪曙申：《特朗普政府的对台政策及其影响》，《美国研究》2021年第5期，第129页。
② 陶夏楠：《桑德斯的左翼民粹主义与特朗普的右翼民粹主义比较分析》，《比较政治学研究》2020年第1辑，第253—255页。

共和党保守派。① 科氏工业集团还曾大力资助彭斯、蓬佩奥等人参选。特朗普将《巴黎协定》描述为"中国用来减缓美国增长的骗局",② 他于2017年6月退出《巴黎协定》的动机在于减少对美国化石能源企业发展的障碍。传统基金会能源与环境政策研究员尼古拉斯·洛里斯就为特朗普政府退出《巴黎协定》作出解释,即协议本身昂贵又无效,以及退出有利于提升美国的能源竞争力。③ 与此同时,特朗普政府还致力扩大对中国等市场的能源出口,2018年3月,美国商务部长罗斯称:"中国扩大进口美国的液化天然气也可以帮助解决两国的贸易冲突。"④

(四)福克斯新闻与社交媒体

特朗普曾多次表达对美国有线电视新闻网(CNN)等主流媒体的厌恶,同时,他却喜爱将支持他的保守派媒体福克斯新闻(FOX News)作为信息和观点的来源。福克斯新闻已经成为美国保守派的政治文化支柱之一。特朗普甚至在一些议题上,咨询福克斯新闻频道明星主持人塔克·卡尔森的意见。⑤ 以福克斯为代表的媒体选择性报道,并将两党的分歧塑造成价值观和意识形态方面的分歧,而非战略动机的分歧,⑥ 从而加剧了选民对政党意识形态而非具体议题的选择。

特朗普还频繁利用社交媒体推特(Twitter)进行议程设置。社交媒体赋

---

① Dredreka Schouten, "Koch Brothers Set $889 Million Budget for 2016," *USA Today*, January 27, 2015.

② Dan Balz, "Trump's Foreign Policy Views: A Sharp Departure from GOP Orthodoxy," *Washington Post*, March 21, 2016.

③ Nicolas Loris, "4 Reasons President Trump Was Right to Pull Out of the Paris Agreement," The Heritage Foundation, June 1, 2017.

④ Wilbur Ross, "Wilbur Ross to China: Import More U.S. GAS to Cut Trade Gap," *Bloomberg*, March 26, 2018.

⑤ John Gans, "How John Bolton Broke the National Security Council," *The New York Times*, September 10, 2019, https://www.nytimes.com/2019/09/10/opinion/john-bolton-trump.html.

⑥ Joshua Robison and Kevin J. Mullinix, "Elite Polarization and Public Opinion: How Polarization Is Communicated and Its Effects," *Political Communication* 33, no. 2, May 2016, pp. 261–282.

予特朗普独立于主流媒体之外的强大话语权和操控力,打破了传统精英对信息网络传播权的垄断,间接压制了共和党建制派。① 互联网和社交媒体也促进了激进的暴力极端主义运动。对社交媒体的灵活运用,使特朗普可以打破精英与大众之间的政治界限,推动舆论转向,通过直接动员选民、利用民众的恐惧,促使美国社会和民众将中国视为美国当前面临的各类国内治理问题的源头,从而煽动美国社会支持特朗普政府的对华强硬政策。

第二节 大国竞争时代的判断与对华战略竞争者的定位

特朗普制定战略目标的标准是霍布斯式现实主义、零和竞争和狭隘定义的国家利益。特朗普政府在执政初期,并没有清晰、连贯的对华战略规划,而几乎完全是以议题为导向的。在议题排序的优先次序中,朝鲜议题一度成为中美之间最急迫的问题和合作的契机。但是,特朗普的交易性和以结果为导向的对外战略特征,导致解决朝鲜问题的尝试失败,使得中美两国之间的结构性矛盾以及特朗普的核心议题——中美贸易摩擦凸显。特朗普最看重的经贸议题与中美两国的战略安全竞争、发展模式、意识形态分歧等相互交织,导致经贸议题在美国对华战略演变过程中的性质,从合作转向竞争。

通过战略研究界的讨论与特朗普决策联盟的互动,特朗普政府开始将美国的国际战略重心从全球反恐战争、反核扩散和气候变化等民主党关注的议题,转回到大国竞争等美国战略界关注的传统安全领域。特朗普政府认为,大国竞争、"流氓国家"、恐怖组织是对美国安全最大的威胁。其中,与中国和俄罗斯的战略竞争排在首位,而小布什和奥巴马时期的首要威胁——恐怖组织被排在了末位。应对中国综合国力的快速崛起和国际影响力的提升,成为特朗普政府对华战略的首要目标。"印太战略"试图成为"亚太再平衡"战略的替代品,但是,特朗普政府不愿意对其加大资源投入,使"印太战略"

---

① 王浩:《美国政治的"特朗普革命":内涵、动因与影响》,《当代美国评论》2021年第2期,第85页。

并没有完全从规划走向实践。

一、朝鲜议题与短暂的缓和期（2017年）

虽然特朗普在就任总统前就曾多次无端指责中国，并要对中国进行贸易报复，然而在他上台初期，曾表示要与中国共同致力亚太地区的和平、稳定和发展。

2017年2月，中国外交部长王毅向美国国务卿蒂勒森指出，中美领导人认为，两国"完全能够成为很好的合作伙伴"，为特朗普执政初期对华政策定下基调。[①] 财政部长姆努钦就职后，很快与中国政府的相关高层领导人通话。他表示，期待中美两国能够"发展强劲的关系"，并且两国也能够"实现更加均衡的经济与贸易关系"。[②] 3月，美国贸易代表办公室向国会提交的报告中，大量关于中美经贸关系的争议陈述被删改。担任国家经济委员会主席的科恩，在官僚部门的工作流程中，绕开了纳瓦罗和莱特希泽这两位对华并不友好的经济民族主义者所掌控的部门机构，从而能够主导该报告最终版本的定稿。[③] 2017年4月，在特朗普的海湖庄园举行了中美元首双边会晤。两国领导人都同意在相互尊重彼此的基础上，管控两国之间的分歧，宣布建立四个高级别对话机制，达成实施"百日贸易计划"。特朗普长女伊万卡，在同年2月和9月两次到访中国驻美国大使馆，参加使馆举行的农历新年和国庆活动。2017年，全年呈现中美又进入一轮"蜜月期"的景象。

特朗普执政初期，缺乏连贯和稳定的对华战略规划和实践，更多的是以地区热点议题为导向。特朗普主要关注减税计划、废除奥巴马的一系列政绩、推动"禁穆令"、修建边境墙等议题，朝鲜问题则是特朗普上任初期最关注的

[①] 《王毅会见美国国务卿蒂勒森》，新华社2017年8月6日电，http://us.xinhuanet.com/2017-08/06/c_1121439357.htm。

[②] U.S. Department of the Treasury, "Readout from a Treasury Spokesperson of Secretary Mnuchin's Call with Chinese Counterparts," February 17, 2017.

[③] Matthew P. Goodman and Daniel Remler, "A Revealing Look into Trump Trade Policymaking," CSIS, March 2, 2017, https://www.csis.org/analysis/revealing-look-trump-trade-policymaking.

与中国有关的议题。特朗普希望在东北亚地区进行战略收缩,特别是他对驻日和驻韩美军的开支不满,如果能一劳永逸地解决朝鲜核问题,就会为美国从日韩缩减军事力量奠定基础,并为他试图获得诺贝尔和平奖创造有利条件。助理国务卿董云裳[①]表示,美国将朝鲜问题作为需要与中国建立具体合作,以求得和平解决的最优先处理的讨论议题。[②]

特朗普本人聚焦短期成果,缺乏长远规划,在战略收缩的同时采取强硬政策。他在朝鲜问题上,运用了之后他在各种国际问题上反复使用的极限施压策略。特朗普曾通过在南海向中国军事施压,来寻求中国在朝鲜问题上的帮助,还直接将美朝谈判同中美贸易关系挂钩。而后对朝鲜的武力威胁,实则是博尔顿意图发起战争或颠覆的图谋。特朗普对博尔顿的激进方案极为不满。特朗普真正的目标是通过极限施压的手段,"以实力促和平",而非新保守派计划的发动战争。在外界看来,决策层内部的观点差异,体现了特朗普政府在军事解决和外交谈判之间的摇摆不定。

与此同时,另类右翼的代表人物班农,被库什纳等人联手排挤出白宫。政府内部出现以国防部长马蒂斯、国家安全事务助理麦克马斯特、白宫办公厅主任约翰·凯利等建制派为首的"成人轴心",试图将美国对外政策拉回传统轨道。2018年3月8日,特朗普宣布将与金正恩会谈,试图通过首脑对话造成的轰动效应直接解决问题。2018年6月、2019年2月和6月,美朝举行了三次首脑会晤。特朗普宣称,是他与金正恩的私人关系,解决了朝鲜核问题,"我喜欢他,他也非常喜欢我"。[③]但实际上,是中国对双方的积极斡旋才打开了外交谈判的机会之窗。虽然美朝之间的往来越来越热络,媒体的关注度越来越高,但是并没有达成实质性的成果。

---

① 董云裳因为在对华政策上偏向温和的立场,所以很早就离开了特朗普政府。参见樊吉社《美国对华决策:机制调整与团队转换》,《当代美国评论》2021年第4期。

② Nicole Gaouette, "Warmbier Death Raises Pressure on White House," CNN, June 19, 2017, https://edition.cnn.com/2017/06/19/politics/warmbier-china-us/index.html.

③ Peter Baker, "The War That Wasn't: Trump Claims Obama Was Ready to Strike North Korea," *New York Times*, February 16, 2019, https://www.nytimes.com/2019/02/16/us/politics/trump-obama-north-korea.html.

由于美朝双方之间的不信任和立场的差别过大,以及博尔顿等新保守派蓄意破坏美朝对话进程,导致特朗普对彻底解除朝鲜核问题的兴趣大减。解决朝鲜核问题的失败,使得特朗普与中国之间最有吸引力的合作型议题失去价值,特朗普政府开始快速推进始终排在其对华战略议程首位的经贸议题。

二、对华战略竞争规划的出台(2017年底至2018年)

美国对华战略的政策大辩论在2015年进入高潮期,促进了美国对华强硬和战略竞争的共识形成。① 中国经济与军事实力的快速上升,引发美国原有的温和派,特别是一些商界利益集团对中国的不满快速上升,导致温和派与强硬派对"中国威胁"的认知同时在政界和社会中形成共识,这导致特朗普政府的对华强硬政策有了政治和社会心理层面的观念基础。② 罗伯特·布拉克威尔和阿什利·泰利斯指出,在美国以往的对华战略中"两面下注"的"接触、融入和援助过多",但"防范、制衡与遏制过少"。③

2017年2月,时任特朗普政府首席战略顾问的班农,在保守主义政治行动大会上,将特朗普政府的议程分为"推行经济民族主义、保护国家主权和安全、解构行政国"三部分。④ 同月,由美国各界专家组成的跨党派特别工作组发表报告指出,"互惠(reciprocity)应是特朗普政府对华关系的首要原则而非接触,这样才能扭转美国利益受损的局面"。⑤ 美国智库和战略学界形成了接触战略已经过时的共识,但是选择何种新战略以取代接触战略还未确定。

---

① 陶文钊:《美国对华政策大辩论》,《现代国际关系》2016年第1期,第19—28页;李海东:《当前美国对华政策的辩论、选择与走势分析》,《美国研究》2016年第4期,第9—36页。

② 庞琴:《中美权力变化与美国公众对"中国威胁"的认知》,《世界经济与政治》2020年第7期,第69页。

③ Robert D. Blackwill and Ashely J. Tellis, *Revising US Grand Strategy towards China* (Washington D.C.: Council on Foreign Relations Press, 2015), pp. 28–29.

④ Gregory Krieg, "What the 'Deconstruction of the Administrative State' Really Looks Like," CNN, March 30, 2017.

⑤ Orville Schell and Susan L. Shirk, *US Policy towards China: Recommendations for a New Administration* (New York: Asia Society Center on US-China Relations, February 2017), pp. 25–26, 65.

在特朗普对华战略框架中贸易问题始终处于最优先的地位。2017年11月，特朗普访华期间与中国签订了总额高达2535亿美元的巨额经贸合作项目协议，主要集中在能源、大宗商品和基建领域。特朗普访华后，国会中的共和党保守派议员以及行政部门中的极端保守派官员们认为，特朗普过于关注经贸等具体议题，而忽视了中国对美国战略上的挑战，这促使美国对华战略在2017年底开始转向。更何况，特朗普并不满足于中国扩大对美进口，而是希望彻底解决两国贸易之间的"结构性问题"。11月30日，美国政府正式向世界贸易组织提出，拒绝承认中国的市场经济地位，"贸易战"初见端倪。

朝鲜议题的无果而终，以及特朗普对华贸易政策的不满，导致特朗普决策联盟中其他行为体对华敌视的立场逐渐显现。特朗普决策联盟的对华立场，首先，集中体现在由美国国家安全委员会牵头制定的《国家安全战略报告》中。2017年12月，特朗普政府在其执政后发布的《国家安全战略报告》中，首次将中国放在美国"战略竞争对手"名单的第一位，更是首次把中国称为"修正主义国家"，提出中国、俄罗斯、朝鲜、伊朗以及跨国集团对美国的威胁，本质上是"尊重人类的尊严和自由的国家与压迫个人并强制统一的国家之间的根本对立"。将"战略竞争者"与"修正主义国家"并列，代表了美国对华战略规划的根本变化，与奥巴马政府认为中国同时是重要合作伙伴和竞争对手的定位截然不同。其次，该报告指出，"把中国融入战后秩序将使中国朝自由化的方向发展的做法被证明是错误的"，① 这等于否定了接触战略。该报告的发表意味着在2017年底特朗普政府基本形成了认定中国是"修正主义国家"的现实，认为对华接触战略已经失败。②

2018年1月，国防部长马蒂斯宣称："美国现在的主要关注点是大国竞争，而不是恐怖主义。"③ 2018年初发布的《国防战略报告》正式提

---

① The White House, *National Security Strategy*, December 2017.
② Kurt M. Campbell and Ely Ratner, "The China Reckoning: How Beijing Defied American Expectations," *Foreign Affairs*, March/April 2018, pp. 60–70.
③ David Sanger and William Broad, "A Russian Threat on Two Fronts Meets a US Strategic Void," *New York Times*, March 6, 2018, A.10.

出"印太战略"的规划,指出"国家间的战略竞争(inter-state strategic competition),而非恐怖主义已经成为美国国家安全最主要的威胁",再次突出中国的"修正主义国家"和"战略竞争对手"身份,明确强调"与中国的长期战略竞争是美国的最高优先项"。[1] 在历届美国政府发布的《国防战略报告》和《国家安全战略报告》两份官方文件中,都会说明美国需要同时用两种态度应对中国。一方面,指出美国欢迎中国的崛起;另一方面,指出中国崛起也会带来挑战或威胁。但特朗普政府的这两份报告中的大量篇幅都在描述中国在经济、地缘政治、军事、文化教育、科技等领域与美国的战略竞争,只是很勉强地提及了会"继续寻求与中国合作"。正如时任国家安全委员会亚洲事务高级主管波廷杰宣称的,特朗普政府国家安全战略的优先选项是对华进行战略竞争。[2]

这两份报告标志着特朗普政府对华战略规划的基本出台,体现出特朗普政府内部新保守主义、右翼民粹主义、宗教右翼与另类右翼等各类保守阵营的派系都主张对华强硬的立场,将中国和俄罗斯一同视为对美国经济、安全和霸权地位构成威胁的"主要战略竞争者",但认为中国对美国利益"侵害"的全面性是超过俄罗斯的。正如奥巴马政府的助理国务卿库尔特·坎贝尔所称:"中国是与美国同级别的竞争对手,中国比苏联在经济、外交和意识形态领域都更加强大。"[3]

此后,中美关系在各领域多议题中的矛盾与冲突迅速升温。2018年春,美国开始对华发起以"关税战"为核心的"贸易战"。9月,特朗普在联合国大会发言中无端指责中国"试图干预美国的中期选举并影响选举结果",并且还要求世界其他国家配合美国"抵制共产主义"。10月,副总统彭斯在哈德逊

---

[1] U.S. Department of Defense, *National Defense Strategy*, January 19, 2018.

[2] Jeremy Glodkorn, "Trump Official Matt Pottinger Quotes Confucius, in Chinese, to Make Point about Language and Truth," The China Project, October 2, 2018, https://thechinaproject.com/2018/10/02/matt-pottinger-quotes-confucius-in-chinese/.

[3] Kurt M. Campbell and Jake Sullivan, "Competition Without Catastrophe," *Foreign Affairs*, September/October 2019, https://www.foreignaffairs.com/articles/china/competition-with-china-without-catastrophe.

研究所的演讲中声称，中国对美国各种目标进行渗透，呼吁美国商界、新闻界、学术界都要抵制中国的影响力。彭斯对中国内外政策进行猛烈抨击，威胁要对华更加强硬。① 特朗普政府对华发起全面战略竞争的外部原因是，中国综合国力和国际影响力的快速提高。2018年，中国国内生产总值已经接近70%的美国国内生产总值。特朗普政府的决策联盟普遍认为，中国"威胁"了美国的霸权地位，美国必须要尽快与中国展开战略竞争。正如胡佛研究所的尼尔·弗格森表示的，"特朗普能当选总统的关键在于，这可能是美国阻止或至少减缓中国崛起的最后机会"。② 哈德逊研究所的丽贝卡·海因里希斯同样表示，特朗普政府最大的成就是让美国可以凭借更加坚实的基础与中国进行对抗和竞争。③

特朗普政府把中国定义为战略竞争对手主要有三点原因：其一，中国的快速发展挑战了美国的全球领导地位；其二，美国对华"接触"战略已经失败；其三，中国对现存国际体系来说是"修正主义国家"。④ 特朗普对华战略调整最大的影响是，他粉碎了自小布什以来美国朝野将中国定位为"负责任的利益攸关方"的共识，以大国战略竞争取而代之。尽管缺乏整体的对华战略规划，但仍然是标志性的变化。

三、"印太战略"规划与实践的脱节

特朗普政府提出的"印太战略"，试图在奥巴马政府"亚太再平衡"战略奠定的理论基础上，建立更广泛的军事同盟体系和伙伴关系网络。但是，特朗普政府放弃对多边主义合作的支持，破坏了支撑"亚太再平衡"战略的《跨

---

① Mike Pence, "Remarks by Vice President Pence on the Administration's Policy towards China," October 4, 2018.

② Niall Ferguson, "We'd Better Get Used to Emperor Donald Trump," *Sunday Times,* June 10, 2018, p. 23.

③ Robbie Gramer, "Trump's Foreign-Policy Adventures Haven't All Flopped," *Foreign Policy,* October 14, 2020.

④ 章百家：《穿越历史透析中美之变———当前对两国关系的若干思考》，《东亚评论》2020年第一辑，第36页。

太平洋伙伴关系协定》以及对亚太地区多边机制和制度积极参与的、具有重要经济和外交意义的两根战略性支柱。特朗普就任首日就以行政令退出《跨太平洋伙伴关系协定》，旨在清除奥巴马政府的外交遗产。从实际效果来看，"印太战略"并没有比规划阶段前进太多。

2017年10月，国务卿蒂勒森首次提出"自由而开放的印太"（Free and Open Indo-Pacific）理念。其中"自由"和"开放"分别指海上交通线以及贸易和投资的开放性与自由民主的体制。2018年1月的《国防战略报告》正式提出了明确针对中国的美国"印太战略"方案。5月，美军太平洋司令部正式改组并重新命名为"印度洋-太平洋司令部"，成为美国驻"印太"地区各类组织的枢纽，协调美国政府在该地区的行动计划。在2019年6月出台的"印太战略报告"指出，要通过加大投资力度、改造并增强伙伴关系以及推行同盟网络化等方式，达到限制中国在"印太"地区影响力不断增强的战略目标，该报告还公然把中国台湾地区称作"国家"。[①] 同年在美国的领导下，建立了美国、日本、印度、澳大利亚四国外交部长对话机制。在2020年11月，上述四国还首次举行了"马拉巴尔"海上演习。实际上"印太战略"主要涵盖美国、日本、印度、澳大利亚四个国家，"四方安全对话"机制试图以"大国协调"的方式取代多边的外交和经济网络。因此，"印太战略"的本质是区域安全架构，也是制衡战略与大国协调的综合体。美国并不想投入过多的资源，却积极推动日本、澳大利亚、印度承担制衡中国的重任。

（一）台湾议题在"印太战略"中的作用

台湾议题无疑是"印太战略"的重要组成部分。纳瓦罗、博尔顿等人在任职前就敦促美国和中国台湾地区建立"正式的外交关系"，甚至主张将驻守日本冲绳的美军转移至台湾岛。[②] 博尔顿曾公开表示美国应采取提升与中国台湾地区的"外交关系"等严重违反一个中国原则的举措。

---

① The Department of Defense, *Indo-Pacific Strategy Report: Preparedness, Partnerships, and Promoting a Networked Region*, 2019, pp. 17–52.

② Ted Galen Carpenter, "Forget the U.S.-China Trade War: Is a Conflict over Taiwan the Real Threat?", *The National Interest*, June 8, 2019.

特朗普就任总统后,"美台关系"在高层往来、安全与经贸关系以及国会连线等方面都有较大提升。特朗普上任之初便与蔡英文通话,他还称一个中国原则可谈判。2018年11月第二轮中美外交安全对话期间,蓬佩奥首次公开表示将中国大陆限制中国台湾地区"国际空间的外交行为"列为改变台海"现状"的范围。① 但是,试图在南海和台湾议题上向中国施压的主要是国家安全委员会、国务院和国防部内部的新保守派等对华强硬派,特朗普本人并没有特别关注中国台湾地区的战略意义。国防部长马蒂斯在2018年底辞职时公开表示了对白宫的不满,认为特朗普政府没有重视盟友的价值也没有坚定应对中国。②

2019年1月,特朗普签署了"2018亚洲再保证倡议法案",该法案夹带了涉及中国台湾地区的敏感内容,将中国台湾地区视为"独立实体",还将其纳入"印太战略"的规划和实践过程。但是特朗普不愿意利用"台湾旅行法"等国会的授权,是因为他个人怀疑中国台湾地区的价值,并试图以"台湾问题"为筹码换取中国在经贸议题上的让步。③ 特朗普也并不想投入过多的资源到中国台湾地区,从2007年到2019年4月,美国海军共计在台湾海峡地区巡航90多次,在特朗普政府时期美国海军在该地区只巡航了10多次。④ 但是为军工企业赢得更多订单也符合特朗普的利益观和决策联盟的利益,因此,其继续推动"对台售武"。2019年8月,特朗普政府宣布对台出售史上金额最大的价值88亿美元的军事装备。

(二)"印太战略"的缺陷

特朗普的决策团队认为奥巴马的"亚太再平衡"战略过于倚重经济合作,

---

① Published Mon, "Secretary of State Mike Pompeo's Visit to China Kicks off with a Frosty Exchange," CNBC, October 8, 2018.

② Rebecca Kheel, "Mattis Returning to Stanford Months after Pentagon Resignation," *The Hill*, March 19 (2019).

③ Richard C. Bush, "What Taiwan Can Take from Mike Pence's Speech on China," *Brookings*, October 12 (2018).

④ John Power, "US Warships Made 92 Trips Through the Taiwan Strait since 2007," *South China Morning Post*, May 3 (2019).

而忽视了美国军事力量的建设。2018财年到2020财年的数据显示，自特朗普执政以来，美国政府每年增加军费开支的幅度都超过了7%。① 在财政支出有限的情况下，军费提高的代价是对外援助将大幅削减，导致美国国际影响力下降。美国是否应当履行自身国际义务的观点，导致国防部与国务院的代表在国安会部长级委员会召开期间，出现激烈争执。② 美国软实力下降的后果是，特朗普不得不经常使用军事威胁、经济制裁等消耗硬实力的政策工具。

虽然美军显著提升其在南海的军事行动频率和强度，但是美国的战略负担越来越重，需要分散更多的战略资源来应对各地区的各种威胁。防务资源如何分配成为一个大问题。特朗普还坚持认为，美国的盟国应承担更多的军费开支，帮助美国承担地区安全责任。特朗普反对在无利可图的情况下，在国外动用美国军队。因此，要求日本和韩国承担更多开销，导致对本地区其他中小国家而言，"印太战略"的吸引力更弱。

美国的亚太地区盟国和伙伴不愿意放弃与中国深度的经贸关系，美国也无法团结欧洲盟国协调对华遏制。退出《跨太平洋伙伴关系协定》破坏了美国参与地区经济制度的基础，使"印太战略"未形成有效的经济制度架构。特朗普政府更是轻视参与和建立地区多边机制，放弃为亚太地区制定规则遏制中国经济发展的机会。2019年，国防部"印太"安全事务助理国防部长伊利·拉特纳表示，如果没有与《跨太平洋伙伴关系协定》规模和范围相当的经济规划，"自由开放"的"印太战略"将失败。③ 虽然美国发起由"可信赖伙伴"组成的"经济繁荣网络"（economic prosperity network）计划，企图建立美国主导的新全球供应链和孤立中国的经济联盟体系。但是，特朗普政府决策联盟的贸易保护和孤立主义倾向，使其既不愿意投入更多的资源，也

---

① Richard Sisk, "Esper Presses Congress to Bulk Up Next Military Budget," *Military*, February 7, 2020, https://www.military.com/daily-news/2020/02/07/esper-presses-congress-bulk-next-military-budget.html.

② 杨楠：《政府组织如何制约美国国际战略转型？——基于美国国安会的分析》，《美国研究》2020年第6期，第128页。

③ Ely Ratner, "Blunting China's Illiberal Order: The Vital Role of Congress in U. S. Strategic Competition with China," Center for a New American Security, January 29, 2019.

不愿意对美国的经济利益造成任何风险。

国会虽然通过优先拨款的方式支持"印太战略",但是面对"印太战略"庞大且复杂的议程,其实施效果仍非常有限。与"亚太再平衡"战略实践的挫折相似,美国国力的有限导致难以解决战略资源不足的困境,特朗普大幅减税导致政府财政收入的减少,以及新冠疫情暴发后美国的经济衰退,使其财政赤字与债务水平迅速提高,难以加大对"印太战略"的投入。虽然特朗普政府完成了"印太战略"的动员和资源的集中,但在实践过程中的政策落实缓慢且低效。拜登政府继承了"印太战略"的框架并试图继续扩大。然而,使"印太战略"实质性地从规划转向实践还需要更多的意愿和能力进行战略资源的投入,以及更多地区伙伴的配合与支持。

第三节　对华全面战略竞争的实践起源

王缉思指出,特朗普政府对华战略实践并不连贯,其宏观对外战略更缺乏制华的整体性,体现出美国内政优先的"碎片化"外交。[1] 内政优先导致特朗普时期对华议题的性质发生显著的变化,例如,经贸和科技由合作型议题转向竞争和对抗型议题,在贸易、金融和科技领域加大对中国的打压,还降低了反恐战争、欧美关系、能源安全、气候变化等议题在美国对外战略中的分量。

特朗普政府的对华战略在多个领域和议题中采取联系策略,即将美国在某一议题中的优势运用在其他议题中,向其他国家或行为体寻求继续施压或折中妥协,从而实现其决策联盟最关注的核心议题的战略目标,[2] 最终实现其决策联盟视角中,美国国家利益的最大化和对华战略相关议题的最优解。例如,将经贸议题与安全议题相互联系,也将不同安全议题相互联系。2019年8

---

[1] 王缉思:《特朗普的对外政策与中美关系》,《当代美国评论》2017年第1期,第6页。
[2] 刁大明:《特朗普政府对外决策的确定性与不确定性》,第70页。

月，副总统彭斯将中美经贸协议与香港议题相联系。①

在执政初期，特朗普政府主要在经贸议题中发起以"关税战"为核心的"贸易战"，同时采取限制美国企业与中国企业合作、限制中国企业在美国投资、禁止美国企业投资中国特定企业等举措。在执政中期，关注科技议题，试图阻止中国科技企业获取先进技术、设备、零部件和原材料等关键要素，在美国市场和国际市场排挤中国产品。在执政后期，开始关注文化、教育、政治、军事、意识形态和发展模式的多领域竞争与对抗。例如，限制中国留学生和研究人员赴美学习和交流、在美国国内对华裔科学家展开"猎巫"行动、关闭孔子学院、暂停所有官方交流和对话机制、关闭领事馆和驱逐记者、阻止军事交流等。

具体到政府部门，以纳瓦罗为首的白宫国家贸易委员会主导"贸易战"，商务部主导"科技战"，国务院和国家安全委员会以意识形态系统性强调中美"文明冲突"，国防部则推进"印太战略"。

一、经贸领域：对华"贸易战"

经贸议题始终都是特朗普对华战略框架中的核心议题。特朗普关注经贸议题胜过安全或人权议题，最关注贸易赤字问题，他在国内也主要关注提高就业、振兴美国制造业等经济议题，因此将减少对华贸易逆差视为重要目标。同时，在往届政府中遗留的两国经贸问题始终没有解决，被称为中美关系"压舱石"的经贸议题成为美国开展对华全面战略竞争的导火索。

（一）"贸易战"的起源：经济民族主义者与白人劳工阶层的推动

特朗普政府首次提出经济安全也是国家安全，将经贸议题安全化。安全化是将常规政治议题通过一系列动员而变成关乎生存的话语与行动，对不同

---

① Mike Pence, "Remarks by Vice President Pence at the Detroit Economic Club Luncheon," The White House, August 2019.

议题安全化或去安全化。① 安全化的目的是确立敌人或他者的形象。② 特朗普政府将经贸议题安全化，并将中国视为"贸易战"中的他者。

经济民族主义追求经济利益最大化，崇尚单边主义和保护主义，希望通过降低贸易逆差、促进制造行业向美国回流的方式，为美国公民创造更多的就业岗位、提升薪资水平。因此，经济民族主义者都支持特朗普政府发动以关税惩罚为主要手段的"贸易战"。特朗普本人深受纳瓦罗的经济民族主义影响，认为通过提高国防预算、减税、放宽金融监管和打破"不公平"的贸易，可以实现美国的经济增长。因此，特朗普迎合白人劳工阶层，致力经济增长、增加制造业就业岗位、阻止就业机会向海外流失，将扩大对华出口、缩减贸易逆差、推动制造业回流本土作为经贸政策的目标，从而维护自身政治利益、稳固执政地位。

自20世纪70年代以来，美国工会的影响力下降。美国新自由主义精英主导的税收、福利、监管等政策，越来越忽视低收入和劳工阶层的利益。③ 2008年国际金融危机后，美国的经济结构继续金融化和空心化，导致2016年制造业仅占国内生产总值的13%。④ 自由化、私有化、市场化的新自由主义浪潮削弱了政府对社会保护的承诺。放松对金融业的管控，导致金融业过度扩张，贫富差距持续扩大。全球化导致美国的产业转移后，没有产生新的产业，使美国传统制造业衰退。中产阶级萎缩使其成为全球化的主要受损者。

2015年底，美国中产阶级的人口首次不到其成年人口总数的50%。⑤ 这意味着，奥巴马政府试图振兴美国中产阶级、改变美国两极化对立结构的国

---

① 孙兴杰：《"特朗普主义"的终结？》，《外交评论（外交学院学报）》2020年第6期，第32页。

② Iver B. Neumann, *Use of the Other: "The East" in European Identity Formation* (Minneapolis: University of Minnesota Press, 1999), p. 3.

③ 黄琪轩：《美国内部失衡如何撼动了国际秩序》，《国际政治科学》2021年第3期，第1页。

④ David Audretsch and Erik E. Lehmann, *The Seven Secrets of Germany: Economic Resilience in an Era of Global Turbulence* (New York: Oxford University Press, 2016), p. 138.

⑤ "The American Middle Class Is Losing Ground," Pew Research Center, December 9, 2015, https://www.pewresearch.org/social-trends/2015/12/09/the-american-middle-class-is-losing-ground/.

内社会和经济改革目标的失败。白人劳工阶层对代表美国工会利益的民主党越来越失望，导致在2016年大选中，以五大湖"铁锈地带"地区为代表的制造业工人群体大量倒向在竞选期间多次反复强调要发起"贸易战"的特朗普。"铁锈地带"的钢铁企业和工会成为对特朗普政府影响最大的利益群体。而美国独特的"选举人团"制度和"赢者通吃"的竞选规则，导致总统候选人特别关注"摇摆州"的利益，五大湖地区的"铁锈地带"成为重要的"摇摆州"，特朗普政府战略决策的首要考虑因素，正是这些州的白人劳工阶层的利益诉求。

经济不平衡成为引爆身份政治的诱因，而民粹主义领袖在遭遇危机时习惯转嫁矛盾。特朗普将经济问题归咎于"同墨西哥和中国等国家达成的糟糕的贸易协定，以及与美国人争夺工作机会的外来移民"。[①] 戴维·奥特尔的研究认为，来自外部的经济竞争，特别是中国的进口冲击，是美国当前政治经济变化的重要原因。[②] 又支持了特朗普等贸易保护主义者的主张。但是，中美之间的贸易逆差不是中国的"不公平贸易"导致的。制造业岗位减少的原因在于，自动化和生产效率的提高、海外劳动力成本的降低和工业机器人对制造业岗位的取代，以及美国制造业受保护导致竞争力弱、国内投资不足等，而非单纯由外部竞争导致。美国对中国不断扩大的贸易逆差，是全球产业链垂直分工在东亚地区不断转移和深化的结果。[③]

特朗普认为，政治应当决定经济，通过在贸易中使用经济胁迫权力，对主要贸易伙伴加征关税迫使其让步。2017年8月，美国贸易代表办公室发起对华"301条款"调查，但当时中美正在朝鲜议题中密切合作，因而此举并没有获得过多关注。2018年3月，特朗普政府发动对华"贸易战"，将中美结构

---

① Alan I. Abramowitz, *The Great Alignment: Race, Party to Permanent War* (New York: Henry Holt, 2010), p. 143.

② David Autor, David Dorn and Gordon Hanson, "The China Syndrome: Local Labor Market Effects of Import Competition in the United States," *American Economic Review* 103, no. 6 (2013): 2121–2168.

③ 马弘、秦若冰：《美国经济的开放结构：兼论后危机时代美国贸易政策转向》，《当代美国评论》2020年第4期，第61页。

性矛盾中的对抗程度直接展示出来，两国关系恶化之快、对抗范围之广，实属罕见。①6月，国务卿蓬佩奥污蔑中国经济体制。②7月，中美相继开始对价值340亿美元的货物互相加征关税，史上最大规模的"贸易战"正式打响。11月，小布什时期的财政部长亨利·保尔森警告，如果中美不能解决争端的话，中美经济关系可能出现"脱钩"，不利于世界经济。③12月，中美领导人在阿根廷完成二十国集团领导人第十三次峰会会晤后，中美贸易谈判的美方谈判代表更换为经济民族主义者莱特希泽，其对华的态度比其前任更加强硬，极力推动向中国施加所谓的"结构化改革"等相关无端要求。提出以美国的优势地位为基础，在磋商协议中增加可以改变中国经济发展模式的相关条款。中国当然无法接受。④2019年5月，美国开始继续对华加征新一轮关税。

经济接触曾是美国对华接触战略的核心组成部分，而中美经贸关系越近，就会发现两国之间的矛盾和差异越大。特朗普政府对华发动"贸易战"标志着美国对华经济接触演变成经济竞争战略。⑤特朗普政府以经贸议题为核心的对华战略的根本目标就是巩固其决策联盟的支持，增强自己在保守派选民和白人劳工阶层中的地位，并推动共和党政党重组。"贸易战"虽然不利于跨国公司和富人阶层，但那些没有受到全球化带来经济激励的利益集团、没有竞争力的部门和非垄断性的行业组成支持贸易保护主义分配的同盟，将"贸易战"同时看作美国民粹主义、白人中产阶级和"铁锈地带"劳工阶层，对全球主义、跨国公司和全球化精英的反击。

（二）各部门"贸易战"目标的差异

特朗普内部的不同派系试图通过对华"贸易战"达到不同的目标。小布

---

① 牛军：《战后东亚秩序》，世界知识出版社，2021，第622页。

② Reuters Staff, "Pompeo Says China Trade Policies 'Predatory'," Reuters, June 19, 2018, https://www.reuters.com/article/us-usa-trade-pompeo-idUSKBN1JE2QK.

③ 左希迎：《美国国家安全战略的转变》，中国社会科学出版社，2020，第204页。

④ 尹继武：《中国在中美经贸摩擦中的战略决心信号表达》，《外交评论（外交学院学报）》2020年第5期，第14—15页。

⑤ 李巍：《从接触到竞争：美国对华经济战略的转型》，《外交评论（外交学院学报）》2019年第5期，第54页。

什政府的副国务卿罗伯特·佐利克认为，特朗普的经贸目标从来都不明确，因为一派希望让中美"脱钩"；另一派希望扩大对美国的出口、保护知识产权和技术，但这会加强中美的经贸联系。①

财政部长姆努钦、白宫高级顾问库什纳、国家经济委员会主席科恩等全球主义者希望在迫使中国降低对美贸易顺差的情况下，还能够让中国对更多的美国商品和服务业、金融业扩大开放其市场。他们认为"脱钩"成本极高，美国与中国的"脱钩"将导致美国与世界的"脱钩"。科恩和姆努钦都曾担任高盛集团的高管，科恩辞职前反对特朗普政府的关税政策。姆努钦和科恩的继任者劳伦斯·库德洛也代表了工商界的利益，表现出美国内部仍有政治和社会力量希望继续与中国合作，从而深度参与和投资中国市场。

虽然在对华"贸易战"中，美国政府内部也没有统一的长期战略，但是特朗普政府中与其贸易立场接近的强硬派一直占上风。经济民族主义者认为"贸易战"可以阻碍中国崛起、阻止中国在全球价值链上攀升，在希望减少美国对华贸易逆差等贸易问题的同时，还可以借机彻底重构中美之间的经济和贸易关系，最终实现削弱中美之间的经济相互依赖关系的目标。②首席战略顾问班农从经济角度界定战略利益，强调贸易的重要性。③ 2018年末，班农开始推崇并极力炒作"脱钩"策略。④白宫国家贸易委员会纳瓦罗主张中美经贸全面"脱钩"，他还攻击科恩是"华尔街白痴"，公开警告华尔街和主张全球化

---

① Robert Zoellick, "Donald Trump's Impulsive Approach to China Makes US Vulnerable," *Financial Times*, June 26, 2019, https://www.ft.com/content/e88078e8-966d-11e9-98b9-e38c177b152f.

② 刁大明、王丽：《中美关系中的"脱钩"：概念、影响与前景》，《太平洋学报》2020年第7期，第14页。

③ Robert Kuttner, "Taking Bannon's Economic Nationalism Seriously," *American Prospect*, August 21, 2017, https://prospect.org/economy/taking-bannon-s-economic-nationalism-seriously/.

④ Kevin Rudd, "To Decouple or Not to Decouple?—Kevin Rudd Speech for the Robert F. Ellsworth Memorial Lecture," Asian Society Policy Institute, November 4, 2019.

的金融精英，不要影响总统在贸易上的主导权。① 贸易代表莱特希泽虽然也是经济民族主义者，但是并不希望中美"脱钩"，而是希望中国能够有所变化。部分经济民族主义者主张"脱钩"的目的是，延缓中国发展、抑制中国的影响力。蓬佩奥、纳瓦罗等人也关注中国的科技发展能力，他们试图通过限制美国对华高科技产品的出口、严格审查中国对美的科技产业投资、中断两国科技和高等教育交流与合作等手段，使美国切断与中国在高科技领域供应链和产业链的联系，最终迫使世界各国的高科技制造业生产和研发基地都搬离中国，从而重塑有利于维护美国科技霸权地位的全球产业链。②

与美国国务院、商务部和白宫国家贸易委员会极力推动中美"脱钩"不同，财政部在"贸易战"中始终持较为谨慎的态度。2017年4月到2018年10月的四次美国财政部报告都没有将中国列为"汇率操纵国"，但是到2019年8月财政部才将中国确定为"汇率操纵国"，可见这一举措的象征意义远比其现实意义更加重要。然而在中美第一阶段经贸协议成功签署后，美国财政部也立刻取消了对中国为"汇率操纵国"的错误认定。特朗普本人也并非"脱钩"派，而是希望继续扩大美国企业在华的商业利益，满足相关产业利益集团扩大出口和投资市场的诉求，为美国的制造业、农牧业、金融业、服务业等商业利益集团进一步打开中国市场的大门创造有利条件。

（三）产业利益集团之间的分歧与矛盾

美国对华贸易政策的微观利益基础和核心动力机制是由美国的产业地理和政治地理两种地缘逻辑共同塑造的。③ 这导致美国的跨国公司、重视出口贸易的农业利益集团、华尔街金融业与其对应的中产阶级、反对进口贸易的钢铁产业利益集团与传统制造业之间存在利益互斥的关系。美国采取贸易保护

---

① "Economic Security as National Security: A Discussion with Dr. Peter Navarro," CSIC, November 13, 2018, https://www.csis.org/analysis/economic-security-national-security-discussion-dr-peter-navarro.

② 吴心伯：《论中美战略竞争》，《世界经济与政治》2020年第5期，第113页。

③ 李巍、赵莉：《产业地理与贸易决策——理解中美贸易战的微观逻辑》，《世界经济与政治》2020年第2期，第87页。

措施的产业相对集中,主要集中在钢铁、金属和塑料制品、材料和车辆及其零部件等产品领域。美国企业因为所处行业和处境不同,对中国的看法也不相同,中美"贸易战"一直存在不确定性和可谈判性。

所有的美国产业利益集团都对中国有所怨言,但具体而言,钢铁企业和工会支持"贸易战";高科技集团和商界立场分化,有的反对加征关税,也有的希望迫使中国让步;农业集团则希望尽快与中国达成协议;金融界则对"贸易战"表达不满。[①] 普遍而言,农牧业、航空航天业等高端制造业以及油气等能源行业集中分布州的国会议员,都反对过度的贸易保护主义政策;钢铁、纺织等传统制造业集中分布州的国会议员,一般支持对华"贸易战"。钢铁和汽车等传统制造业集中的宾夕法尼亚州、俄亥俄州、密歇根州、威斯康星州和印第安纳州等位于五大湖和"铁锈地带"的"摇摆州",在2016年大选中全部支持共和党及特朗普,只有伊利诺伊州支持民主党。因此,特朗普政府特别关心钢铁产业和劳工阶层的诉求。美国钢铁工人联合会和美国钢铁协会不仅支持特朗普对进口钢铝展开"国家安全调查",还要求政府采取救济措施。[②] 在对华经贸议题上一直很活跃的工会组织"劳联-产联"同样坚定地支持特朗普的关税政策。

在相关行业中,美国的航空航天业、汽车制造业、以大豆种植业为代表的农牧业、半导体等高科技行业以及油气能源等受益于出口的产业,因为担心中国的贸易反制举措,所以均反对特朗普发动的对华"关税战"。美国汽车制造商联盟、美国石油协会、美国大豆协会、美国半导体协会等依赖中国市场的行业利益集团都反对特朗普政府发动对华"贸易战",并共同游说国会和施压政府。例如,对华出口大州得克萨斯州的共和党参议员克鲁兹和约翰·科宁虽然长期将中国视为美国的战略竞争对手,在政治和意识形态问题中经常攻击中国,而且他们还认为中国对美国采取了不公平的贸易措施,但是他们都反对特朗普对中国发起"贸易战",并看重中国市场。民主党籍国

---

① 张文宗:《美国涉华经济利益集团与中美贸易摩擦》,《美国研究》2019年第6期,第83页。

② Thomas J. Gibson, "AISI Comments on Section 232 Signing," American Iron and Steel Institute, March 8, 2018.

会参议员玛丽亚·坎特韦尔和帕蒂·默里因为来自依赖中国市场的华盛顿州，所以也反对"贸易战"，尤其担心中国针对该州支柱产业航空航天产品等加征高额关税，主张通过全面对话而非"关税战"的方式解决贸易分歧。美国计算机行业协会、信息技术产业委员会、美国半导体协会、商业软件联盟等计算机领域的产业利益集团，虽然对中国的政策不满，但也反对加征关税。①

特朗普试图同时满足国内多元化经济集团的利益诉求。工会和钢铁业受损于中美贸易的利益集团希望增加对进口中国产品的关税，争取制造业岗位回流美国；农业利益集团希望扩大对华出口；商界认为应当将重点放在系统结构性问题上，让中国更加趋向于市场化。虽然农业、商业等部门反对无限扩大的对华"贸易战"，但总体反对力度并不强。特朗普针对不同的利益集团有差异化的策略，面对有就业诉求的劳工阶层，特朗普承诺就业机会终将回流，他还多次发布推特催促中国购买美国农产品，同时迫使中国改变经济结构并扩大市场以维护商界的利益。

反对加征关税的利益集团未能阻止特朗普政府发动"贸易战"，是因为特朗普政府认为，自由贸易政策和奥巴马时期较为宽松的移民政策，损害了美国白人劳工阶层的利益，特别是造成了"铁锈地带"制造业工人的就业岗位流失。因此主张，只有通过针对以中国为代表的主要贸易伙伴采取贸易保护的惩罚政策，才能够重振美国制造业以创造更多的就业岗位。而且，所有的利益集团都或多或少对中国抱有怨言，它们虽然不完全同意对中国产品加征关税，但也希望美国政府能够在对华贸易问题上持更加强硬的立场。因此，特朗普政府借着维护国家经济安全的幌子，完全主导了对华经贸议题的战略规划和实践过程，有效抑制了美国商界对"贸易战"产生的不满，并安抚和阻止了利益受损的农业集团和其他利益集团对其关税政策的反弹。

1. 商界的矛盾态度

美国商界对"贸易战"的态度非常矛盾。以往美国跨国公司倾向于说服美国政府对华开放市场，但是近年来，中国的技术和产业升级给美国企业造

---

① 张文宗：《美国涉华经济利益集团与中美贸易摩擦》，第65—68页。

成了巨大的竞争压力,美国商会等利益集团对中国的不满与日俱增。美国商界因为知识产权、市场准入、技术转让、政府主导型的产业政策、"不公平竞争"等问题对中国颇有微词,使中美关系中最强大的利益集团——商界不再愿意帮助中国游说国会。同时,共和党的传统支持力量美国商会在2016年大选中也没有支持特朗普,导致其对政府的影响力下降。①

一些在华投资的美国企业,一方面希望继续在中国市场投资获取利润;另一方面也试图通过商会等利益集团游说美国政府和国会。特别是希望美国政府能够向中国政府施压,以便停止其所谓"强制性"技术转让等不利于美国企业的政策。②但是,在华美企的"去中国化"和"脱钩"意愿并不强烈。这导致很多美国企业和商界人士虽然不完全同意和支持特朗普政府的对华"贸易战",但是这些企业和人士仍然希望美国政府对中国政府在市场准入等问题上采取更加强硬的态度,"迫使"中国进一步开放市场。代表美国在华企业的"中国美国商会"态度尤为强硬,并积极游说美国政府对华施压。"中国美国商会"在2018年和2019年两次发布的调查报告中称,在中国投资的近半数美国企业希望特朗普政府能够维持当前加征的关税水平,以迫使中国政府向美国让步。③2018年,美国商会会长托马斯·多诺霍表示:"白宫关注中国包括市场准入、企业补贴、数据和网络政策、强制技术转让和知识产权等政策是正确的。"④2019年,多诺霍重申,支持特朗普政府就上述议题进行谈判。⑤

反对"贸易战"的利益集团影响力主要在国会而非总统。包括美国石油协会、服务业联盟、全国零售业联合会等在内的利益团体积极游说国会与政

---

① Brody Mullins and Alex Leary, "Washington's Biggest Lobbyist, the U.S. Chamber of Commerce, Gets Shut Out," *The Wall Street Journal*, May 2, 2019.

② 孙海泳:《特朗普政府对华科技战略及其影响与应对》,《国际展望》2019年第3期,第84页。

③ 马雪:《近期美国商会对华态度的变化及影响》,《现代国际关系》2017年第8期,第37—42页。

④ Thomas J. Donohue, "2018 State of American Business Address," U.S. Chamber of Commerce, January 10, 2018.

⑤ Thomas J. Donohue, "2019 State of American Business Address," U.S. Chamber of Commerce, January 10, 2019.

府，向特朗普总统、莱特希泽等美国政府重要官员和国会议员施加压力。这些利益集团通常选择强调对中国商品加征的关税，以及中国采取的贸易报复手段，会对美国选民的经济利益造成直接伤害。2018年7月，参议院通过非约束性决议，试图扩大国会限制总统加征关税的作用，反映出不少国会议员在关税问题上与总统的分歧。该决议受到汽车制造商联盟等众多美国制造商的推动。美国商会、全美零售商协会、美国信息技术产业理事会等代表美国大型跨国企业的诸多利益集团联名向白宫请愿，停止对中国产品继续加征关税，因为这将损害美国的经济、消费者的利益和企业的竞争力。

随着"贸易战"的扩大化，商界的态度有所改变，开始全面反对持续的"贸易战"。美国商会、全美制造商协会、美国零售联合会等组织，因为从中美贸易中获利颇丰，所以也大肆宣传对中国商品加征的关税，不仅会损害美国企业的竞争力，还会加重美国中产阶级消费者的经济负担。因此，商业圆桌会议也表示，希望美国财政部长和贸易代表能够坚持推动中国进行长远的经济体制改革，从而确保在经贸关系中的公平和互惠；而非使中国让步以便临时性地减少美国的贸易逆差。① 美国商会同样表示，希望美国政府能继续保持对华接触，并且敦促两国政府尽快达成一个能够解决涉及市场准入、国内补贴、技术转让和知识产权等问题的最终协议。② 美中贸易全国委员会也指出，"关税战"无法满足在华美国企业的要求，两国之间需要达成一套综合性的方案来解决包括市场准入、关税和其他非关税壁垒在内的诸多问题，最终的目标是推动中美两国达成双边贸易和投资协议，从而创建越发公平的竞争环境，以便保护美国企业的知识产权和更加便利地进入中国市场。③

---

① Business Roundtable, "BRT Comments Regarding China's Acts, Policies and Practices Relate to Technology Transfer, Intellectual Property, and Innovation," Business roundtable.
② Myron Brilliant, "U.S. Chamber of Commerce. U.S. Chamber Statement on Escalating Tensions in U.S.-China Trade," U.S. Chamber of Commerce, August 23, 2019.
③ US-China Business Council, *Section 301 Determination: China's Acts, Policies, and Practices Related to Technology Transfer, Intellectual Property and Innovation*, March 22, 2018.

2. 特朗普政府对农业利益集团的安抚

中西部势力强大的农业利益集团是特朗普和共和党极为仰仗的社会力量。美国农场局联合会、美国大豆协会、美国大豆出口委员会、全国玉米种植者协会、美国联合大豆董事会、全国小麦种植者协会等农业利益集团代表出口商的诉求是反对关税政策。2018年5月艾奥瓦州大豆协会、2019年5月美国大豆协会代表部分农业州表示反对"贸易战"。在2018年中期选举期间,农牧业大州艾奥瓦州的两个选区由共和党转投民主党,这提醒了特朗普政府应当重视农业州的利益。特别是美国中西部地区的农业州是美国重要的大豆种植区,中美贸易冲突影响了这些地区的大豆出口状况,损害了中西部地区农业和农场主们的利益。因此,特朗普在中美贸易谈判中,要求中国从美国加大进口大豆、油气等商品的力度,甚至以暂缓对中国商品升级关税为手段,要求中国购买更多农产品。

2019年7月,美国农业部长桑尼·珀杜公布160亿美元的财政补贴方案,帮助受到极端气候及中美贸易冲突影响的美国农场主。然而,在国会议员中,阿拉斯加州参议员丽莎·穆尔科斯基、威斯康星州众议员罗恩·金德、罗恩·约翰逊、堪萨斯州参议员杰瑞·莫兰、阿拉斯加州参议员本·萨斯、肯塔基州参议员兰德·保罗、艾奥瓦州参议员查克·格拉斯利等共和党籍的国会两院议员们都认为,特朗普政府为农场主们提供的财政补贴并不能够解决这些群体所面临的根本问题。在农业出口大州中,只有来自得克萨斯州的迈克·麦考和来自艾奥瓦州的斯蒂夫·金等国会议员支持特朗普政府,继续通过对华商品加征关税的方式,迫使中国在贸易问题上作出让步。[①]

(四)"贸易战"的影响

特朗普政府试图通过"贸易战",迫使中国对其经济结构进行变革等附带政治性目标的企图失败了,而且损害了美国制造业和农牧业等经济部门的利益,也损害了全球产业链和供应链。2021年1月,白宫在《特朗普政府施政成果》中将"保护美国工人达成新贸易协议、为对抗不公平贸易采取有力行

---

① 张文宗:《美国涉华经济利益集团与中美贸易摩擦》,第72页。

动、为美国农民提供历史性支持"列为特朗普政府贸易政策的主要成果。① 2月,美国商会发布报告指出,假如美国与中国完全"脱钩",会导致美国企业在全球范围内失去与其他国家企业竞争优势的风险。② 特朗普想要全部达成其三个"贸易战"的目标,即"寻求中国经济的大规模转型、推动美国经济与中国'脱钩'、继续推动中国渐进开放"也并不现实。③ 最终,"贸易战"并未改善"铁锈地带"的"摇摆州"的产业衰退,加之新冠疫情的影响导致三个失望的"铁锈地带"的"摇摆州"在2020年大选中支持拜登。

在2019年12月中美达成的第一阶段贸易协定中,美国取得的主要实质成果包括:中国在未来两年从美国进口2000亿美元的农产品、扩大进口油气能源、向美国企业继续开放金融市场、加强知识产权保护、打击阿片类药物泛滥等。《华盛顿邮报》评论认为,美国农民、大银行和苹果公司等才是"贸易战"的赢家,对试图遏制中国产业发展的经济民族主义和极右翼势力而言是失败。④ 商业圆桌会议、美中贸易全国委员会等商界利益集团都表示支持第一阶段协议。但"劳联–产联"等工会组织对第一阶段协议并不满意,其主席理查德·特鲁姆卡表示,协议没有解决美国就业和制造业基础的问题,反而有利于华尔街和大型制药公司,协议优先保护了在华投资的美国公司的利益。⑤

中美投资关系是世界上规模最大和增长最快的投资关系之一。"贸易战"

---

① The White House, "Trump Administration Accomplishments," January 21, https://trumpwhitehouse.archives.gov/trump-administration-accomplishments/.

② Daniel H. Rosen and Lauren Gloudeman, "Understanding US-China Decoupling: Macro Trends and Industry Impacts," Rhodium Group, February 17, 2021, https://rhg.com/research/us-china-decoupling/.

③ David Dollar, Ryan Hass and Jeffrey A. Bader, "Assessing U.S.-China Relations 2 Years into the Trump Presidency," Brookings, January 15, 2019.

④ Keith Bradsher, "China's Hard-Liners Win a Round in Trump's Trade Deal," *The New York Times*, 14 December, 2019, https://www.nytimes.com/2019/12/14/business/china-trade-hardliners.html.

⑤ Richard Trumka, "U.S.-China Trade Deal Fails to Address Workers' Rights and Cheating," AFL-CIO, January 16, 2020, https://aflcio.org/press/releases/us-china-trade-deal-fails-address-workers-rights-and-cheating.

后,虽经历短暂波折,但中美贸易与投资关系仍显现增长势头。2020年以来,埃克森-美孚、沃尔玛、特斯拉等大型美国跨国企业都在继续扩大在华投资。据调查,70%以上的在华美国企业不愿撤离中国。[1] 大国对立的基础是经济的切割,"脱钩"策略的思想基础是经济民族主义。但是,中美经济仍然相互依存,经济民族主义者的对华经贸"脱钩"的企图注定失败。

二、科技领域:对华"科技战"

科技与经济的议题联系具有战略意义,同时也影响了军事和地缘政治。美国极为重视先进科学技术在军事领域的应用,军工复合体与美国政府、科研机构都高度关注这些科学技术在全球范围内的前沿水平和发展趋势,彼此之间密切合作。美国长期以来具有技术民族主义的倾向,为了维持全球霸权主导地位,美国追求在科技领域的全面优势,为此,不仅支持科技创新,还重视遏制潜在竞争对手的技术进步。[2]

美国认为中国的科技产业进步以及自主创新的发展态势,"威胁"和动摇了美国在全球产业结构、技术霸权、国家安全、地区乃至全球秩序等方面存在的优势地位。2015年,中国提出《中国制造2025》,旨在进行前沿科技突破并发展先进制造业。特朗普政府开始"规锁"(confinement)中国高科技企业和产品的重要原因之一,便是美国担忧和不满《中国制造2025》可能会对美国构成"威胁"和挑战。

2018年4月,国会美中经济与安全审查委员会称,中国政府"也许在支持华为、中兴、联想等中国企业进行商业间谍活动",以提高中国企业的竞争力并促进政府利益。[3] 8月,美国开始升级对中国的技术封锁,以危害国家安全为借口,将以中国国资委所属企业为主的40多家中国企业列入美国政府

---

[1] Kenneth Rapoza, "American Businesses Still Not Giving Up on China," *Forbes*, September 17, 2020.

[2] 石斌:《美国国家安全战略的思想根源》,《国际政治研究》2021年第1期,第20—21页。

[3] U.S.-China Economic and Security Review Commission, *Supply Chain Vulnerabilities from China in U.S. Federal Information and Communications Technology*, April 19, 2018.

所谓的出口管制实体清单中。与此同时，美国政府还认为，在中国具有领先地位的5G通信领域对美国的技术优势构成了挑战。特朗普政府通过"长臂管辖"制裁中兴公司和华为公司，扣押华为公司高管孟晚舟，并向各国推销"清洁网络倡议"，在全球范围内打压华为公司，禁止华为公司参与美国盟国和其他国家的5G建设，试图打压中国在高科技和互联网领域的影响力。国务卿蓬佩奥污蔑华为等中国科技公司是"特洛伊木马"。众议长佩洛西也妄称，选择这些中国企业的设备等于"选择独裁而非民主"。10月初，彭斯在哈德逊研究所的演讲中宣称，中国试图通过《中国制造2025》计划"窃取"并控制全球大多数最先进的产业。①

针对《中国制造2025》计划，特朗普政府内的经济民族主义者认为，中国在尖端科技领域中的突破对美国经济的影响是致命的。美国国家贸易委员会主席纳瓦罗认为，"中国的产业政策事关美国的经济和国家安全，《中国制造2025》的目标是主导所有新兴产业，从而使美国经济没有未来"。② 因此，特朗普政府试图妨碍中国产业升级，维持美国在高科技领域的优势地位。在高科技领域，特朗普政府试图割裂中国与美国主导的体系关系，迫使中国独自承担科研成本以及战略转型成本。

经济民族主义者、新保守派等对华强硬派认为，遏制中国崛起的重要途径就是迟滞和阻止中国的技术进步。在当今的全球化时代，大国之间的战略竞争主要比拼的是彼此的产业政策、高端科学技术和市场规模。而传统的以武力为主的军事手段和均势的外交手段，在这种新型大国战略竞争方面的作用十分有限。③ 因此，美国司法部、商务部、联邦调查局、联邦通信委员会等政府部门与机构相互配合，试图以"全政府"原则打压中国高科技产业发展

---

① Mike Pence, "Remarks by Vice President Pence on the Administration's Policy towards China".

② Bloomberg News, "Trump Targets China's Push to Make Its Economic Hi-Tech," Bloomberg, March 28, 2018.

③ 雷少华：《超越地缘政治——产业政策与大国竞争》，《世界经济与政治》2019年第5期，第131—154页。

和经济结构产业升级。国家安全事务助理博尔顿曾公开表示抓捕孟晚舟是由其本人推动的。一些美国的科技企业，一方面希望继续对华投资或对华进行正常的贸易；另一方面又认为近些年来，其在中国的经营利润下降，经营空间也受到限制。因此，对美国政府在科技领域的对华施压不置可否。

特朗普政府以"全政府"原则，全面打压中国产业政策和发展战略，甚至以宣布美国进入"国家紧急状态"的方式，举全国之力打压中国高科技企业。通过限制中国在美国投资的领域，强化对华科技产品和技术出口管制，监控、解雇中国籍和美籍华裔学者等方式，竭力阻挠中国的技术进步，阻滞中国的产业升级，破坏了两国间高等教育和科技领域的交流与合作。尽管特朗普政府对中国科技产业的强行制裁与无端打压，在短期内损害了中国科技产业的利益和实力，但是从长期来看，也增强了中国科技产业独立自强、自主发展的动力。与对华贸易制裁的断断续续，以及美国国内对"贸易战"的争议不同，美国各界对中美科技竞争的重要性有高度共识，美国对华科技"脱钩"和"规锁"的方式在拜登政府中继续存在。

三、全面对华战略竞争与对抗的扩大化（2019年至2021年初）

随着中美贸易谈判的破裂，特朗普宣布在2019年5月继续加征关税，此后中美在各领域的矛盾激化。面对美国对华战略竞争呈现多议题联动和诸多议题"安全化"的态势，国会提出，特朗普政府应当以"全政府"原则调动各政治和社会行为体，尽全力参与对华战略竞争，试图用应对苏联的旧遏制战略来应对中国。特别是蓬佩奥、彭斯等顽固保守派，在意识形态和发展制度上攻击中国。在新冠疫情暴发后，又将中国作为总统选举的议题工具和美国疫情应对不力的"替罪羊"。但是美国难以令国内各行为体放弃对经济利益的追求，难以进行冷战式的国家安全动员，因此，对华遏制派的偏好无法成为美国全社会的共识。①

---

① 吴心伯：《特朗普政府重构中美关系的抱负与局限》，《国际问题研究》2020年第2期，第29页。

(一)"全政府"原则的提出与局限

国会首先提出,要求总统以"全政府"原则统筹各政治行为体对华战略的规划和实践。2018年1月,美国国防部发布的一份《国防战略报告》概要指出,与大国的"长期性战略竞争需要美国整合多种国家力量要素"。① 2019年发布的《2019财年国防授权法案》则指出,"美国的最高优先是与中国进行长期战略竞争,因此要整合多种要素以保护和巩固美国的国家安全"。② 小布什时期的财政部长保尔森指出,特朗普时期的国土安全部、联邦调查局、中央情报局、国防部都将中国视为敌人,国会议员则争相表现对华强硬。③

"全政府"对华战略是指通过整合并加强政府与国会、军队与民间、公共部门与私营部门、国内和国外合作等途径和方式,在美国政府和社会中凝聚起对华全面战略竞争的共识和总目标。④ 旨在通过提高各级政府之间与各部门内部的认识,让各行为体获得激励、发挥协同的能力,最终通过共同参与帮助美国实现其全球性的战略目标。⑤ 特朗普政府主要在安全议题中对华应用"全政府"原则。

特朗普政府决策联盟为"全政府"方式设定的目标,是防范中国的所谓"安全威胁"。美国前常驻联合国代表妮基·黑利指出,"全政府"原则需要美国政府可以加强协调、整合政府内部各部门机构的力量,从而减少部门机构之间的内耗,最终制定统一的对华战略。⑥ 因此"全政府"原则成败的关键在

---

① The U.S. Department of Defense, *Summary of the 2018 National Defense Strategy of the United States of America*, January, 2018, p. 4.

② The 115th Congress, H.R. 5515, *John S. McCain National Defense Authorization Act for Fiscal Year 2019*, https://www.congress.gov/bill/115th-congress/house-bill/5515.

③ Greg Ip, "Has America's China Backlash Gone Too Far?", *Wall Street Journal,* August 28, 2019, https://www.wsj.com/articles/has-americas-china-backlash-gone-too-far-11566990232.

④ 陈文鑫:《美国"全政府"对华战略探析》,《现代国际关系》2020年第7期,第1页。

⑤ Karina Cazarez-Grageda, "The Whole of Government Approach: Initial Lessons Concerning National Coordinating Structures for the 2030 Agenda and How Review Can Improve Their Operation," *Partners for Review*, March 2019.

⑥ Nikki Haley, "How to Confront an Advancing Threat from China," *Foreign Affairs*, July 18, 2019, https://www.foreignaffairs.com/china/how-confront-advancing-threat-china.

于协调。但是，特朗普政府内部未形成必要的协调状态，①特朗普本人和国安会未能扮演好协调者的角色，也并未依照"大国竞争"思路对国家安全委员会作出实质性改革。特朗普政府决策联盟中的各行政部门、国会和军队，各自为政，缺乏统一的协调，在各个部门机构管辖的领域和议题中，分别对华采取竞争、制裁、施压，乃至对抗的态度和手段，②致使部门派系斗争严重。

各行政部门都以各自的利益诉求、权限范围与可用手段开展行动，缺乏整体上的全面协调。其中，副总统彭斯和国务卿蓬佩奥主要渲染中国在意识形态、科技、地区安全和世界秩序等领域对美国构成了"威胁"；国防部主要负责推进"印太战略"，同时在台海、南海等议题中渲染中国对美国和地区构成所谓的"安全威胁"；美国财政部、商务部和贸易代表办公室等部门负责在对华"贸易战"和"科技战"中制定关税政策，并通过列入实体清单的方式对中国科技企业进行制裁；司法部以及执法、情报系统负责在意识形态、安全等领域限制中美民间交流。虽然有多个关键政府部门广泛参与对华战略竞争，但是它们之间缺乏有效的协调。

（二）意识形态斗争的激化

虽然特朗普本人在对华战略中并不热衷于突出价值观问题，而是强调"有原则的现实主义"，但其决策联盟中的文化保守派、新保守派、另类右翼等成员，不断强化对华政治和意识形态竞争。国家安全事务助理麦克马斯特认为，美国与中国的斗争代表"自由开放的社会和封闭的威权体制"之间的斗争。发展模式之争的背后，就是意识形态和价值观的差异和冲突。长期以来，中美之间存在差异极大的政治体制和意识形态，导致两国无法更进一步建立深层次的互信和友好的合作关系。③同时，当中美之间需要进行战略合作的时候，两国差异极大的政治体制和意识形态对双边关系的负面影响会较小，反

---

① 刁大明、马嘉帅：《美国对华战略的"全政府"方式：概念、逻辑与现实》，《当代美国评论》2021年第2期，第21页。
② 刁大明：《特朗普政府对外政策的逻辑、成因与影响》，第19—27页。
③ 陶文钊：《中美关系的复杂性、矛盾性和基本经验》，《和平与发展》2019年第3期，第42—43页。

之，当两国并不太需要进行战略合作的时候，这种差异会对双边关系造成较大的负面影响。① 在特朗普决策联盟的对华战略议程中，几乎已经没有可与中国合作的议题。

特朗普对国内外的左翼意识形态普遍带有敌意。2019年，特朗普在联合国大会的讲话中再次渲染社会主义对世界各国的"威胁"，还强调"美国永远不会成为社会主义国家"。② 他警告选民"在2020年把票投给民主党，等于是把票投给激进社会主义者"。汤姆·科顿、约什·霍利等共和党保守派代表人物也多次宣扬"民主党人都是社会主义者，如果民主党上台美国就会成为社会主义国家"等言论。

2019年底至2020年初，美国战略与国际问题研究中心、布鲁金斯学会、兰德公司和传统基金会的涉华研究成果大幅增加。③ 一些美国保守派智库不断渲染中美之间的"新冷战"到来了，对中美之间地缘政治、意识形态和制度之争的重视程度超越了经济和外交。④ 例如，2019年胡佛研究所的弗格森发文称，中美"新冷战"已经开始，"冷战对美国有政治上的好处"。⑤ 前共和党众议长纽特·金里奇提醒美国各政党不要再陷入党争，美国社会也不要再围绕"认同政治"进行内耗，美国各党派和社会各界应当相互合作，从而更有效地对抗中国对美国构成的挑战和"威胁"。⑥ 可见，一些美国学界和政界的精英希望通过鼓吹"中国威胁论"的方式来修复美国国内政治中的内斗，继而强化美国社会中的国家认同。

---

① 节大磊：《意识形态与中美战略竞争》，《国际政治科学》2020年第2期，第89页。

② 《特朗普总统在第74届联合国大会上的讲话》，美国白宫，2019年9月25日，https://china.usembassy-china.org.cn/zh/remarks-by-president-trump-to-the-74th-session-of-the-united-nations-general-assembly-zh/。

③ 宋鹭、孙巧铃、李欣洁：《美国智库涉华研究的"新冷战化"趋势》，《现代国际关系》2021年第4期，第55页。

④ 宋鹭、孙巧铃、李欣洁：《美国智库涉华研究的"新冷战化"趋势》，第56页。

⑤ Niall Ferguson, "The New Cold War? It's with China, and It Has Already Begun," *The New York Times*, December 2, 2019.

⑥ Newt Gingrich, *Trump vs. China: Facing America's Greatest Threat*, Center Street, 2019, pp. 299–300.

2019年7月，美国学术界、战略界以及前政要等群体分别发表两封公开信，就对华战略问题分别表明立场。第一封公开信的组织者与联名者多为具有影响力的学者和前政要，他们不赞成中国是美国的敌人或产生重大国家安全威胁，反对特朗普的对华政策，认为两国关系的恶化既不符合美国的利益，也不符合全球利益。还反对特朗普政府单边主义的对抗，支持美国以传统外交的手段联合盟友、以国际规则与制度约束中国、与中国展开竞争。① 第二封公开信的组织者与联名者多为持有强硬立场的前政要、学者、军方人士等反华人士，他们认为中国正在对美国和世界构成包括意识形态、国际秩序、安全等在内的多重"威胁"，因此支持特朗普政府对华强硬、重新定义经贸关系、抵御来自中国的全球"威胁"。② 保守派智库胡佛研究所的报告称，中国在美国国内的影响力增强，"威胁"了美国的核心价值、社会规范和法律，产生了长期的负面影响。③ 但是美国国内仍有不同的观点，卡托研究所的道格·班多指出，尽管"中国对美国的价值观和国家利益构成了挑战，但中国不是敌人。对华孤立与对抗只能造成中国人民的敌对情绪，美国应当保持与扩大对华接触"。④ 小布什政府的副国务卿、接触派代表人物佐利克再次提出了中美双方"利益攸关者"（stakeholder）的定位，强调两国并非敌对关系。⑤ 可见，美国国内仍然存在试图保持对华接触与合作的力量。

2019年10月，彭斯在威尔逊中心演讲时用"对手"形容中国，但却自相矛盾地表示，特朗普政府不寻求与中国对抗、遏制或"脱钩"，也不会排除与

---

① M. Taylor Fravel et al., "China Is Not an Enemy," *The Washington Post*, July 3, 2019.

② James E. Fanell, "Stay the Course on China: Open Letter to President Trump," *The Journal of Political Risk*, July 18, 2019.

③ Larry Diamond and Orville Schell, "Chinese Influence & American Interests: Promoting Constructive Vigilance," The Hoover Institution, November 29, 2018.

④ Doug Bandow, "Is China or Fear of China the Greater Threat?", *National Interest*, September 29, 2019, https://www.cato.org/commentary/china-or-fear-china-greater-threat.

⑤ Robert B. Zoellick, "Can America and China Be Stakeholders?", Carnegie Endowment, December 4, 2019.

中国的务实合作。① 这一方面反映出特朗普政府感受到了来自批评者的压力被迫缓和局势；② 另一方面也说明虽然彭斯作为福音派信徒在意识形态上敌视中国，但是他仍然是共和党建制派的成员，并非完全与特朗普和蓬佩奥等人同心同德。在2021年1月总统选举争议中，彭斯拒绝了特朗普的提议而坚持完成了国会的认证流程，也体现出他与右翼民粹主义仍然保持距离。同时，国家安全事务助理一职的频繁更换，使国家安全委员会的政策协调作用削弱。因此，蓬佩奥、波廷杰等美国国务院和国家安全委员会中的遏制派，在特朗普的"全政府"对华战略中扮演了最活跃和积极的角色，全面主导了对华战略的规划和实践过程。蓬佩奥也试图与彭斯等人攀比对华强硬，自彭斯接连发表两次有关中美关系的重要争议性讲话后，蓬佩奥也发表了10次措辞强硬但内容雷同的对华政策演讲。

特朗普政府中的部分反华人士和国会共和党人，对中国采取"超强硬"的姿态本质上是共和党保守派，特别是特朗普领导的右翼民粹主义者，在美国政治极化背景下，为持续获取政治权力而在外交和安全领域发起的新型"文化战争"。③ 特朗普和右翼民粹主义者通过开辟外部议题、塑造外部威胁、强化群体认同，一方面在共和党内从建制派手中夺取权力，另一方面也为共和党凝聚新的政治认同。

（三）新冠疫情与总统选举期间的冲突激化

2020年，排在特朗普政府战略议程中最高优先级的议题，是维持经济和总统选举，一切的战略规划和实践都要为这两个目标服务。特朗普政府将疫情与大选及对华战略紧密捆绑，而特朗普政府对新冠疫情的忽视和应对不力，导致美国经济形势恶化，特朗普认为，疫情破坏了他在总统选举中的优势地位。

---

① Mike Pence, "Remarks by Vice President Pence at the Frederic V. Malek Memorial Lecture," The White House, October 24, 2019.

② Michael D. Swaine, "A Smarter U.S. Strategy for China in Four Steps," Carnegie Endowment for International Peace, January 8, 2020.

③ 张昭曦：《美国共和党的对华超强硬态度探析》，《现代国际关系》2021年第8期，第9页。

2020年新冠疫情的暴发,非但没有助推中美关系改善以应对共同威胁,反而进一步加剧了紧张程度,中美关系加速下滑。疫情暴发后,特朗普政府渲染制造业在海外的风险,对制造业企业施压向美国本土回流。[①] 2020年3月,纳瓦罗借疫情在美国蔓延之际,加速推动中美产业"脱钩"。美国企业研究所的马克·蒂森认为,美国应当开始疏远与中国的经济和社会关系,立即开始切断与中国的一些经济联系。[②]

中美两国在应对疫情上采取了不同的模式,取得了不同的成效,导致在特朗普政府决策联盟的认知中,中美之间的"路线之争"凸显,意识形态对立色彩上升。一些保守派智库更加担忧,甚至惧怕中国的制度优势。2020年2月,传统基金会发布报告,谋划美国如何利用盟友围堵中国。[③] 传统基金会还恶意指责中国疫情信息存在问题,肆意主张对中国进行"惩罚"和"起诉"。[④] 布鲁金斯学会的保守派学者塔伦·查布拉等人指出,美国国内的社会和经济进步,可以通过对中国开展全面的战略竞争来促进发展,从而可以更好地保护美国的国家利益。[⑤] 亲民主党的自由派智库,如卡内基国际和平基金会、亚洲协会等,倾向于需要有效"管控"竞争,才能让美国在大国博弈中处于长期的有利地位。[⑥] 4月,卡内基国际和平基金会总裁威廉·伯恩斯、新美国安全中心首席执行官理查德·方丹等美国近百名专家学者,联合署名发表公开

---

① Robert E. Lighthizer, "The Era of Offshoring U.S. Jobs Is Over," *The New York Times*, May 11, 2020, https://www.nytimes.com/2020/05/11/opinion/coronavirus-jobs-offshoring.html.

② Marc A. Thiessen, "It's Time to Practice Social and Economic Distancing from China," *The Washington Post*, March 20, 2020.

③ Dean Cheng, Walter Lohman, James Carafano, Riley Walters, "Assessing Beijing's Power: A Blueprint for the U. S. Response to China over the Next Decades," Heritage, March 8, 2021.

④ Lee Edwards, "Is China Totalitarian?", Heritage, February 7, 2020, https://www.heritage.org/asia/commentary/china-totalitarian.

⑤ Tarun Chhabra, Scott Moore and Dominic Tierney, "The Left Should Play the China Card: Foreign Rivalry Inspires Progress at Home," *Foreign Affairs*, February 13, 2020.

⑥ Evan A. Feigenbaum, Eugene Rumer, Susan Thornton, Aaron David Miller, "The United States, Russia, and China in the Time of Pandemic," Carnegie, July 13, 2020, https://www.youtube.com/watch?v=J-vJLzN1Bug.

信，呼吁中美合作抗疫。①

在美国新冠疫情大暴发前，特朗普声称，在其任期内，美国经济已经持续多年增长，他的政府已经在美国国内创造了700多万个就业岗位。②美国经济的虚假繁荣景象因为疫情提前破裂，特朗普将此归罪于中国，开始不断攻击和抹黑中国和世界卫生组织。特朗普试图将他和美国政府的失败转嫁于外部，将新冠病毒溯源问题政治化，并提升到美国国家安全的高度。蓬佩奥、彭斯、纳瓦罗、奥布莱恩、波廷杰等人借机对中国政治经济体制进行全面的疯狂攻击。3月16日，特朗普首次使用"中国病毒"的歧视性称呼。受特朗普政府煽动的影响，皮尤研究中心2020年4月发布的报告显示，80%—90%的美国受访者认为中国"威胁"了美国，60%以上的受访者称之为"严重威胁"。③面对两国之间严峻的形势，曾任副国务卿的安德里亚·汤普森表示，中美两国通过外交途径和相关渠道仍然有机会可以解决彼此关心的问题。④

特朗普政府的官员则继续煽动意识形态对立。2020年5月，美国国家情报总监约翰·拉特克利夫在国会参议院的听证会中表示，"中美两国之间意识形态领域的思想冲突是所有冲突的核心"，而新冠疫情的暴发再次凸显了"民主国家"与中国之间的差异和摩擦。⑤同月，美国国务院发布了《美国对中华人民共和国战略方针》，作为对国会《2019财年国防授权法》关于要求政府进行"全政府"对华竞争的回应。该文件认为，美国需要提升制度、联盟和伙

---

① Kevin Rudd, "Saving Lives in America, China, and Around the World," Asia Society, April 3, 2020, https://asiasociety.org/center-us-china-relations/saving-lives-america-china-and-around-world.

② "Donald Trump State of the Union Speech Transcript: February 4, 2020," REV, February 4, 2020, https://www.rev.com/blog/transcripts/donald-trump-state-of-the-union-speech-transcript-february-4-2020.

③ Kat Devlin, Laura Silver and Christine Huang, "U. S. Views of China Increasingly Negative amid Coronavirus Outbreak," Pew Research Center, April 21, 2020.

④ Kenneth R. Rosen, "China Is 'Prepared for the Worst' as U.S. Threatens Further Sanctions That 'Will Not Bring China Down'; State Media," *Newsweek*, May 31 (2020).

⑤ 张业亮：《美国对华战略报告：几个动向值得关注》，《世界知识》2020年第12期，第47页。

伴关系的应变能力，还要对中国施加更多压力。① 特朗普政府因此采取了对华国际制度"脱钩"的手段，试图削弱中国的国际影响力，还试图打压"一带一路"倡议、人民币国际化、亚洲基础设施投资银行等。6月，国家安全事务助理奥布莱恩宣布，"接触"战略是战后美国对外战略最大的失败。②

美国对华战略的实践从"贸易战"延伸到多个议题，形成了议题联系的态势，从贸易、科技等功能领域延伸到人文交流、意识形态等价值观领域。在2020年总统选举的背景下，特朗普要求美国对外战略基本服从其国内政治需要，多方辩论在白宫内部几乎消失。③ 7月，蓬佩奥在尼克松图书馆的演讲中声称，世界正在经历"自由世界与暴政之争"，并全面、彻底地否定中国的多项国内外政策。他还呼吁，建立"民主国家联盟"来共同对抗中国，并提出所谓过去40年来美国对华接触政策失败论。④ 这打破了中美关系正常化以来形成的不挑战中国执政党领导地位的战略默契，表明蓬佩奥领导的美国国务院在对华战略实践中已经毫无底线，更有着明显配合特朗普竞选连任的机会主义意图。更有媒体透露，特朗普政府曾经考虑"全面禁止中国共产党党员及其家属赴美旅行"，这是"贸易战"以来，美国对华采取的最具挑衅性的行动。同年8月，美国国家情报总监办公室发布的声明中特别指出，中国和伊朗被视作与俄罗斯一样，对"2020年选举安全构成影响"，这反映了情报部门迎合了特朗普对中国的敌意。8月和9月，特朗普分别派遣美国政府高级官员访台，并宣布新一轮"对台售武"项目，美国国务院与"美国在台协会"还首度正式公开"六项保证"，持续掏空一个中国政策。

国家安全事务助理奥布莱恩、联邦调查局局长克里斯托弗·雷、司法部

---

① The White House, *United States Strategic Approach to The People's Republic of China*, May 26, 2020.

② Robert C. O'Brien, "The Chinese Communist Party's Ideology and Global Ambitions," June 24, 2020, USC Annenberg.

③ 孙成昊：《谁在左右特朗普政府的对外决策流程》，第42页。

④ Michael R. Pompeo, "Communist China and the Free World's Future," U.S. Department of State, July 23, 2020, https://2017-2021.state.gov/communist-china-and-the-free-worlds-future-2/index.html.

长威廉·巴尔和蓬佩奥的四场涉华演讲,全面勾勒出对华接触政策的终结,他们不断强调,由于政治制度的根本不同,中美两国的对抗是不可避免的,为保卫美国的价值观和社会生活方式,唯有以"全政府""全社会"的形式动员起全部力量,才能应对中国的挑战。美国政府对华的超强硬姿态,也影响到美国民意对中国的负面看法。2020年10月,根据美国战略与国际问题研究中心发布的调查,54%的受访者将中国视作美国最大挑战,而视俄罗斯为最大挑战的受访者只占22%。① 同年12月,根据芝加哥全球事务委员会的调查,美国约有67%的共和党籍受访者认为"中国崛起为世界大国"是"美国面临的七大紧要威胁"之首,而民主党选民并没有将中国列入"七大威胁"。②

面对疫情冲击和经济下行的局面,美国国内的族群分裂和社会动荡更加严重,特朗普执政期间在外交事务中也并无成果,其政绩几乎归零。③ 与此同时,共和党内建制派与右翼民粹主义者的对立明显加剧。前总统小布什,前总统候选人、共和党资深参议员威拉德·罗姆尼,前国务卿科林·鲍威尔等共和党建制派的重要人物,都公开表示反对特朗普连任总统。在疫情拖累经济等因素的影响下,还出现部分劳工阶层重新转向民主党的情况,疫情也刺激了邮寄选票的规模,在宾夕法尼亚州等"摇摆州"发生明显的"蓝移",最终改变了2020年大选结果。

然而,特朗普不承认败选、不向拜登祝贺,破坏了美国长期的政治传统和规则,加之特朗普支持者冲击国会山,发动美国国会暴乱,导致国内外对美国民主制度信念的动摇。国家内部的不稳定是霸权衰落的重要原因,福山认为,"占领国会山"不仅标志美国民主走向衰落,还显示出美国国际影响力

---

① "Mapping the Future of U. S. China Policy," CSIS, October 10, 2020, https://chinasurvey.csis.org/.

② Dina Smeltz, Ivo Daalder, Karl Friedhoff, Craig Kafura and Brendan Helm, "Divided We Stand: Democrats and Republicans Diverge on US Foreign Policy," Chicago Council on Global Affairs, December 2020, p. 5.

③ 任剑涛:《重构国家:特朗普理念的政治理论推定》,《当代美国评论》2020年第4期,第48页。

的下降。^① 国会暴乱发生后，姆努钦曾与蓬佩奥讨论援引宪法第25条修正案将特朗普赶下台的可能性。美军参谋长联席会议主席马克·米利则与中方通话，保证不会对中国发动攻击，他将会在特朗普决定要攻击中国的情况下，提前告知中方，此举还获得了众议长佩洛西的支持。[②] 这一方面说明特朗普决策联盟中部分成员和军方对他的巨大不信任；另一方面反映出，美国政治的混乱局面可能对中美关系和世界和平造成巨大威胁。拜登在一场极具争议和戏剧性的选举中，接管了这个极度分裂的国家，但特朗普领导的右翼民粹主义正在寻找卷土重来的机会。在经历被起诉、定罪、暗杀的2024年，78岁的特朗普在大选中击败哈里斯，再度出任美国总统，开启他的第二任期。

---

① Francis Fukuyama, "One Single Day. That's All It Took for the World to Look Away From Us," *The New York Times*, January 5, 2022, https://www.nytimes.com/2022/01/05/opinion/jan-6-global-democracy.html.

② General Mark Milley, "Gen. Mark Milley Testimony on Calls with China Transcript," REV, September 28, 2021.

第六章 拜登政府决策联盟与对华全面战略竞争的延续

2020年新冠疫情大流行和由美国总统选举造成的巨大政治冲突，使拜登上台伊始，既要抑制国内经济衰退、重振美国经济、弥合政治分歧，又要解决政治极化、产业空心化、重构供应链等长期问题。有学者指出，当美国这类大国面临重大国内议程挑战时，其对外战略会偏重于国内治理的需要。①拜登政府的对华战略正是建立在美国国内政治的现实基础之上，即通过议题转换和联系的方式，将解决国内的各领域问题与对华全方位战略竞争联系在一起。

特朗普政府的对华战略在其执政末期，已经走向对抗性质而非竞争，拜登政府则要进行对美国更有利、可持续、系统性、低成本的对华竞争战略。②拜登政府的对华战略将"竞争、对抗、合作"的关系以及"遏制和接触"的手段综合使用。拜登政府将其对华战略归纳为"三个C"：认为中美核心在于竞争（competition）；认为合作（cooperation）对美国有利的时候就跟中国合作；认为必要的时候会跟中国对抗（confrontation）。总的来说，拜登政府对特朗普政府对华战略手段的延续多于变化，但却又选择了内政外交的融合与多边主义的自由主义战略，将国家重建、恢复美国的盟友与伙伴关系、坚持美国的价值观列为三个支柱，为中国设计不同于极限施压的全面战略竞争框架。③

---

① 胡然、王缉思：《论中美关系与国内治理》，《当代美国评论》2022年第3期，第25页。
② 吴心伯：《塑造中美战略竞争的新常态》，《国际问题研究》2022年第2期，第37页。
③ 王缉思、本刊编辑部：《美国内政外交演变的表现与动因——王缉思教授专访》，《当代美国评论》2022年第1期，第1页。

首先，拜登政府基本继承了特朗普政府的"以实力求和平"的原则，即通过扩大投资国内基础设施和关键行业，以及加强保护关键产业和核心技术等方式来增强美国自身的实力。拜登政府认为，跟中国竞争的关键还是要夯实国内经济基础，推动国内变革，从而赢得对华战略竞争。在科技领域，拜登政府采取了所谓"小院高墙"的策略，即在某些关键的战略性技术领域彻底排除中国资本、企业、产品和技术，更重视知识产权等问题，强调与中国在前沿科技及其标准制定方面的竞争。[1]

其次，拜登政府回归民主党传统的自由主义全球战略理念，继承了建制派对美国主导世界的定位，抛弃特朗普的单边主义，加强美国在多边制度中的领导地位，维系并主导"基于规则的国际秩序"，坚持参与国际事务。国防部"印太"事务助理部长、国防部长首席中国政策顾问、拜登团队"印太"问题专家埃利·拉特纳认为，美国应致力于构建在不同议题中的多边联盟，[2] 将盟友与伙伴体系作为对华战略竞争的重要资产。但拜登的多边主义是局部性和排斥性的，即试图通过构建以美国为中心的联盟和安全体系，并且彻底将中国排除出关键的供应链和产业链体系。[3] 拜登政府针对不同议题组建不同的联盟：在意识形态议题中，提出了"民主国家联盟"构想；在科技议题中提出所谓"民主十国"建立科技联盟；在安全议题中提升美日印澳"四方安全对话"机制（QUAD）的地位，建立美英澳"三边安全伙伴关系"（AUKUS），重视"五眼联盟"等安全和情报机制发挥的作用。

最后，拜登将民主的价值观和理念视为"美国社会的基础、力量的源泉"，[4] 通过召开"全球民主峰会"等方式，试图将价值观作为区分敌我的意识形态武器。拜登相比特朗普更加强调民主价值观的重要性，这是具有现实

---

[1] 刁大明、蔡泓宇：《竞争性对华战略调整的美方争论》，《国际政治科学》2020年第4期，第139—140页。

[2] Richard Fontaine and Ely Ratner, "Opinion: The U.S.-China Confrontation Is Not Another Cold War. It's Something New," *The Washington Post*, July 2 (2022).

[3] 杜兰：《"印太经济框架"的动向及其对华影响》，《当代美国评论》2022年第3期，第96页。

[4] Joseph R. Biden, Jr., "Why America Must Lead Again? Rescuing U.S. Foreign Policy after Trump," *Foreign Affairs* 99, no. 2 (2020): 65.

主义特点的价值观外交。重拾价值观外交的目的是以相同的意识形态节约交易成本,与盟友形成集体身份认同,从而构建"小圈子",孤立中国、俄罗斯等竞争对手。同时拜登本人及其决策团队认为,与面临来自"威权主义"国家的结构性压力相比,美国和其他民主国家内部的"非自由民粹主义"势力崛起的问题更加严峻。① 因此,拜登政府试图通过构建"民主国家联盟",以国内和国际"自由主义民主阵营"联动的方式解决美国国内的民主政治危机。②

拜登政府更加强调国内改革和经济复苏的重要性,与奥巴马政府类似,其对外战略也很容易被国内政治影响。弥合美国国内分裂是拜登的首要任务。拜登既要推进民主党关心的议题,又要满足特朗普支持者等右翼民粹派和共和党建制派的利益诉求,以求弥合政治和社会分歧。③ 因此,拜登政府顺应国内政治中的反华倾向,利用与中国相关的议题增强自身决策联盟的凝聚力和合法性,推进国内议程并获得更多的政治与社会支持,以大国竞争输出两党冲突,这将导致对"中国威胁论"的渲染被泛化到各个议题。乌克兰危机作为战略性危机,加剧了美国与俄罗斯、中国等战略竞争者之间的紧张关系,同时,国会中的一些反华政客为了自身的政治利益将乌克兰危机与台海局势相联系。

同时,拜登政府也在避免与中国进行直接的军事对抗,没有将中美关系定性为敌对关系,释放出了部分对华缓和的信号。这是因为拜登认为,"美国在对华战略竞争中更具长期优势,不必采用高成本、高风险和高不确定性的策略就能制胜"。④ 中美两国在气候变化、全球卫生安全、人道主义救援、恐

---

① James Traub, "The Biden Doctrine Exists Already. Here's an Inside Preview," *Foreign Policy*, August 20 (2020).

② Hans Kundnani, "Democracies Must Band Together and Look Inwards," *Chatham House*, January 11, 2021.

③ Lisa Lerer and Reid J. Epstein, "How Biden United a Fractious Party under One Tent," *The New York Times*, March 3 (2021).

④ 肖河:《避险与威慑——美国对华竞争的复合逻辑》,《当代美国评论》2022年第3期,第24页。

怖主义、军控、核不扩散、伊朗核问题、朝鲜核问题、打击毒品犯罪、反腐败、两军潜在危机管控机制、中低端供应链的经贸合作，以及一些热点地区问题等非关键性议题中仍然存在有限合作的可能性。虽然中美竞争加剧的整体态势并未表现在所有议题中，但拜登政府不会因为需要与中国在上述议题开展合作就放弃在科技等核心领域的竞争，因此具体合作必然很有限。

第一节 拜登政府决策联盟的构成

拜登政府的决策联盟与奥巴马政府同样依靠亲民主党的自由派政治和社会群体，但是最大的不同点在于白人工人群体成为左右选举的重要力量，因此，拜登政府决策联盟的政策将该群体的利益诉求放在了首位，从而限制了自身对外战略的政策选项。

一、政治极化格局下的民主党政府

在政治极化格局下，民主党的国内外政策向自由主义不断倾斜，虽然这激化了两党党争，但是在大国全面战略竞争格局的背景下，国会两党都强调对华竞争战略的重要性。

（一）拜登的执政团队：专业性与一致性

与特朗普不同，拜登具有长期从政的经历，在担任不同职位时有不同的对华立场。拜登曾任参议院外交关系委员会主席，与中国交往频繁，他在担任副总统期间对华态度友好。拜登曾多次表示与中国合作共同推动的《巴黎协定》是其作为副总统的重大政绩。但是在2020年大选期间，拜登却批评特朗普"对华软弱"。

拜登的个人性格更加温和沉稳，因此，他在难以调和的冲突和博弈过程中倾向于寻找替代方案，而非选择和对手激烈地对抗或者完全放弃；强调以谈判达成战略目标，而非特朗普的"极限施压"。他与部下关系融洽，对下属和官僚机构的信任度较高。其核心决策圈都是与自己政治理念冲突较小、有一定私人关系的政客和专家。其团队成员对拜登较为忠诚，并且具有较高的自由主义理念相似度。与特朗普时期行政部门之间的不信任、冲突和混乱相比，拜登政府的各部门更高效、和谐，①行政部门可以发挥更稳定的作用。拜登与内阁中的大部分成员都有过共事的经历，使他本人在战略议程设置和团队结构中处于核心位置，可以尽可能降低小集团思维对战略决策的干扰，其政策稳定性、可预测性和专业性也较强。这完全不同于特朗普政府时期，总统个人意志发挥主导作用的决策模式。

拜登认为美国的战略环境正处于恶化的状态，表现为美国国内政治极化与国际地位的降低。国内原因主要是特朗普对美国民主带来的破坏，国际原因则是部分"非民主"国家崛起带来的国际秩序调整。②拜登以"民主"与"非民主"的二元思维框架认知国际政治，但也放弃对抗性质的竞争方式，展示出推进自由主义民主价值观的意愿。虽然拜登政府更加突出中美之间的权力、制度、价值观和发展模式竞争，但同时也在避免将大国战略竞争外溢到直接的军事对抗。③

拜登政府关键部门的负责人在对华战略中发挥重要的影响，其核心决策圈的关键成员大多为奥巴马时代的建制派官员和专业人士，也多是持自由国际主义战略的自由鹰派，因此其战略规划接近奥巴马时期。自由鹰派强调意识形态对抗，主张通过国际政治经济机制和规范来维系和巩固美国霸权，经常以"人权"为名干涉别国事务，在意识形态领域同中国有深刻的分歧。④一些自由鹰派成员，如奥巴马时期常务副国务卿安东尼·布林肯出任国务卿、前国家安全事务副助理杰克·沙利文出任国家安全事务助理、前中央情报局副局长艾薇儿·海恩斯出任国家情报总监、前副国务卿库尔特·坎贝尔出任国家安全委员会"印太"事务协调员。坎贝尔是"亚太再平衡"战略的主导者，

---

① 李宏洲、尹继武：《拜登的人格特质及决策特点》，《现代国际关系》2021年第2期，第14、16页。

② Joseph R. Biden Jr., "Why America Must Lead Again? Rescuing U.S. Foreign Policy After Trump," *Foreign Affairs* 99, no. 2 (2020): 64–68, 70–76.

③ 朱晨歌、尹继武：《美国拜登总统的国家安全战略思维》，《国际安全研究》2022年第6期，第17页。

④ 张昭曦：《自由鹰派与拜登政府对华战略》，《现代国际关系》2022年第8期，第37、40页。

他曾宣告美国对华"接触"时代的终结与"竞争"时代的开启。①这些自由鹰派成员完善了拜登政府对华战略竞争的逻辑，细化了政策实践的布局，使之更符合民主党的总体议程。②但是布林肯、沙利文以及国防部长劳埃德·奥斯汀等人都不主张"新冷战"或中美"全面脱钩"。③也正是因为拜登政府内存在多个具有一定影响力的关键决策者，使得在推进总体战略的过程中，拜登个人缺乏足够强势的权威来协调观念和立场时有冲突的各位决策者。④

拜登政府决策层的年轻化体现出民主党外交精英的代际转换，布林肯、沙利文等与特朗普时期国家安全事务副助理马修·波廷杰年龄相仿，因此在对涉华议题中也存在理解偏差。民主党政策精英虽然强调对华战略竞争的必要性和紧迫性，还重视维护民主价值观和人权等议题，但也意识到在某些议题中与中国适度合作、接触的必要性，不会像特朗普政府那样几乎完全放弃对华接触与合作。在手段上，这些年轻的民主党外交精英注重运用多边主义手段、加强与美国盟友的协调，特别重视构建多边政治和经济的制度安排，从而试图用规则约束、孤立、限制中国。拜登政府决策圈的政策主张呈现出了民主党建制派、进步派与部分共和党的主张既融合又矛盾的态势。拜登政府中部分成员希望中美能恢复正常的经贸关系并缓和紧张的安全局势，但还有一些成员寻求提升中美的竞争关系，包括激化在"台湾问题"上的对抗。

最后，为了弥合特朗普时期白宫和官僚体系紧张的关系，白宫于2021年2月发布备忘录将"多元、公平、包容和可及性"列为优先工作目标，⑤试图加强机构人员的多元化和包容性。对官僚体系的安抚有助于提升外交和安全

---

① Noa Ronkin, "White House Top Asia Policy Officials Discuss U.S. China Strategy at APARC's Oksenberg Conference," Walter H. Shorenstein Asia-Pacific Research Center, Stanford University, May 27, (2021), https://aparc.fsi.stanford.edu/news/white-house-top-asia-policy-officials-discuss-us-china-strategy-aparc%E2%80%99s-oksenberg-conference.

② 张昭曦：《自由鹰派与拜登政府对华战略》，第38页。

③ 汪曙申：《特朗普政府的对台政策及其影响》，《美国研究》2021年第5期，第133页。

④ 李宏洲、尹继武：《拜登的人格特质及决策特点》，第18页。

⑤ Office of the Assistant Secretary of Defense, "Approval of the 2022 Department of Defense Maintenance Symposium," February 14, 2022.

部门的士气与活力，并服务于民主党的政治目标。与特朗普时期各部门在对华战略实践中各自为战相比，拜登政府各部门协调得更好。

（二）国会全力支持对华战略竞争

国会同样延续了在对华战略议程中的活跃态度，并试图与白宫争夺设置对华战略议程的主动权。国会的涉华提案越来越注重议题联系和"府会协同"，提出了更多具有意识形态化、安全化和政治化倾向的法案。拜登政府延续了全面对华战略，因此，其抑制国会对华战略影响的能力和意愿并不强。民主党控制的国会还积极推动人权、气候变化等民主党关心的议题，更是借由新疆问题，要求外交抵制北京冬奥会。但是，波兰等美国盟国领导人仍然出席了北京冬奥会开幕式。

拜登政府的《2022美国竞争法案》成为对华战略竞争"府会协同"的重要成果。国会参众两院通过立法的形式敦促美国政府加大力度保护和投资半导体产业的生产、创新、技术研发与保护，具体体现在《2021美国创新与竞争法案》和《2022美国竞争法案》两部法案当中。2021年，参议院外交关系委员会主席、民主党参议员鲍勃·梅内德斯与参议员吉姆·里希共同提出了针对中国的《2021年战略竞争法案》，意欲在政治、经济、军事、外交等各个领域向中国施压，该法案声称中国成为美国"近乎同等体量"（near-peer）的全球性战略竞争者，要与中国展开长期、全方位竞争。[①] 2022年1月，众议院通过该法案的替代法案《2022美国竞争法案》，并于3月再次在参议院通过。该法案的核心目标是通过投资加强美国的科技研发能力并重振制造业以对抗中国，但法案中的提议并不都与对华战略直接相关，而是涉及领域非常广泛，因此国会两党的分歧也非常严重。例如，民主党在法案中增加应对气候变化的条款，共和党人由此认为该法案是伪装成涉华法案的气候变化法案。[②] 7月，

---

① 117th Congress, "S.1260 - United States Innovation and Competition Act of 2021," June 8, 2021, https://www.congress.gov/bill/117th-congress/senate-bill/1260.

② 117th Congress, "Congressional Record, Proceedings and Debates of the 117th Congress, Second Session," February 2, 2022, 168, no. 21, H899–905, https://www.congress.gov/117/crec/2022/02/02/168/21/CREC-2022-02-02.pdf.

国会投票通过了价值2800亿美元的《芯片与科学法案》，加大了对美国半导体制造业的补贴和科技创新的支持力度，成为拜登和民主党的立法胜利。

当前，美国党派斗争剧烈、两党内部派系分散、民众观念割裂，导致拜登政府众多具有左翼色彩的施政和改革议程都遭到来自国会共和党人的阻力。例如，共和党指责拜登政府在美国国内的基建和社会福利计划加重了税收负担、扩大了政府的财政支出和职权范围。共和党也强烈反对重塑国内经济竞争力的方案，这是因为两党政治对立尖锐，所以共和党"逢拜必反"。得克萨斯州参议员特德·克鲁兹认为，民主党应以就业为核心议题，更是夸张地宣称"反特朗普"已经成为民主党目前唯一能够树立的标签，"特朗普已经把民主党击破了"。①更有大量支持特朗普的右翼民粹派议员希望在2022年11月美国国会中期选举控制众议院后，酝酿弹劾或调查拜登。

共和党通过提出大量涉华立法来框定拜登政府对华战略调整的限度。共和党参议员马尔科·鲁比奥、克鲁兹、汤姆·科顿、乔什·霍利，众议院共和党领袖凯文·麦卡锡，以及共和党众议员迈克尔·麦考尔、吉姆·班克斯、伊莉斯·斯特凡尼克、迈克·加拉格，民主党参议员克里斯托弗·库恩斯等议员积极提出并领导反华议案。其中鲁比奥批评释放孟晚舟是软弱的表现。霍利则致信财政部长珍妮特·耶伦，敦促耶伦确保抖音（TikTok）切断与中国公司的一切联系。2021年2月，科顿发布报告建议拜登政府实施对华"脱钩"政策，并认为美国国内最大的阻力，将来自从中国获利的美国人、西方公司和游说集团。②6月底，麦卡锡宣布由百余名共和党众议员组成七大工作组"问责中国"。

面对共和党咄咄逼人的态势，民主党建制派也试图利用两党对"中国威胁"的共识加大战略资源投入，构建全面、系统的对华战略体系，并借以推

---

① Ted Cruz, "BizPac Review: Ted Cruz: Donald Trump has 'Broken the Democratic Party'," August 16, 2019, https://www.tedcruz.org/news/bizpac-review-ted-cruz-donald-trump-has-broken-the-democratic-party/.

② Tom Cotton, "Beat China: Targeted Decoupling and the Economic Long War," February 2021.

进其关注的国内议题。即便是像国会"中国工作小组"的共同主席之一的瑞克·拉森这种对华"温和派"的议员，也逐渐表现出对华强硬的立场，但他依然主张不要放弃对华接触，更要促进两国的人文和军事交流。相对而言，民主党进步派对华更温和、理性。伯尼·桑德斯、亚历山德里娅·奥卡西奥–科茨所代表的民主党进步派认为，新保守派和军工复合体在渲染"中国威胁"。桑德斯认为，对华过于强硬会影响中美在气候变化、防控疫情和防止核战争方面的合作。① 同时，民主党进步派希望将更多的财政预算投入到普及学前教育、可持续清洁能源等领域，而建制派则希望更多投入到投资科技和关键基础设施上。② 拜登不得不花费更多的政治资源弥合党内纷争。

二、社会力量的分裂与重组

（一）关键社会群体：劳工阶层

2016年到2020年，劳工阶层在两党之间呈现出一定的摇摆态势，进而也导致了中西部和五大湖地区"铁锈地带"各州的政党倾向历史性地摆动。③ 拜登因其"新民主党"的温和理念以及亲工会的背景得到劳工阶层的一定支持，并在宾夕法尼亚州等"铁锈地带"享有某些优势。④ 以桑德斯为代表的民主党进步派也对拜登政府和民主党议程有较大的影响，进步派将劳工阶层视为自身的基本盘，反对中国的"不公平贸易"损害工人和中产阶级的利益。拜登政府的对外政策仍受制于劳工阶层内部的民粹主义影响，因此也将中国等国的"不公平贸易"做法视为美国失业率上升、制造业"空心化"以及整个中产阶级衰落的重要原因。

---

① Bernie Sanders, "Washington's Dangerous New Consensus on China," *Foreign Affairs*, June 17 (2021).

② Jonathan Weisman, "Deeply Divided, House Democrats Battle Over Priorities and Politics," *The New York Times*, August 21 (2021).

③ 刁大明：《2020年大选与美国民主党的转型》，《国际论坛》2020年第6期，第104页。

④ "Working-Class Whites Deserted Bernie Sanders in the Midwest," *The Economist*, March 12, 2020, https://www.economist.com/united-states/2020/03/12/working-class-whites-deserted-bernie-sanders-in-the-midwest.

拜登政府的经济和贸易政策与特朗普政府类似，都迎合了国内的民粹主义情绪，其目的同样是维护美国白人劳工阶层的经济利益；但因为民主党更关注气候变化议题，拜登政府还要满足国内自由派和全球主义者关心的全球治理问题相关诉求；在维护国际制度和重新参与多边主义机制等外交议题中，拜登政府秉持"中产阶级外交"理念，在两大群体之间摇摆。① 同时，拜登政府在恢复美国领导多边机制的地位与争取劳工阶级两大战略目标之间存在两难困境。在中美科技竞争日益强烈的情况下，拜登政府试图同时满足科技企业与工会的政治势力，但是在文化身份认同越来越重要的美国社会，民主党越来越难以争取白人劳工阶层的支持。在2022年国会中期选举中，民主党候选人仍以经济为核心选举议题来吸引劳工阶层选民。

因为对华战略竞争的议题和手段不同，右翼民粹势力越发占主导的共和党不断攻击拜登政府"对华软弱"，而拜登政府也需要通过适当配合共和党对华强硬，以换取后者在国内议题上的支持。坎贝尔指出，塑造外部竞争对手可以推动美国进行调整和创新。② 因此，拜登政府认为通过对华强硬，可以凝聚起国内力量、推进国内议程。但将对华强硬作为拉拢劳工阶层的手段，无助于从根本上解决美国社会内部的价值观分歧，更不可能解决政治极化的问题。

（二）自由派智库

在拜登执政后，民主党建制派的智库精英们重返决策中心。拜登的外交决策团队成员大多是具有专业知识的官员和学者。例如，国务卿布林肯曾是战略与国际问题研究中心的国际安全专家，中情局局长威廉·伯恩斯曾任卡内基国际和平基金会总裁，国家安全委员会中国事务高级主任杜如松曾任布鲁金斯学会"中国战略倡议"主任，国家安全委员会"印太"事务协调员坎贝尔曾任新美国安全中心理事会主席，国防部"印太"事务助理部长拉特纳

---

① 王浩：《走出周期：美国政党政治研究的范式转换与议程重置》，《美国研究》2022年第4期，第69页。

② Kurt M. Campbell and Rush Doshi, "The China Challenge Can Help America Avert Decline: Why Competition Could Prove Declinists Wrong Again," *Foreign Affairs*, December 3 (2020).

曾任新美国安全中心执行副总裁,国务院政策规划司中国问题高级顾问米拉·拉普–胡珀曾任对外关系委员会高级研究员,国家安全事务助理沙利文和国务院政策规划司主任萨尔曼·艾哈迈德曾任职于卡内基国际和平基金会。

在奥巴马时期的对华战略中,新美国安全中心发挥了巨大的作用,提倡"亚太再平衡战略"。进入拜登时期,该智库强调在"人权、民主"等价值观的基础上,建立技术联盟与"专制"国家争夺技术主导权。① 拜登试图构建民主国家同盟的尝试来自新自由制度主义的主张。艾伦·布坎南和罗伯特·基欧汉就提出,民主国家联盟可以授权预防性行动。② 曾任新美国安全中心执行副总裁的拉特纳曾批评特朗普政府,没有增强或维护美国在世界和亚洲的竞争力、实力和领导力,只反映出"无竞争力的对抗性"(confrontational without being competitive)的对华战略。③ 以新美国安全中心为代表的亲民主党智库,为拜登政府提供了更加系统性的对华战略方案与人才。

除了新美国安全中心,各类亲民主党智库都在借机向拜登政府推销自己的方案,其中部分也被拜登政府采纳。大西洋理事会于2021年1月底发布的《更长电报:走向新的美国对华战略》,主张从外部瓦解中国,提出振兴美国的国家实力、加强对华威慑和煽动意识形态斗争、明确对华竞争与合作边界等全面遏制中国的方案。④ 这代表了美国智库对华强硬派的一种声音。

---

① Martijn Rasser, Rebecca Arcesati, Shin Oya, Ainikki Riikonen and Monika Bochert, "Common Code: AN Alliance Framework for Democratic Technology Policy," Center for a New American Security, October 21, 2020.

② Allen Buchanan and Robert O. Keohane, "The Preventive Use of Force: A Cosmopolitan Institutional Proposal," *Ethics and International Affairs* 18, no. 1 (2006): 1–22.

③ Ely Ratner, "Blunting China's Illiberal Order: The Vital Role of Congress in U.S. Strategic Competition with China," Center for a New American Security, January 29, 2019, https://www.cnas.org/publications/congressional-testimony/blunting-chinas-illiberal-order-the-vital-role-of-congress-in-u-s-strategic-competition-with-china.

④ 谈东晨、钮维敢:《美国智库对华战略构想的新内涵——以〈更长电报:走向新的美国对华战略〉为例》,《东北亚论坛》2022年第1期,第49页。

第二节 对华战略竞争定位的延续与扩展

拜登政府在战略规划的目标识别中首先将中国视为全球性、全方位的战略竞争者，并以"中产阶级外交"为连接国内外战略的核心原则，在国内设置重振民主价值观、振兴制造业和前沿科技研发、重塑供应链等战略议程。在国际中以"亚太再平衡"战略和特朗普政府的"印太战略"为基础升级为新版"印太战略"，试图在多个领域议题中组建排斥中国的"小圈子"，从而以多边主义的低成本代价制衡中国。

一、对华战略目标的巩固与发展：全面战略竞争的延续

总体而言，拜登政府进行对华竞争的战略目标延续了特朗普政府中的很多政策，同时还加强与其他盟友伙伴们的协调，试图构建针对中国的"价值观联盟"。拜登政府主张美国需要维护优势地位和体系主导权，并展示美国霸权的力量和战略决心，但也提出需要在关切的议题中与中国合作。在拜登执政前，放弃对华接触、主张对华强硬的观点已经在民主党中占据主导地位。坎贝尔和沙利文认为，对华接触战略是根本错误的，"中国是比苏联经济更强大、外交更成熟、意识形态更灵活、同等体量的竞争对手"，因此在经济、科技和意识形态领域对美国造成更大的挑战。[①]

2021年2月，刚上任的拜登在美国国务院发表的演讲中强调，"中国不断增长的对抗美国的野心"是美国面临的主要挑战之一，美国将直面中国"对其繁荣、安全和民主价值观"的挑战。[②] 同月，拜登表示，仍然需要坚持"全

---

① Kurt M. Campbell and Jake Sullivan, "Competition without Catastrophe: How America Can Both Challenge and Coexist with China," *Foreign Affairs* 98, no. 5 (2019): 98.

② The White House, "Remarks by President Biden on America's Place in the World," February 4, 2021.

政府"原则来应对中国的挑战,① 宣布将在国防部成立所谓"中国工作组"（China Task Force），专门负责对华战略的跨部门协调。② 因为拜登政府执政团队的相对团结和稳定，使其推行"全政府"原则的效率较高。贸易代表办公室、国防部、国土安全部、中央情报局等机构纷纷成立专门的对华机制，评估各自对华战略竞争的策略，在各自的领域作出系统性的安排。例如，负责"印太"安全事务的国防部长助理拉特纳领导组建国防部"中国工作组"，中情局局长伯恩斯则在中情局成立"中国任务中心"。

拜登政府执政初期，就将中国排在了战略议程的首位。拜登将中国定位为"最严峻的竞争者"，虽然强调不寻求对抗中国，但要与中国展开"长期性、战略性和极为激烈的竞争"（extreme competition）。③ 2021年3月，国务卿布林肯称，中国是21世纪美国"最大的地缘政治考验"，提出了美国将与中国在不同情况下"竞争、合作、对抗"的三分法和"不寻求改变中国体制"等底线主张。④

拜登政府已将中国看作唯一的全方位、长期性战略竞争对手，并将对中国的定位集中描述在相关政府文件中。拜登政府颁布的《过渡时期国家安全战略指南》首先强调了美国的威胁来源之一，是"与中俄和其他威权国家竞争"，将大国之间竞争视为美国面临的主要挑战，而且将中国而非俄罗斯认定为美国最主要的战略竞争对手。该报告明确指出，"中国是唯一可能将其各种力量结合起来"持续挑战美国主导的国际秩序的竞争对手。同时，报告仍然坚持强调，与美国盟友和伙伴共同制衡中国具有重要意义，重塑在全球的领导地位，迫使中国感受到更强的"体系性压力"，确保美国而不是中国能够制

---

① The White House, "Remark by President Biden to Department of Defense Personnel," February 10, 2021.

② U. S. Department of Defense, "Biden Announces DOD China Task Force," February 10, 2021.

③ "Joe Biden: Expect 'Extreme Competition' between US and China," BBC, February 7, 2021, https://www.bbc.com/news/av/world-us-canada-55974668.

④ Antony J. Blinken, "A Foreign Policy for the American People," U.S. Department of State, March 3, 2021, https://www.state.gov/a-foreign-policy-for-the-american-people/.

定国际议程。①

拜登政府对华战略也是跨领域、多议题的全面性战略。2021年4月，美国情报总监办公室发布的报告指出，"中国正在逐渐成为与美国几乎平分秋色的竞争者"，在许多议题和领域中正在挑战美国的地位。② 布林肯还表示，"未来美国要领导全球的可再生能源革命，否则会输掉与中国的长期战略竞争，更会失去用美国的价值和利益观重塑世界气候政策的机会"。③ 5月，布林肯就拜登政府对华战略发表演讲，将对华战略总结为"投资、协同、竞争"。演讲的主基调依然是竞争，但也提到两国在气候变化、新冠疫情上寻求合作的重要性，还要避免美中竞争滑向冲突。④ 与上一任国务卿蓬佩奥的立场相比，布林肯的表态相对温和，他表示美国不寻求改变中国的制度，不寻求对华冲突或冷战。但是在6月，拜登宣称，西方的"民主国家"应当携手为世界其他国家"提供替代中国的方案"。⑤ 美国原则上与中国达成共识的唯一领域是气候变化。10月，布林肯与小布什政府时期的国务卿康多莉扎·赖斯在胡佛研究所对话。布林肯认为中美在气候变化、全球公共卫生、禁毒等领域还有合作空间。总统气候问题特使约翰·克里也主张对华接触并在气候议题中与中国达成一定共识。但布林肯强调，"气候问题不可交易"，美国需要与中国争夺

---

① The White House, *Interim National Security Strategic Guidance*, March 2021, https://www.whitehouse.gov/wp-content/uploads/2021/03/NSC-1v2.pdf.

② U.S. Office of the Director of National Intelligence, "Annual Threat Assessment of the U.S. Intelligence Community," April 9, 2021, p. 4.

③ Katrina Manson and Leslie Hook, "Blinken Says US Must Lead Green Energy Revolution to Combat China," *Financial Times*, April 20, 2021, https://www.ft.com/content/94b3d0dc-830e-46c2-911a-9c29e22bc432.

④ George Parker, Sebastian Payne, Leslie Hook and Lauren Fedor, "Biden Rallies Western Allies In Global 'Contest' against Autocrats," *Financial Times*, June 14, 2021, https://www.ft.com/content/0f24b0a9-1847-431c-807e-6e249fe7181b.

⑤ Joe Biden, "Joe Biden: My Trip to Europe Is about America Rallying the World's Democracies," *The Washington Post*, June 5 (2021).

气候领域主导权。①

2021年11月，在与习近平主席的视频会晤中，拜登再次表示美国不寻求"新冷战"、"不寻求改变中国体制和通过强化同盟关系反对中国"、不支持"台独"，并且无意同中国发生冲突对抗。②中美关系一度出现些许积极因素，例如，释放孟晚舟回国、中国国务院副总理刘鹤与美国财政部长耶伦通话、美国发出拟重新豁免部分中国商品关税的消息，但同时美国又在"台湾问题"上变本加厉。2022年3月底，国防部发布《2022年国防战略情况说明书》，称中国是在"许多领域中对美国构成'威胁'和挑战最多的主要战略竞争对手"，美国国防部将会优先考虑在"印太"地区，中国的行为会如何挑战美国的利益，而后再考虑欧洲的俄罗斯行为。③5月，布林肯表示，"中国是唯一同时拥有重塑国际秩序的意图，还具备强大的经济、科技、军事和外交能力的国家"，布林肯虽然再次强调美国不会阻碍中国的发展，但会试图塑造中国的周边战略环境。④

2022年10月，国家安全委员会发布因乌克兰危机而推迟的新版《国家安全战略报告》，声称美国要努力"约束危险的俄罗斯"，中国再次被定位为"优先考虑的、唯一的全球竞争对手"，更明确未来10年是美国与中国进行"竞赢"较量的"决定性10年"。报告基本上没有谈到与中国合作，只提到接触和共同努力。沙利文虽然认为中国对美国构成了相当大的"地缘政治挑战"，但是美国也在尽力不让两国之间的战略竞争转化为直接的对抗或者"新冷战"。同时，该份报告也表示，中美两国仍然存在和平共存的可能性，

---

① "Blinken Says U.S. Trails China in Shaping Climate Future (2)," Bloomberg Law, April 20, 2021, https://news.bloomberglaw.com/environment-and-energy/blinken-says-u-s-falls-behind-china-in-shaping-climate-future.

② 《王毅应约同美国国务卿布林肯通电话》，外交部网站，2022年1月27日，https://www.fmprc.gov.cn/wjbzhd/202201/t20220127_10634923.shtml。

③ U.S. Department of Defense, *Fact Sheet: 2022 National Defense Strategy*, March 28 (2022): 1-2.

④ Antony J. Blinken, "The Administration's Approach to the People's Republic of China," U.S. Department of State, May 26, 2022.

两国可以"共享人类文明进步的成果",并且共同为人类文明的发展作出新的贡献。① 报告总结了过去两年,拜登政府对中国的定位和矛盾的态度,重复了拜登和布林肯反复强调的对华角色定位,但没有为拜登政府对华战略提供重大的思维和准则转变。唯一的亮点在于,用"竞争塑造"(compete to shape)取代"竞争合作"(compete and cooperate)概念,体现未来拜登政府对外战略主动性的增强。

二、"中产阶级外交"原则

(一)"中产阶级外交"的国内根源

自2008年金融危机以来,美国产业持续空心化,中产阶级收入增长停滞。拜登认为,对国家安全的最大威胁在美国国内,如果美国中产阶级能够再次振兴,那么也会有助于夯实美国民主制度的经济基础,缓解社会的阶级对立和政治分裂,从而维护美国社会秩序的相对稳定。拜登政府提出,"中产阶级外交"(A Foreign Policy for the U.S. Middle Class)的理念,试图打通国内外政策,让对外战略服务于国内利益,特别是中产阶级的利益。"重建更美好未来"和"重塑美国的全球领导力",作为拜登政府国内外政策的重点,与"中产阶级外交"理念相辅相成。

沙利文曾警告,美国的外交决策者们需要考虑,如何让美国的外交政策可以更好地为美国中产阶级的利益服务。② 拜登政府提出,"中产阶级外交政策"主要是为了回应国内选民诉求以替代特朗普的"美国优先"、重塑美国对外战略以及与中国展开竞争,③ 使对华战略更加符合民主党自身的利益诉求和政治文化。具体而言,"中产阶级外交"在经贸政策上,体现为在经济全球化

---

① The White House, *National Security Strategy,* October 2022, https://www.whitehouse.gov/wp-content/uploads/2022/10/Biden-Harris-Administrations-National-Security-Strategy-10.2022.pdf.

② Salman Ahmed, et al., *U.S. Foreign Policy for the Middle Class: Perspectives from Ohio* (Washington, D.C.: Carnegie Endowment for International Peace, 2018), pp. 1, 8-9.

③ 韦宗友、张歆伟:《拜登政府"中产阶级外交政策"与中美关系》,《美国研究》2021年第4期,第93页。

中，提升美国自身的竞争力、主导制定新规则和规范、重塑"民主国家"经济体的供应链和产业链。在安全政策上，表现为重视外交而非军事手段并保持战略克制。① 而拜登政府通过不断强调价值观领域的议题，在试图凝聚国内中产阶级的同时，还希望通过与盟友塑造共同的"民主国家"身份政治认同，放大美国的"软实力"和国际影响力，降低美国在军事等"硬实力"资源上的开支和投入，最终尝试满足美国中产阶级对低成本对外战略的偏好和诉求。

由于在2020年大选中受益于宾夕法尼亚州、密歇根州和威斯康星州等部分"铁锈地带"的"摇摆州"的支持，以及民主党的亲工会传统，使拜登政府无法忽视"铁锈地带"的"摇摆州"和劳工阶层在全球化自由贸易中利益受损的情况。秉持"以工人阶级为中心"的外贸理念是为了同时应对党内外的政治压力。特朗普代表的右翼民粹主义势力的崛起，就是利用了中产阶级，特别是产业工人对自由主义全球化和两党建制派的不满。民主党进步派代表人物桑德斯、伊丽莎白·沃伦等在国会中活跃的议员们，也反对不受限制和"让美国吃亏"的全球化和自由贸易方案，要求政府遏制贫富两极分化。因此，拜登政府将制定和推广更加符合"铁锈地带"的"摇摆州"和中产阶级诉求的全球和区域贸易规则，同时弥合民主党内部的分歧。具体而言，在贸易谈判中重视美国中产阶级的利益，要求国际经济规则更能体现"公平贸易"并促进美国商业。同时，希望各国与美国之间的经济制度与治理差异能够进一步缩小，从而帮助美国企业提升竞争力，最终改善美国中产阶级的就业情况并提高其收入水平。② 白宫还要求商务部、贸易代表办公室、国际贸易委员会、总统贸易政策和谈判顾问委员会等部门，要更多地了解地方经济的情况，让政策能够符合中产阶级的利益而不是仅服务商界。③ 沙利文明确表示，美国的外交政策不能只服务美国大型的跨国公司在全球范围内的投资业务，同时

---

① 刁大明:《拜登政府的"中产阶级外交"》，《现代国际关系》2021年第4期，第10页。

② Salman Ahmed, et al., *Making U.S. Foreign Policy Work Better for the Middle Class* (Washington, D.C.: Carnegie Endowment for International Peace, 2020), pp. 40–41.

③ Salman Ahmed, et al., *Making U.S. Foreign Policy Work Better for the Middle Class*, pp. 38–39.

也要帮助在美国国内创造更多的就业岗位、提高工人的收入水平。①

拜登在奥巴马时期负责"中产阶级工作组",并监管经济刺激计划的执行,其工作的重点内容包括:在美国国内增加制造业的工作岗位,强化工会在与企业谈判和维护工人权益时的作用,继续推行"绿色新政"的相关政策,加强性别平权运动,等等。拜登执政后继承了奥巴马政府"振兴制造业"的主张,并陆续推出了一系列带有进步主义色彩的政策和法案。例如,提出约5480亿美元的《基础设施投资和就业法》拉动经济增长、1.9万亿美元的新冠疫情纾困法案、2.25万亿美元的基础设施建设计划,以及1.8万亿美元的"美国家庭计划",试图增加就业和重振经济。还通过"美国制造税收计划"增收企业所得税和个人所得税,鼓励美国企业将工作岗位留在美国国内,试图挽救国内制造业空心化,让制造业回流,改善劳工阶层的就业和福利。因为拜登政府和民主党只有满足中产阶级的诉求、平息其不满,才能够在与共和党的竞争中重获得中产阶级的支持,使民主党继续执政。"中产阶级外交"从而将国内优先事项与国际战略目标有机联系。

(二)"中产阶级外交"与对华战略竞争

拜登政府试图通过重建美国中产阶级,使美国形成对华长期性和结构性的优势,从根本上影响中美战略竞争的态势。因为中美之争的实质就是比拼推动国内改革、解决国内挑战和提升国家治理的能力。②

2021年2月,拜登在首次外交政策演说中强调"外交政策和国内政策之间不再有明确的界限"。③ 同年3月,布林肯再次强调,美国对外贸易政策的

---

① Jennifer Harris and Jake Sullivan, "America Needs a New Economic Philosophy Foreign Policy Experts Can Help," *Foreign Policy*, February 7 (2020).

② 赵明昊:《大国竞争的内政化:以拜登政府重建中产阶级政策为例》,《美国研究》2021年第6期,第31页。

③ The White House, "Remarks by President Biden on America's Place in the World," February 4, 2021, https://www.whitehouse.gov/briefing-room/speeches-remarks/2021/02/04/remarks-by-president-biden-on-americas-place-in-the-world/.

最终目标是服务于美国中产阶级并帮助其更加壮大。①贸易代表戴琦也表示，美国的贸易政策要"倾听美国工人的心声"。②沙利文称，美国并不会优先考虑如何帮助高盛集团等金融企业更好地进入中国市场，而是要确保防止再次出现中国对美国工人进行"贸易滥用"（trade abuse），从而伤害美国工人利益的情况。③因此，拜登政府的"中产阶级外交"原则的主要政策主张与特朗普政府的"美国优先"理念类似，都是通过强硬对待中国等国家对美贸易中存在的"不公平贸易"，从而尽量降低损害美国社会中下层的程度，特别是保护美国产业工人群体的经济利益。

拜登团队反复强调，美国只有通过投资科技和经济建设才能提升本国的综合实力，以便积累足够的战略资源和能力与中国进行战略竞争，最终维护并巩固美国的全球领导地位。无论是美国希望继续主导制定全球的经济与贸易规则和规范，还是鼓励制造业向美国本土回流，并保障美国的产业链、供应链和国家经济安全，其最终的战略目标都是增强在战略竞争中的实力来应对中国的挑战。④

与此同时，拜登政府希望在与中国的战略竞争中加大对美国经济发展和工人群体的投资力度，从而整体提升美国的科技水平，进一步提高美国的经济竞争力。⑤首先，拜登试图通过改革重振美国的创新力。民主党长期以来都把以清洁能源为核心的"绿色新政"视作为美国创造更多就业岗位的机会和促进经济增长的新引擎。因此，拜登政府开始打造以"绿色基建"与"数字

---

① Antony J. Blinken, "A Foreign Policy for the American People," U.S. Department of State, March 3, 2021, https://www.state.gov/a-foreign-policy-for-the-american-people/.

② Office of the Trade Representative, "Ambassador Tai's Day One Message to USTR Staff," March 19, 2021.

③ The White House, "Press Briefing by Press Secretary Jen Psaki and National Security Advisor Jake Sullivan," February 4, 2021.

④ 韦宗友、张歆伟：《拜登政府"中产阶级外交政策"与中美关系》，第100页。

⑤ The White House, "Fact Sheet: The American Families Plan," April 28, 2021, https://www.whitehouse.gov/briefing-room/statements-releases/2021/04/28/fact-sheet-the-american-families-plan/.

基建"为核心内容的基础设施建设计划；促进关键制造业回流，提升产业链与经济安全，强化和重构半导体制造、能源与电网、通信基础设施、电动汽车电池、医药、稀土等战略性领域的供应链安全。其次，拜登强调应当由美国而不是中国来领导世界各国制定贸易规则、劳工权益规范和环境政策，从而维护美国中产阶级的利益。[①] 最后，拜登政府试图通过积极介入劳工权益、气候变化和环境保护等议题，从而推动国际经济贸易规则和全球问题治理机制朝着有利于美国的方向调整，最终达到削弱中国在市场投资和经济发展潜力等方面的优势和竞争力。可见"中产阶级外交"的实质仍是经济民族主义。

（三）"中产阶级外交"的限制

"中产阶级外交"作为民主党版本的"美国优先"替代品，成为拜登政府对华战略规划中的核心原则。但是，在实践过程中仍将面对中产阶级群体认同的缺乏、共和党保守派和民主党进步派的抵制、中产阶级的内向性以及美国经济结构等诸多限制。

第一，拜登、沙利文等经常混用"中产阶级""劳工阶级""劳工阶层""工薪家庭"的说法，[②] 可见拜登政府对"中产阶级"的定义过于宽泛。中产阶级更多的是经济意义上的阶级划分，但当前美国正在经历的"文化战争"聚焦在价值观，以身份认同作为划分政治群体的标准，导致中产阶级缺乏自身的政治认同。

第二，各政治行为体之间的协调难度较大。虽然拜登试图通过"中国议题"弥合与共和党的分歧，但是，民主党进步派坚持更激进的政策理念，他们对拜登政府相对而言比较保守的政策仍有批评。拜登的气候政策与就业政策在实践过程中容易产生冲突。白宫的决策也难以影响共和党控制的各州。

第三，中产阶级群体内部的利益诉求各不相同，美国中产阶级更重视国内建设和自身经济福利。拜登政府和民主党在反复强调保护美国中产阶级的

---

① Joseph R. Biden, Jr., "Why America Must Lead Again: Rescuing U.S. Foreign Policy after Trump," *Foreign Affairs*, vol. 99, issue.2, March/April 2020, p. 70.

② Ken Moriyasu, "Biden Sworn in as 46th US President, Vows to Rebuild Middle Class," *Nikkei Asia*, January 21, 2021.

经济利益和国家经济安全时，仍然希望扭转特朗普时期的对外战略，恢复美国以往的国际领导地位和国际责任，维护"自由开放的国际秩序"。而拜登政府重塑排除中国的供应链是以牺牲眼前乃至局部经济利益为代价的，在美国通货膨胀压力之下难以获得中产阶级和商界的认可。据美中贸易委员会的调查，80%的受访在华美国企业在2020年至2021年没有将任何供应链撤出中国，只有20%的企业将部分供应链迁回美国。①

第四，实体通过调整对外战略并不能完全解决中产阶级的所有问题。拜登政府重塑供应链也难以解决美国经济与产业长期存在的固有问题，因为金融资本利益集团的力量并未被削弱，美国制造业竞争力也难以提升。而拜登政府推动的诸多法案将扩大政府开支，在乌克兰危机加剧美国通胀压力的情况下，放大了美国政府财源不足的问题。

三、"印太战略"的完善与国内限制

（一）拜登与特朗普政府"印太战略"的区别

拜登政府继承了特朗普政府"印太战略"的基本构想，并在奥巴马政府"亚太再平衡"战略的规划基础上完善与改进，其目的仍是要制衡与遏制中国的挑战与发展。因为"印太战略"同时连接起"中产阶级外交"和地缘政治的国内外战略目标，因而是对华战略的核心举措。拜登将"印太战略"同时作为美国国家战略、地区安全战略、国防和军事战略的重心，相关的各项政策均从属或服务于"印太战略"。② 两任政府之间"印太战略"的区别在于：

首先，因为特朗普政府的单边主义倾向，其任内的"印太战略"总体处于规划阶段，收效甚微。而退出各类国际机制也让地区国家对美国的"印太战略"充满怀疑，"四国机制"也没有实质性的成果，"印太战略"更是缺乏多边的制度平台。拜登政府重塑美国主导下的"印太"区域多边主义制度体

---

① 美中贸易全国委员会：《中国商业环境调查2021》，2021年8月2日，https://www.uschina.org/sites/default/files/uscbc_member_survey_2021_-_cn.pdf。

② 樊吉社：《从亚太到"印太"：美国地区安全战略的变迁与回归》，《国际安全研究》2022年第5期，第48页。

系以"规锁"中国，注重利用更多的区域伙伴形成对中国的制衡，试图重获对区域重大议程的影响力。

其次，特朗普政府的"印太战略"重点在于意识形态和军事安全议题。为了避免中美战略误判并缓和局势，拜登政府放弃了特朗普政府"改变中国体制"的说法，更强调通过地缘政治手段塑造中国的外部环境从而遏制并围堵中国。拜登政府执政初期发布的《过渡时期国家安全战略指南》中，将特朗普政府时期的"印太战略"的战略目标修改成"安全和繁荣"两点，从而提高了经济繁荣的地位。其"印太战略"的重点在经济外交，重视供应链安全、科技、基础设施建设和数字贸易，同时加大对盟友和伙伴的投资。①

拜登政府"印太战略"的威胁评估清晰，认为中国对美国的区域领导权，以及在经济、科技、安全等领域产生了全方位的挑战。2021年1月，坎贝尔主张在"印太"地区针对中国崛起"重新建立平衡"，寻求扩大"四方同盟"，并将战略重心放在对华军事威慑上。②2022年2月，在美国国防部发布的"印太战略报告"中指出，美国要主动地试图重塑中国的周边战略环境，从而建立起最有利于美国及其盟友与中国之间保持"影响力平衡"（balance of influence）的关系。③

拜登政府的"印太战略"同时在多个领域革新。在多边制度领域，拜登政府强化与日本、韩国、澳大利亚等传统盟国的双边机制，强化美日韩三边对话，将美日印澳"四方安全对话"机制的级别提升至国家领导人层次，升级为"印太战略"最重要的区域制度平台，并利用该机制在各个领域和议题中反制中国。2021年3月，拜登在线上主持召开了第一次四方首脑级对话，并建立了8个工作小组作为特定议题领域的专业制度平台。

在军事安全领域，虽然拜登提出"外交优先""军事为外交服务""军力

---

① 赵菩、李巍：《霸权护持：美国"印太"战略的升级》，《东北亚论坛》2022年第4期，第24页。

② Kurt M. Campbell and Rush Doshi, "How America Can Shore up Asian Order: A Strategy for Restoring Balance and Legitimacy," Foreign Affairs, January 12 (2021).

③ The White House, Indo-Pacific Strategy Report of the United States, February 2022, https://www.whitehouse.gov/wp-content/uploads/2022/02/U.S.-Indo-Pacific-Strategy.pdf.

是最后诉诸手段""国防投入要为国内服务"等原则,① 但是仍加大对国防的投入。国会通过《2022财年国防授权法案》加大对美国国防部的拨款力度,推动其可以更好地实施所谓"太平洋威慑倡议"来应对中国。② 美军增加了与地区盟友和伙伴进行联合军事演习的次数,不断扩大军演的规模,以期达到强化地区军事合作水平和领域的目标。此外,创建美英澳三边安全伙伴关系以强化地区军事部署力量,这标志着美国的区域安全制度安排开始从传统的军事联盟转变,并延展为军事科技创新的新型组织。③ 但总体而言,拜登政府并不希望过度刺激中国,也不希望与中国直接进行军事对抗。

(二)拜登政府"印太战略"的核心:"印太经济框架"

拜登政府"印太战略"的核心制度和主要创新点在经贸领域,主要表现为组建排斥中国的"印太经济框架"(IPEF)。特朗普政府的"印太战略"在经济领域存在明显的缺点与不足。因此,拜登政府试图通过创立所谓"印太经济框架"来完善其"印太战略",巩固美国在区域内的经贸主导权和竞争优势,并削弱中国的影响力,服务其"中产阶级外交政策",实现提高美国经济竞争力和促进经济发展的国内政策目标。

"印太经济框架"服务于拜登政府决策联盟的"重建美国中产阶级"国内目标,不断强调劳工权利、公平贸易原则、知识产权和环境保护等民主党政府反复提及的规则和规范,以确保美国企业能够在"印太"地区获得更大的发展空间,同时强调美国要与地区盟友及伙伴共同重塑排除中国的供应链。"印太经济框架"主要是由美国商务部和贸易代表办公室推动。2021年11月,美国贸易代表戴琦和商务部长吉娜·雷蒙多分别前往日韩和一些东南亚国家

---

① The White House, "Remarks by President Biden on America's Place in the World," February 4, 2021, https://www.whitehouse.gov/briefing-room/speeches-remarks/2021/02/04/remarks-by-president-biden-on-americas-place-in-the-world/.

② 117th Congress, "National Defense Authorization Act for Fiscal Year 2022," December 27, 2021, https://www.congress.gov/bill/117th-congress/senate-bill/1605/text.

③ The White House, "Readout of AUKUS Joint Steering Group Meetings," December 17, 2021, https://www.whitehouse.gov/briefing-room/statements-releases/2021/12/17/readout-of-aukus-joint-steering-group-meetings/.

沟通协商"印太经济框架"。贸易代表戴琦和商务部长雷蒙多各有分工。①

虽然拜登政府试图利用气候变化议题，通过使用清洁能源和提升环境标准制定绿色贸易壁垒，但是清洁能源议题和复兴美国制造业议题产生了冲突。例如，白宫内部对涉华太阳能电池板供应议题产生了分歧。商务部针对四个亚洲国家的太阳能电池板制造商展开调查，而白宫涉及气候变化议题的官员及业界则认为针对中国供应商的调查已经影响了美国的清洁能源行业生产，他们希望商务部尽快采取行动减少调查对业界带来的损害。

"印太经济框架"并非传统的贸易协定，主要涉及规则谈判，具有战略意义的产业合作和产业链、供应链安全问题，因此没有诸如市场准入和降低关税等传统的贸易问题。该框架虽然采取了贸易便利化措施，但是也与框架参与国共同制定具有约束性的劳工和环境标准，从而保障美国中小企业的竞争力和工人群体的利益这两个相互矛盾的目标。② 美国的最终目标是，依据美国国内的标准推动建立地区的统一标准，为美国企业打造所谓"公平竞争"的营商环境，突出高标准和排他性。2022年1月6日，"印太"事务协调员坎贝尔表示，在构建"印太"地区经贸规则的过程中，美国需要同时在贸易规则和数字技术标准的制定中发挥更重要的作用，③ 从而实现将贸易议题与科技议题相联系。

拜登也表示如果任何国际贸易协定不能够充分保护美国中产阶级利益的话，美国便不会加入其中。④ 商务部长雷蒙多也表示美国不会重新加入《全面

---

① 杜兰：《"印太经济框架"的动向及其对华影响》，第89、97页。

② The White House, "FACT SHEET: In Asia, President Biden and a Dozen Indo-Pacific Partners Launch the Indo-Pacific Economic Framework for Prosperity," May 23, 2022.

③ "Carnegie Connects: A Conversation with Kurt Campbell," Carnegie Endowment for International Peace, January 6, 2022.

④ The White House, "Remarks by President Biden on America's Place in the World," February 4, 2021, https://www.whitehouse.gov/briefing-room/speeches-remarks/2021/02/04/remarks-by-president-biden-on-americas-place-in-the-world/.

与进步跨太平洋伙伴关系协定》（CPTPP），①而是将利用美国的高标准优势建立《全面与进步跨太平洋伙伴关系协定》的替代方案，即"印太经济框架"。为了避免受到国会的限制与阻挠，拜登政府将该框架以总统行政令而非自贸协定的方式发布。因为拜登政府决策联盟内的部分社会行为体强烈反对自由贸易协定，所以拜登政府无法对该地区的其他国家作出实质性的承诺，特别是涉及市场开放和降低关税等具体的贸易方面条款。这导致该框架的吸引力较弱，印度已表态不会参加贸易支柱的谈判。

（三）"印太战略"实践的国内限制

拜登政府将"印太战略"的规划转为实践仍然存在限制，具体而言有四点原因：国内政治和社会行为体不支持、财力有限、乌克兰危机导致权力透支、缺乏政策连贯性。

第一，在国内政治中，共和党保守派极力反对拜登政府在"印太"地区投资基础设施建设，也反对美国将更多的战略资源投入到气候变化等民主党更专心的议题当中。同时，民主党进步派以及在2020年大选中勉强支持民主党的劳工群体反对再签订新的多边自由贸易协定。美国商界则质疑排除中国的"印太经济框架"是否能为跨国企业带来商业利益。拜登政府内部也未形成统一意见，在外交领域主导"印太战略"的是国务院、国家安全委员会和国防部，但主要负责"印太经济框架"的是贸易代表办公室与商务部这两个存在职能重叠的部门，国务院也参与了与"印太"地区其他国家之间合作的具体事宜，这些部门之间为了取得"印太战略"的主导权而存在竞争关系，经常会出现表态不一致的情况，给美国政府内部的协调带来困难。②

第二，美国的财力有限。多边主义可以分摊冲突成本，以低代价完成战略目标，但会增加制度成本，需要美国持续加大对区域合作制度的资金、战

---

① James Mayger and John Micklethwait, "U.S. Aims to Begin New Asia Framework in 2022, Raimondo Says," Bloomberg, November 17, 2021.

② Claude Barfield, "In Search of a U.S. Indo-Pacific Economic Policy," East Asia Forum, February 22, 2022, https://www.eastasiaforum.org/2022/02/22/in-search-of-a-us-indo-pacific-economic-policy/. 陈积敏、熊洁：《拜登政府"印太经济框架"评析》，《现代国际关系》2022年第8期，第51页。

略资源和决策团队注意力的投入。因为美国关注投资于国内的基础设施建设、"绿色新政"和国务院对外援助资金被持续削减等自身的国内原因，所以"印太经济框架"无法得到美国政府充足的战略资源投入和长期的资金支持，必须更多借助私人企业和盟友伙伴的支持。同时，美国通胀率屡创历史新高，其财力资源的有限以及缺乏自由贸易协定的承诺，导致美国能够提供的资源太少，对地区国家缺乏吸引力。

第三，战略性危机——乌克兰危机的爆发使美国加大了对乌克兰和欧洲的经济与外交资源投入，放大了美国的权力透支问题，使其无法全神贯注于"印太"地区。拜登政府能够投入的精力和资源有限，高级官员需要同时处理多个议题和危机，使美国缺乏应对在欧洲与亚洲同时发生的双重挑战的能力。

第四，地区国家对美国的政策连贯性充满怀疑。两党轮替导致美国对外战略的反复，将美国缺乏一致性、连贯性和长期性战略规划的弊端暴露无遗。2024年大选共和党再度执政，以"印太经济框架"为中心的"印太战略"又将会有大幅度的调整。

总体而言，拜登政府无力解决国内政治和经济资源对美国对华战略的限制，拜登政府重点关注的中产阶级能否持续支持需要对外投资的"印太战略"充满未知，"印太战略"在实践过程中将困难重重。

第三节 对华战略竞争实践中的不连贯性

拜登政府在战略规划阶段将中国识别为唯一的长期性全球战略竞争者，以"中产阶级外交"为原则、以"印太战略"为具体谋划进行议程设置，在地缘政治、经贸、意识形态、科技等议题中，对华进行全方位、多领域、多议题的全面战略竞争。

在对华全面战略竞争的实践过程中，拜登政府的决策联盟特别关注科技议题，并将其与经贸议题进行联系，以争取在未来发展模式竞争中的最终胜利。同时，面对美国通胀和选举的巨大压力，决策联盟内各行政部门以及相关利益集团就是否取消对华商品加征关税问题进行了激烈的博弈。乌克兰危机的爆发,一方面加剧了美国经济的通胀压力;另一方面则提升了"台湾问题"在美国对华战略议程中的优先级。国会与总统之间争夺对华战略框架的主导权,国会中的一些关键人物为了自身的政治利益,而采取有悖于总统战略规划的行为,增加了中美军事对抗的风险。拜登政府战略规划与实践的脱节导致对华战略的不连贯。

一、经贸领域:"贸易战"的延续

(一)拜登政府对华经济和科技战略的结合

拜登政府仍然坚持延续特朗普时期提出的"经济安全就是国家安全",因此认定对美国经济安全和供应链安全构成重大挑战和风险的来源是中国,但是将对华经济"脱钩"的重心从贸易转向科技领域。因为拜登政府并不单纯重视对华贸易逆差,而是更多地强调贸易对就业、科技创新等国内问题的影响。[1] 科技是连接安全与经济的关键环节,经济是对华战略的基础,科技又是经济发展的引擎。因此,中美两国的贸易关系将面对更多来自科技议题中产生的新矛盾。[2]

拜登政府通过产业政策扶持高科技产业,并且打压中国的科技生态系统,以确保在关键科技领域的优势地位。拜登政府不仅以制裁等方式限制中国的经济结构转型和科技产业发展,还采取兼具接触和遏制特征的"规锁"(confinement)方式。[3] 具体而言,在经济领域对华针对性地部分"脱钩"。利用"印太经济框架"等多边经贸体系孤立中国,削弱中国在产业链、供应链和价值链中的优势地位。2021年9月,美国及其欧洲盟友共同召开了"跨大西洋贸易和技术理事会"会议,在会后美国领导建立了10个工作组,具体

---

[1] 余振、王净宇:《拜登会改变特朗普的贸易政策吗?——基于产业地理视角的分析》,《美国研究》2021年第3期,第43页。

[2] 余振、王净宇:《拜登政府对华贸易政策评估与展望》,《当代美国评论》2021年第4期,第34页。

[3] 张宇燕、冯维江:《从"接触"到"规锁":美国对华战略意图及中美博弈的四种前景》,《清华金融评论》2018年第7期,第24页。

涉及供应链安全和出口管制等议题。10月，拜登召集14个国家的领导人和代表参加"全球供应链弹性峰会"。

拜登政府在科技领域则采取"小院高墙"的策略，其目的是围绕技术性权力的博弈，具有精准打击、政府支持、重视安全和依托盟友等特征。[①] 中美两国之间竞争性较强的产业曾经主要是传统制造业。但是，由于近年来中国在全球价值链、产业链和供应链中扮演的角色越发重要，使得中美两国的高新技术产业开始成为竞争关系。拜登政府通过维持自身竞争优势的关键产业保护来提升国内经济的竞争力，同时，继续在非关键领域与中国合作。[②] 拜登政府把技术领域的范围锁定得更加精准，并以抵制"数字威权主义"的名义打击中国，将意识形态冲突内化为涉及科技、贸易和产业的复合型议题，为打造"去中国化"的全球供应链造势。[③] 这些都与特朗普单边对华科技遏制的手段有所不同。

拜登政府倾向于采取跨部门的"全政府"方式，各部门积极配合系统性针对全部中国科技企业。例如，拜登政府把白宫科技政策委员会主任提升至内阁级别，同时与科技企业、国会保持密切的合作。谷歌公司前总裁、美国国防部国防创新委员会主任埃里克·施密特和谷歌智库创始人贾里德·科恩领导的"中国战略组"，建议美国对中国进行不对称竞争以巩固美国的科技优势。[④] 施密特已经成为美国国防部和科技行业之间的"联络人"。

拜登政府对中美竞争关系有着更加深刻的认识，即中美竞争的实质是彼此经济实力与社会治理能力之间的竞争。因此，希望通过长期的、可持续的、低成本的策略，维持美国在对华战略竞争中的优势。而中美科技竞争可以持

---

① 黄日涵、高恩泽：《"小院高墙"：拜登政府的科技竞争战略》，《外交评论（外交学院学报）》2022年第2期，第133页。

② Susan Shirk, "How to Shield Silicon Valley," BNN Bloomberg, July 3, 2018, https://www.bnnbloomberg.ca/how-to-shield-silicon-valley-1.1102658.

③ 王义桅：《美国遏制思维的历史演变与理论逻辑》，《人民论坛》2022年第14期，第104页。

④ China Strategy Group, *Asymmetric Competition: A Strategy for China & Technology*, Fall 2020, https://beta.documentcloud.org/documents/20463382-final-memo-china-strategy-group-axios-1.

续地促进美国国内改革,以提升长期竞争力的发展。① 但是,通过科技竞赛战胜中国与维护中产阶级利益,这两大战略目标之间存在矛盾。因为通过推动技术创新所获得的利润并没有转化为夯实政治基础的中产阶级收益,反而被少数的高收入阶层垄断。②

(二)行政部门和利益集团在加征关税问题上的分歧

拜登政府将第一阶段经贸协议视为中美贸易关系的重要基础,但该协议无法从根本上解决影响两国经贸关系正常发展的结构性矛盾。而随着中美贸易额的持续增加,特朗普政府发起的以"关税战"为核心的对华"贸易战"事实上已经失败。但是,拜登以"中产阶级外交"取代特朗普的"美国优先",意味着在贸易领域没有放弃保护主义。例如,"中产阶级外交"理念强调"公平贸易",并将美国企业竞争力的下降归咎于中国的"不公平的竞争"。

民主党政府既无意愿也无能力解决中美经贸问题的根源性争端,因此,拜登的决策联盟在经贸议题中存在矛盾的态度。拜登曾批评特朗普发动的"贸易战"对美国经济和政治稳定有负面的影响,③ 以财政部长耶伦和商务部长雷蒙多为代表的一派也认为应当取消对部分"不具有战略意义"的中国产品加征的关税,以缓解消费者压力。而以贸易代表戴琦为代表的派系主张维持对华关税压力。尽管金融界和跨国企业呼吁取消加征关税,但是遭到工会的反对。

面对关税问题,拜登政府行政部门的分歧明显,反对和支持的利益集团则持续施压。2021年3月,美国贸易代表戴琦表示,美国对外政策的合法工具包括加征关税,目前美国仍然会维持特朗普时期已经对中国产品加征的关

---

① 赵明昊:《大国竞争的内政化:以拜登政府重建中产阶级政策为例》,《美国研究》2021年第6期,第9—34页。

② 钟飞腾:《在技术制胜与中产稳定之间:美对华经济"脱钩"前景》,《当代美国评论》2022年第1期,第61、67页。

③ James Politi, "US and China Sign Deal to Pause Trade War," *Financial Times*, January 16, 2020, https://www.ft.com/content/54d703e4-37b4-11ea-a6d3-9a26f8c3cba4.

税幅度。① 贸易代表办公室发布的《2021年贸易议程》和《2020年度报告》强调，要与盟友及伙伴国合作制定全面战略来应对中国"不公平"的贸易。② 但是，拜登政府因为未取消特朗普时代对中国进口商品加征的关税，而日益受到商界和产业界的抨击，特别是在美国通胀率持续高位的情况下，拜登政府也不得不缓和局势，寻求中方的帮助。例如，拜登政府不再试图制裁微信和抖音等中国企业的软件，并且通过释放孟晚舟向中方示好。拜登政府在3月延长了对来自中国的352类商品的关税豁免，部分国会共和党议员和商业游说团体也在推动扩大该清单。5月2日，美国贸易代表办公室被要求研究"贸易战"以来加征的关税对经济的影响。戴琪表示，将考虑使用包括降低中国商品关税在内的所有方式应对通胀上升，但她也强调降低通胀不应以牺牲长期政策目标为代价。财政部长耶伦和国家安全事务副助理达利普·辛格也建议降低对中国商品加征的部分关税，从而降低通胀。5月23日，拜登表示正在考虑削减中国输美产品关税。6月，戴琪致电中国国务院副总理刘鹤，谈话的核心内容是希望抑制人民币兑美元的升值速度，因为人民币升值过快会导致美国进口的消费品价格上涨，进而增大美国的通胀压力。10月，戴琪表示要从对华"脱钩"转向"再挂钩"，而推动基于美国中产阶级利益的新对华经贸政策的目标"不是加剧与中国的贸易紧张局势"。③ 此表态在一定程度上承认了中美经济仍然存在相互依存关系。

美国贸易代表的职责是通过谈判来保护本国企业，因此，戴琪坚持反对在中国没有让步的前提下降低关税，更是将"遏制中国损害美国利益的经济行为"和推动制造业回流同步推进。戴琪认为，取消关税会使她在与中国政

---

① Reuters Staff, "USTR Nominee Tai Says Tariffs Are 'Legitimate Tool' for Trade Policy," Reuters, February 26, 2021, https://www.reuters.com/article/usa-biden-trade-tariffs-idINKBN2AP29Q.

② Office of the Trade Representative, "Fact Sheet: 2021 Trade Agenda and 2020 Annual Report," March 1, 2021.

③ Office of the Trade Representative, "Remarks as Prepared for Delivery of Ambassador Katherine Tai Outlining the Biden-Harris Administration's New Approach to the U. S.-China Trade Relationship," October 4, 2021.

府的谈判中失去筹码，因此希望维持特朗普加征的对华关税。美国工会与美国贸易代表办公室、劳工部联系最为紧密，工会和一些民主党进步派怀疑对华削减关税和降低通货膨胀之间的联系。"劳联–产联"、劳工咨询委员会、美国钢铁工人联合会和服务员工国际联盟等美国主要工会组织，以及纺织业和钢铁等受到中国产品竞争的行业，都希望保持对华加征的关税，以保证国内的制造业岗位。

美国商务部的职责是保持中美之间货物贸易的畅通，解决美国物资不足的问题。而财政部的职能更加广泛，从税收、为政府运营提供资金，到监测金融系统的风险，以及促进国内外的经济稳定。因此，作为经济学和金融学专家的财政部长耶伦依据其掌握的理论知识，表示关税不利于美国政府控制通胀，更不利于美国消费者，所以考虑取消部分关税，但是，迫于压力也表示削减对华关税的前提是要求中国配合"对等取消"。支持减免关税的一些跨国企业和进口商，以及美国商会、全美零售业联合会、美国进出口商协会、美国半导体工业协会等商业利益集团也向戴琦和耶伦施压，希望扩大关税豁免待遇的商品范畴。对华"贸易战"加剧了全球供应链和产业链的紧张状态，因为生产、运输和消费环节都受到了影响，所以美国企业和消费者承担了主要的额外成本。[①] 据调查，约40%的在华美国企业认为加征关税的成本已经超过了第一阶段协议的收益。[②] 宾夕法尼亚州共和党参议员帕特·图米牵头推动允许进口商请求豁免某些关税的条款。可见，虽然美国将在高科技和战略性产业对华"脱钩"，但在其他领域，美国企业仍然会青睐中国作为重要市场和产地的作用。

除此以外，国家安全委员会也在阻挠中美在经贸领域的合作。国家安全委员会曾试图以行政令的方式阻挠美国金融业继续投资中国企业，美国财政部和商务部对此强烈反对，因此，国家安全委员会才不得不作罢。2021年9

[①] U. S. Chamber of Commerce, "Understanding U.S.-China Decoupling: Marco Trends and Industry Impacts," February 17, 2021.

[②] 美中贸易全国委员会：《中国商业环境调查2021》，2021年8月2日，第6页，https://www.uschina.org/sites/default/files/uscbc_member_survey_2021_-_cn.pdf。

月，戴琦领导的对华贸易政策评估工作处于收尾阶段，有媒体报道称，拜登政府正在考虑对华启动"301调查"，可能会进一步对华加征关税。戴琦认为，上述报道是国家安全委员会官员故意泄露的，目的是破坏她的评估工作，甚至"指责沙利文泄密，破坏她的权威"。①

围绕对华加征关税问题，拜登政府各部门为了各自的势力范围和自主权相互竞争。戴琦和沙利文虽有冲突，但都看重关税的战略价值，视其为对华博弈的"筹码"。然而耶伦认为，对华加征的关税没有任何战略意义，反而增加了美国消费者成本和通胀压力。

最终，因众议长南希·佩洛西窜访中国台湾地区，导致拜登政府再次推迟取消加征关税的决定，继续将关税壁垒作为重要的对华贸易政策工具，转向寻求其他方式给企业提供援助。2022年9月7日，戴琦在卡内基国际和平基金会会议中声称，在"中国经济能够像美国一样运作"之前，美方不会削减对华关税。10月，耶伦也表示，中国把贸易作为"胁迫"的手段，美国必须避免中国将贸易"武器化"。自担任美国财政部长以来，作为经济学和金融学专家的耶伦与拜登等政客在应对通胀等关键性经贸议题上一直存在严重分歧。乌克兰危机加剧了供应紧张的形势，提高了美国的通胀水平，给拜登政府带来了巨大的执政压力，拜登政府将耶伦等人作为替罪羊吸引火力。

拜登政府内部如此纠结于是否减免对华关税的原因，并非完全取决于通胀率的高低，而是"贸易战"是美国对华战略中最直接的政治和经济问题。无论拜登决策团队的处理结果如何，都可能引发国内政治对手的批评，因为共和党保守派和民主党的自由鹰派都想继续利用"贸易战"作为对华战略竞争的工具。中美在贸易领域的竞争已经上升为发展模式之争，正如詹妮弗·哈里斯和沙利文指出的，中美两国有效管理本国经济的成效将决定中美战略竞争的最后结果。② 拜登政府顶着跨国公司的压力、保障劳工阶层的利

---

① Rachel Scully, "US Trade Representative Seeking to Mend Relationship with National Security Adviser: Report," *The Hill*, January 30 (2022).

② Jennifer Harris and Jake Sullivan, "America Needs A New Economic Philosophy, Foreign Policy Experts Can Help".

益，也是在选举压力下对民主党亲工会传统的回归。

二、乌克兰危机对美国对华战略规划与实践的影响

拜登在就任前曾表示，中俄两国对美国产生了全球性的"安全威胁"，但相对而言，俄罗斯是最大的威胁，中国是最大的竞争对手，① 这更多地体现出他个人的看法，而不是决策团队的主张。国务卿布林肯将处理对华关系定位为"21世纪最大的地缘政治考验"。② 国防部长奥斯汀在设定优先事项时，将中国视为"步步紧逼的挑战"（pacing challenge），而俄罗斯则被视为较小的长期危险。这两人的态度反映出，拜登政府的执政团队大多将中国视为比俄罗斯更严重的威胁。

为了修复与欧洲盟国的关系并重建美国的领导地位，2021年6月拜登执政后，首次出访就选择欧洲，重点关注以中东欧为核心的欧洲地区，试图安抚欧洲盟友，宣告美国的归来。通过在欧洲渲染俄罗斯的威胁，在可以帮助汲取国内外政治资源的同时还能增强拜登政府决策联盟的凝聚力。

中国在乌克兰危机中的中立态度让拜登政府继续同时在欧洲和亚洲分别遏制俄罗斯与中国。2022年《国家安全战略报告》中提出增进欧洲和"印太"两个区域的联动。具体而言，乌克兰危机作为战略性危机对美国对华战略的实践主要有三点影响：

第一，美国全力把中俄描绘成西方国家安全和国际秩序面临的"系统性挑战"，捆绑中俄，渲染中国"威胁"。拜登将乌克兰危机提升到以美国及其他西方国家为代表的"自由民主国家"与以俄罗斯为代表的"威权国家"阵营之间进行全面对抗的程度。③ 美国利用俄罗斯与乌克兰之间的冲突，将中俄

---

① Biden for President, "Remarks as Prepared for Delivery by Vice President Joe Biden in New York City, New York," Democracy in Action, July 11, 2019.

② Antony J. Blinken, "A Foreign Policy for the American People," U.S. Department of State, March 3, 2021, https://www.state.gov/a-foreign-policy-for-the-american-people/.

③ 左希迎：《美国外交政策的危机及其根源》，《外交评论（外交学院学报）》2022年第3期，第42、45页。

同时列为美欧关系的议题和纽带及北约转型的动力，加速了美欧西方世界的整合。美国借机推动欧洲国家参与亚太地区事务，联合盟友和伙伴加大了对中国的压力。

第二，虽然乌克兰危机让美国在欧洲乃至全球的战略目标短暂陷入迷茫，但不会改变拜登政府推行"印太战略"，与中国进行长期性全面战略竞争的决心。斯蒂芬·沃尔特也提醒美国，不能重蹈"9·11"事件后专注反恐而忽略与大国竞争的"战略分心"覆辙。① "四国机制"领导人发表的联合声明称，绝不允许类似乌克兰危机的事件在"印太"地区重演。② 而且乌克兰危机的长期化将使中美之间许多非传统安全议题安全化，美国联合欧洲国家以意识形态的名义重塑产业链和供应链体系，势必加大中美之间的矛盾。

第三，拜登政府将乌克兰与中国台湾地区类比，提升了台湾议题的重要性。乌克兰危机爆发后，国家安全事务助理沙利文重申了美国对中国台湾地区的安全承诺。③ 美国开始加速"对台售武"，通过对台武装来威慑中国，甚至增强与台湾当局的军事、经贸、科技等联系。④ 美国通过经济和金融制裁了俄罗斯，美国看到了制裁手段对其他国家的惩罚性震慑效用，⑤ 试图利用乌克兰危机威慑中国。

三、台湾议题中的冲突

在拜登政府执政初期，中美在台湾问题上的冲突加剧。在拜登政府发布的"印太战略报告"中，将中国台湾地区视为美国的"安全伙伴"。拜登政府支持中国台湾地区参与"全球民主峰会"，并试图将中国台湾地区嵌入"民主价值同盟"。2021年10月拜登接受媒体采访时称，美国将会"保护"中国台

---

① Stephen M. Walt, "Hand European Security over to the Europeans," *Foreign Policy*, March 21, 2022, https://www.belfercenter.org/publication/hand-european-security-over-europeans.
② The White House, "Joint Readout of Quad Leaders Call," March 3, 2022.
③ Keoni Everington, "Taiwan and Ukraine not Same, US to Ensure Chinese Invasion 'Never Happens'," *Taiwan News*, April 15, 2022, https://www.taiwannews.com.tw/en/news/4508152.
④ 赵081昊：《俄乌冲突对中美关系的影响论析》，《和平与发展》2022年第3期，第1页。
⑤ 左希迎：《美国对华常规威慑战略的调整》，《国际安全研究》2022年第5期，第64页。

湾地区。① 民主党控制的国会也全面"挺台",涉台提案明显增多。但是总统和国会对台问题的态度存在差异,拜登希望继续以"战略模糊"掏空一个中国政策,并不希望与中国发生直接军事对抗;而国会中的一些关键议员则不顾大局,只为个人和政党的私利采取冒险和挑衅行为。拜登政府决策联盟就台湾议题的分歧再次反映了三权体制下,美国对华战略缺乏一致性与一贯性的特点。2022年8月,佩洛西等国会议员窜访中国台湾地区,以及国会试图通过"2022年台湾政策法案"使得中美关系再度倒退。

(一)国会中关键议员的活跃行为

两党对台湾议题具有一定共识,但是原因却各不相同。在民主党人看来,可以利用台湾议题牵制、制衡中国,在必要的时刻可以通过中国台湾地区换取中国在其他议题中的让步。然而在共和党人看来,中国台湾地区是"非卖品",因为如果美国不能坚定地保证中国台湾地区的安全,那么美国的盟友将对其能力和信心产生怀疑。因此,共和党中的部分保守派,特别是新保守派要求进一步提升"美台关系"。近年来,国会通过了"台湾交往法"等诸多涉台法案。

拜登上台后延续了特朗普时期的对台政策,某种程度上是为了防止被共和党指责对华软弱。然而共和党仍在不断施压拜登,采取更为亲台的立场。在拜登执政初期的2021年,美国在"台湾问题"上虽然有不少新动作,但底线未变。

2022年4月,长期反华的参议院预算委员会共和党首席议员林赛·格雷厄姆和参议院外交关系委员会民主党籍主席梅内德斯突然窜访台湾,两人于6月提出所谓"2022年台湾政策法案"。格雷厄姆甚至指责拜登和佩洛西对华态度过于软弱。但由于意见不合,该法案自提出后一直被搁置。在7月中美元首通话中,拜登强调美国的对台政策没有变,"美国强烈反对单方面改变台海现

---

① Myah Ward, "Biden Says U.S. Has 'Commitment' to Defend Taiwan from Chinese Attack," Politico, October 21, 2021.

状"。① 然而，8月2日，在党内的政治压力和利益诱惑下，众议长佩洛西窜访中国台湾地区，这是美国众议长时隔25年再次窜访中国台湾地区。拜登表示不赞同佩洛西访问中国台湾地区，并称美军方不认为佩洛西此时访台是好主意，试图避免陷入中美直接对抗。拜登还派出国家安全委员会和国务院高级官员劝阻佩洛西推迟此计划，但都未成功，在权衡地缘政治的利弊后决定不予"劝阻"。② 佩洛西团队就曾怀疑拜登政府故意泄露"佩洛西将去台湾"的消息，以阻挠她的计划。

佩洛西所在的旧金山选区有大量华裔选民和湾区自由派，对中国议题特别是人权议题的强硬是她能够在20世纪90年代初快速崛起的重要原因，③ 她也因此与国会"台湾帮"迅速靠近。近年来，台湾民进党当局大力游说前共和党参议员鲍勃·多尔和前众议院民主党领袖迪克·盖哈特，再通过他们分别游说特朗普和佩洛西采取亲台行为。佩洛西此次窜台也将她多年来"亲台反华"的立场发挥到极致，留下政治遗产，也是发泄她对拜登执政不力的不满。佩洛西窜台前夕，国会刚刚通过2800亿美元的《芯片与科学法案》，佩洛西在窜访期间和台积电负责人密会，其在芯片领域拉拢中国台湾地区的用意明显。

面对美方严重违反中美共同声明和公报，侵犯中国主权的行为，中方采取了强而有力的反制措施，在台湾岛周边展开一系列联合军事行动。中方还宣布了针对佩洛西窜台的八项反制措施，涵盖军事交流、非法移民、刑事司法协助、跨国犯罪、禁毒、气候变化等议题，避免了因拜登政府的议题联系策略而在非传统安全议题处于被动地位的风险。

---

① 《习近平同美国总统拜登通电话》，外交部网站，2022年7月29日，https://www.fmprc.gov.cn/web/zyxw/202207/t20220729_10729582.shtml。

② David E. Sanger and Vivian Wang, "Pelosi Is Expected to Go to Taiwan, Biden Administration Officials Say," *The New York Times*, August 2, 2022, https://www.nytimes.com/2022/07/31/world/asia/pelosi-taiwan-china.html。

③ 谢韬：《如何看待美国国会在中美关系中的作用——以1973~2006年期间的中国议案为例》，《世界经济与政治》2009年第1期，第35页。

（二）国会推动"2022年台湾政策法案"的出台

美国行政部门对涉台政策的掌控力有所下降还体现在无法有效干预本党的立法行动。2022年9月14日，参议院外交关系委员会投票通过"2022年台湾政策法案"，该法案重新界定了中国台湾地区的地位，强化了防务合作，要求美国国务院等部门有针对性地应对中国大陆采取的行动，特别是将中国台湾地区列为"主要非北约盟友"，提供65亿美元的对台军事援助。法案还提出，美国政府应完成与台湾当局围绕《贸易与投资框架协议》的谈判，并将中国台湾地区纳入"印太经济框架"。[①] 国会"台湾连线"的多名议员曾致信商务部长雷蒙多和贸易代表戴琦，敦促拜登政府允许中国台湾地区参与"印太经济框架"。

该法案实质上继续掏空美国的一个中国政策，由"战略模糊"转向"战略清晰"。该法案被美国参议院外交关系委员会主席、法案发起人之一梅内德斯称为，自中美建交以来"美国对台政策最全面的调整"。[②] 佩洛西窜台后，由于担心进一步刺激中国，该法案出台以来已被数次推迟表决并加以修改，如在赋予中国台湾地区"主要非北约盟友"地位上，修正案的表述由原来的直接"指定"调整为"应该像被指定为主要非北约盟友那样被对待"。[③] 该法案一旦正式成为法律，将是1979年"与台湾关系法"后，美国对台政策最为深刻而全面的调整。

提案人格雷厄姆与梅内德斯长期反华，这些议员首要目的就是表达对白宫的不满，利用台湾问题以立法的方式绑架拜登政府对华战略，加速同中国的战略对抗。梅内德斯是外交里手，对"台湾问题"在中美关系中的敏感性有清楚的认识。在希拉里2008年竞选总统期间，梅内德斯是仅次于时任副总

---

① 117th Congress, "S.4428 - Taiwan Policy Act of 2022," September 14, 2022, https://www.congress.gov/bill/117th-congress/senate-bill/4428/text.

② Michael Martina and Patricia Zengerle, "U.S. Senators Introduce Broad Taiwan Bill to Boost Security Assistance," Reuters, June 17, 2022.

③ 117th Congress, "S.4428 - Taiwan Policy Act of 2022," September 14, 2022, https://www.congress.gov/bill/117th-congress/senate-bill/4428/text.

统拜登的国务卿人选。当格雷厄姆与梅内德斯没有机会进入行政部门任职时，就会通过立法的方式影响白宫和国务院的对外战略。

该法案最终以17∶5的票数在参议院外交关系委员会通过，鲁比奥与克鲁兹等反华参议员坚定支持，然而曾率团访台的参议院外委会亚太小组主席、民主党参议员爱德华·马基却投票反对，因为他坚持认为美国对台应当坚持"模糊战略"，该法案损害了美国的一个中国政策，可能会破坏台海稳定，外交必须处于美国对台政策的中心位置。马基就该法案提出修正案，要求设立军事危机热线，以处理在台湾海峡可能发生的"误判"事件，唯一投反对票的共和党人兰德·保罗也持相同的观点。投了赞成票的犹他州共和党参议员米特·罗姆尼也认为，该法案过于挑衅中国，可能会促使中国进行反制。法案中还删除了对化石能源行业的制裁，显然也是由共和党议员们推动的。在投了赞成票的民主党议员中，希拉里竞选总统时的副手提姆·凯恩、南达科他州参议员迈克·罗兹等也表示不应当放弃对台"模糊战略"，因此反对其中一些条款。可见国会当中还是有部分议员关切地区稳定和中美关系。

（三）国会和白宫的分歧：拜登总统"战略模糊"的两难困境

拜登政府的第一要务依然是解决经济和通胀问题，并不希望此类涉台法案分散行政部门的注意力。白宫表面上表达担忧的实质就是反对该法案。拜登政府非常担心该法案将会进一步激怒中国，因此不顾格雷厄姆的强烈不满而派国家安全事务助理沙利文游说民主党参议员，并与国会接洽。沙利文表示，法案的部分内容令行政部门担忧，他多次和该委员会民主党人协商，希望能够修改其中敏感内容，降低该法案的挑衅意味。[①] 梅内德兹等也对"2022年台湾政策法案"的条款和表述进行了调整，反映了府会之间的沟通。沙利文长期以来不支持美国在台湾问题上挑衅中国，甚至认为可以就台湾议题与中国达成交易。维基解密透露的希拉里电子邮件显示，2011年11月11日，担任希拉里助理的沙利文通过邮件向希拉里转发了一篇文章，该文认为

---

① Brad Dress, "Biden Adviser Cites 'Some Concern' with Taiwan Security Bill Amid 'Distinct Threat' from China," *The Hill*, September 7, 2022.

债务是美国国家安全最大的威胁,奥巴马政府可以考虑以终止美国"对台售武"及废止"美台防卫协议",来换取中国大陆放弃美国对华的1.14万亿美元债务。①

白宫和国会围绕该法案文本进行谈判和利益交换。即便法案短期内难以在国会过关,相关条款也会被拆分塞入《国防授权法案》进而得以执行。"2022年台湾政策法案"在参议院外交事务委员会的通过以及白宫软弱无力的干预表现出,美国立法机构的意志、政客的私人利益正在凌驾于美国的外交及国家安全利益之上。拜登纵容国会破坏中美关系也表现出,他仅有对民主党的微弱影响力。2022年9月,美国国防部进行了针对中国台湾地区的一些行政调整,将台湾议题直接划归制定中国政策的办公室。这一调整被拜登的党内外对手们认为是对华软弱。阿拉斯加州参议员丹·沙利文等国会议员对此十分不满,他们认为不应该把"美台关系"看作美中关系的一部分,五角大楼则表示这只是普通的编制调整,以提高内部工作效率。②

2022年9月18日,拜登在采访中承诺会派兵协防中国台湾地区,又重申美国的一个中国政策没变。③ 这是拜登2021年8月以来,第四度公开表示美国会派兵协防中国台湾地区。在"是否保卫台湾"这个问题上,拜登选择了"清晰战略",更选择了国内对华强硬的"政治正确"。但是沙利文在拜登接受采访后表示,拜登只是回答了一个"假设性的问题",并不是宣布政策调整,沙利文也重申白宫坚持一个中国政策,"保卫台湾"并非美国的官方政策。④ 这显示拜登的决策团队在掏空一个中国政策内容的同时,仍刻意避免对中国进

---

① "Hillary Clinton Email Archive," WikiLeaks, https://wikileaks.org/clinton-emails/emailid/23730.

② Lara Seligman, "New Change at the Pentagon Waters down Focus on Taiwan, Critics Say," Politico, September 16, 2022.

③ David Brunnstrom and Trevor Hunnicutt, "Biden Says U.S. Forces would Defend Taiwan in the Event of a Chinese Invasion," Reuters, September 19, 2022.

④ PTI, "No Change in US 'One China' Policy: White House," The Week, September 21, 2022, https://www.theweek.in/news/world/2022/09/21/no-change-in-us-one-china-policy-white-house.html.

第六章　拜登政府决策联盟与对华全面战略竞争的延续

行政治和军事的最终摊牌。可见在"台湾问题"这一中美关系中最重要、核心且敏感的议题中，白宫选择孤立、割裂地看待问题，导致美国在台湾议题上的"战略模糊"让其他国家和行为体感到"战略困惑"。

拜登政府的弱势和纵容导致国会强势介入拜登政府决策联盟对华战略的规划和实践过程中，甚至开始尝试积极影响总统的对外决策并引导美国社会对华舆论的风向。① "行政未动，立法先行"大大加快了拜登政府架空一个中国政策的内涵、造成"事实台独"的进程。无论"2022年台湾政策法案"是否会被拜登签署，都是美国对台政策再次从"战略模糊"逐渐走向"战略清晰"的重要一步。如果法案最终成为法律，将使美方不支持"台独"的承诺成为空谈。

---

① 刁大明：《从佩洛西"窜台"未果看美国国会在涉华事务中角色嬗变》，《世界知识》2022年第12期，第61页。

第七章　因果机制的检验

本章的核心因果机制是决策联盟的更替和内部博弈导致美国对华战略的不一致和不连贯。这包含两组分析过程：一是不同决策联盟主导的政府具有不同的偏好议题和利益偏好，因此，决策联盟更替导致战略规划中议程的变化，继而不同的决策联盟在战略实践中推进不同的议题，最终导致不同总统任间的对华战略不一致。二是决策联盟内部的各行为体因为各自的利益偏好也会推进不同的议题，在同一议题中也有不同的偏好，决策联盟内部的博弈导致战略实践与战略规划之间的脱节，最终导致同一总统任内的对华战略不连贯。战略性危机会通过提升议题优先级的方式干扰战略规划和实践。

本章将综合前文对小布什、奥巴马、特朗普和拜登四任总统对华战略的案例分析，检验因果机制的有效性。最终指出，总统和政党对决策联盟的影响在战略规划阶段比较大，因此，决策联盟更替导致战略规划的变化，继而导致任间对华战略的不一致。而政治与社会行为体的相互作用在决策联盟中对战略实践阶段的影响较大，因此，决策联盟内部的博弈导致战略实践无法完全落实战略规划，继而导致任内对华战略的不连贯。

第一节　不同总统任间对华战略的不一致

在比较不同总统的对华战略的差异中，总统和政党的不同利益偏好发挥了最大的作用。因为总统是决策联盟的核心，而政党因为其同时作为利益集团集合体与意识形态承载体的作用而最能反映决策联盟的整体偏好。虽然有观点认为，总统个人因素或党派背景对美国对外战略的影响体现为手段的选择上，并不构成导致战略转变的动因。① 但是包括总统个人和政党在内的决策联盟反映的是美国深层次的政治和社会运行逻辑，代表着掌握国家最高权力的政治和社会行为体共同利益的最大交集，更是连接美国国内政治和对外战略的最重要中介。总统和政党在进行议程设置的战略规划阶段发挥的作用也比其他各类行为体更显著。因此，由美国国内选举政治导致的决策联盟更替是21世纪四任美国政府对华战略不一致的直接原因。这种对华战略的不一致性导致美国战略界、学界和政界提出的一些富有远见的战略规划方案无法在较长的时间落实到实践过程之中，因为会被决策联盟，特别是执政党的更替所打断。例如，美国在亚太地区的战略中，经贸规划就在奥巴马、特朗普与拜登政府期间经历了反复波折。这也是世界各地美国的盟友与伙伴国家怀疑美国长期战略承诺的原因。

一、总统之间对战略目标和议题偏好的差异

不同总统对华战略的差异是非常明显的。小布什和奥巴马是在"接触"和"遏制"之间犹豫，而特朗普和拜登的分歧主要是在如何"遏制"的问题上。在小布什和奥巴马政府初期，美国各界更多地认为中国将在军事安全、地区主导权等议题中对美国造成一定挑战而非威胁，同时重视在经贸、人文、地区热点等议题中对华合作与接触。在奥巴马执政后期，因为中国相对美国实力的增强，以及两国之间在经贸、军事安全、地区主导权等议题中的摩擦升级，导致奥巴马开始推动以"亚太再平衡"战略为核心制衡手段的对华竞争战略。而特朗普时期经贸议题由合作性质转为竞争性议题，以"贸易战"和"科技战"为核心的对华战略竞争开局，以极具意识形态色彩的战略对抗收尾，再到拜登政府选择对华进行全面的长期战略竞争，在科技、意识形态、地区与国际主导权等议题中与中国展开激烈竞争。

以美国总统为代表的超级大国领导人深刻地塑造了美国对外战略和世界

---

① 邢悦、陆晨：《对冷战后〈美国国家安全战略报告〉的文本分析》，《国际论坛》2019年第5期，第3页。

秩序。①张清敏指出，在美国这样大型的开放式发达国家中，影响对外战略的不同层次要素的重要性是：角色（即总统）、社会、政府、国际体系、个人。②总统的战略意图、思维、策略、手段、能力与信念通过政治过程影响美国对华战略规划及实践。因为总统在对外战略决策过程中的权力愈加强大，所以美国的对外战略规划和实践也会因总统和政党的轮替而导致更频繁的颠覆性调整。③总统对具体议题的立场是决策联盟内各行为体偏好的最大公约数。例如，小布什以反恐战争为核心的全球战略，代表了新保守派、军工复合体、化石能源企业等决策联盟成员的利益偏好，在经贸议题中的对华接触和合作代表了共和党商业保守派和跨国企业的利益偏好，从而可以在人民币汇率议题中抑制住国会关注劳工议题的民主党人、关注人权的共和党人以及亲民主党的工会组成的联盟。奥巴马虽然对华提出"亚太再平衡"战略，但仍未将大国竞争明确为战略重心，这是因为奥巴马代表的是互联网公司、新能源企业的利益偏好，同时从金融危机中恢复经济也仍需要与中国合作。特朗普对外战略重心从"反恐"转向对华战略竞争，更发动"贸易战"以改变中美经贸关系，但因为他所代表的右翼民粹派和白人劳工群体坚持贸易保护，而共和党商业派仍然重视对华经贸往来，使特朗普的对华经贸战略的实践反复且多变。拜登政府代表的民主党自由鹰派、以半导体产业为代表的科技产业集团将中国对美国的"威胁"看作是全方位和长期性的。

从个人层面看，个人的政治利益可以影响其作为领导人对国家利益的解读和看法。小布什、奥巴马和拜登作为建制派政客，其个人政治利益与政党利益基本保持一致，但是特朗普作为非建制派出身和右翼民粹派的领袖，不仅与民主党争夺对劳工群体的影响力，还同时对共和党与民主党建制派发起挑战。特朗普试图从内部改造和接管共和党，因此在对华战略中，以"美国优先"为口号、以"贸易战"为优先议题、以极限施压为手段，提出了完全

---

① Joseph M. Siracusa and Aiden Warren, *Presidential Doctrines: US National Security from George Washington to Barack Obama* (Lanham: Rowman & Littlefield, 2016), p. 218.
② 张清敏：《对外政策分析》，北京大学出版社，2019，第35页。
③ 刁大明：《美国对外政策的极化》，《现代国际关系》2022年第8期，第32页。

不同以往的激进对华战略框架。

由上可见,总统在战略规划阶段用议题性的分析取代了地区性的分析,美国对华战略目标的设定和议程设置正在由非传统安全议题向传统安全议题转变。美国对"中国威胁"的界定出现从模糊到逐渐清晰,由小布什政府的反恐、防扩散与推广民主,奥巴马政府的维护国际秩序的主导地位,到特朗普政府的大国竞争,[1] 再到拜登的全面对华战略竞争,反映出总统在对华战略规划中发挥的主导作用。因此,不同总统对华立场的变化正是决策联盟更替的直接反映。

二、政党关注议题和手段的差异

当政权发生交替时,原有的战略议程将会发生改变,这是竞争性政党制度给美国对外战略提供的不断调整的机制。总统的首要政治利益是确保他的总统职务能够连任。因此,总统的个人政治利益与执政联盟的利益相符,相同政党政府关注的议题也很相似。奥巴马和拜登的民主党政府推行振兴中产阶级、气候变化与绿色新政,采取对华多边制衡的手段。小布什和特朗普的共和党政府关注经贸、安全、台湾议题,偏好"实力决定论"的单边主义手段。民主党的外交事务决策团队更加专业化,共和党则依据意识形态和对领导人的忠诚进行选拔。

虽然近年来的政党轮替没有改变美国对华竞争的总体战略演变方向,但是民主党与共和党从自身代表的利益与价值观出发,导致对华战略竞争手段和议题各不相同:共和党偏好将中国与国内议题紧密相连,倾向于对华实施极端遏制和打压,关注经贸和军事安全等议题。共和党不仅将中国作为外部安全挑战,还认为中国对美国的经济和价值观构成"生存性威胁"(existential threat)。[2] 民主党人则相对克制,主张中美之间竞争的可控,反对中美"新冷战",更尽量避免使用"敌人"称呼中国,而是用"竞争对手"

---

[1] 韩召颖、黄钊龙:《对冷战后美国大战略的考察:目标设置、威胁界定与战略实践》,《当代亚太》2019年第5期,第54页。

[2] 张昭曦:《美国共和党的对华超强硬态度探析》,《现代国际关系》2021年第8期,第9页。

代替。相比之下，民主党人更倾向于在国际层次利用盟友与伙伴关系的多边手段应对中国，重视价值观、区域与全球影响力等"制度性"议题。两党在达成对华战略竞争共识的同时，认为只有通过加强美国国内的改革、基础设施建设和前沿科技投资，才能有效应对中国的崛起，因此更加关注经贸、科技与安全议题之间的联系。

近年来，美国对外战略党派色彩越来越浓厚，"党派之争止于海岸线"的时代已过去。政党极化使得任何一位总统都难以协调对华战略中的党派性偏好和诉求。两党对华战略与美国国内政治紧密相连，都希望利用中国议题来推进各自的国内议程。当前"文化—身份"矛盾正在取代"经济—阶级"矛盾，成为推动美国政党政治演化的首要矛盾，[①] 共和党与民主党在国内外正在进行争夺国家发展方向和意识形态主导权的"文化战争"。共和党试图借助中国议题打击民主党自由派，在民众中塑造"威胁共识"，以意识形态捍卫者的身份巩固保守派选民基本盘。任何的领域和议题都可以成为共和党政客挑动反华情绪、对华发难的着力点。因此，特朗普第二任期会大体复刻第一任期的对华强硬手段。

党内同质化与党间异质化共同导致了政党政治极化。共和党和民主党内部的同质程度日益加深，共和党与民主党已经分别由保守派和自由派占据多数，中间派几乎不复存在。意识形态更趋极端的左翼激进派和右翼民粹派的发展尤为迅速。两党各派分别在某些显要议题中形成与民众互动的窗口，而对议题的偏好、优先级和利用程度能够展现政党的政治光谱。随着美国正在形成新的社会基础，会有新议题的出现，两党内部存在着主导意识形态变化的较大可能性。[②] 两党在对华战略中存在对新议题的争夺。

无论是民主党的多边主义制衡，还是共和党的单边主义遏制，都对中国构成了一定威胁。但是因为战略规划的不连贯，导致对华遏制的效果被削弱。

---

① 王浩：《走出周期：美国政党政治研究的范式转换与议程重置》，《美国研究》2022年第4期，第47页。

② 彭泉：《政党竞争与西方主流政党的民粹化转型》，《外交评论（外交学院学报）》2022年第3期，第74、76页。

特朗普取消了奥巴马政府"亚太再平衡"战略的经济支柱《跨太平洋伙伴关系协定》。拜登上台后,"印太战略"虽然试图提出"印太经济框架"弥补经济的短板,但是难以获得决策联盟的支持,并重获地区盟友与伙伴的信任。奥巴马政府作出了减排的承诺,加入了《巴黎协定》,但是遭到特朗普的退出。虽然拜登政府再次强调"绿色新政"的议题,但也无法挽回这种战略反复给美国战略信誉造成的损失。

第二节 同一总统任内对华战略的不连贯

总统和政党主导了战略规划阶段的目标识别和议程设置,但是战略实践的落实并不是单纯凭借清晰的战略规划就能实现的。国会和各行政部门等政治行为体以及利益集团、智库等社会行为体,通过议题联系、议题嵌入等手段促进或干扰了战略实践的过程。总统虽然在对华战略中占主导地位,但是无法完全抑制其他行为体加入战略议程的尝试,所以战略实践中的议题执行与战略规划产生偏差,继而导致同一总统任内对华战略的不连贯,这种不连贯极具美国国内政治权力制衡的特征。各行为体利益偏好的多样性有时可以帮助总统推进决策联盟的议程,但也会让总统将过多的精力和资源投入到偏离对华战略实践的议题中。

近年来,美国商界在涉华议题中游说能力的下降,反映了美国政治行为体对国家政治和安全利益的关切压倒了利益集团的经济利益。在对华战略中决策联盟的政治属性比社会属性更明显。因此,政治行为体发挥的作用比社会行为体更重要,成为对华战略中决定性的力量。政治行为体以安全的名义抑制社会行为体的需求,各类社会行为体被迫将各自关心的议题"安全化",以便迎合政治行为体的需要。

一、政治行为体之间的博弈

除总统外,代表各种利益的政府部门以及国会两党在对华战略中都有着自己的偏好,它们通过议题嵌入的方式试图将各自关切的议题加入既有的对华战略议程中。当不同议题的执行发生冲突时，总统难以实现有效协调，从而降低政府效率。决策联盟内部的博弈反映出美国国内精英，既缺乏统一的意识形态指导国内的政治理念和经济建设，也缺乏统一的对华战略竞争的最终目标和手段。

在同一个议题中，不同的政府部门的立场也有着差异。例如，小布什时期的朝鲜核问题、人民币汇率议题和"对台售武"议题，奥巴马时期"亚太再平衡"战略的规划与实践，特朗普时期经贸议题中的"贸易战"，拜登政府时期的经贸议题，都有行政部门之间以及白宫与国会之间的冲突。这些冲突导致在同一议题内部战略实践的不连贯。

（一）行政部门之间的矛盾

各行政部门在美国对华战略中发挥的影响取决于它们在决策圈中的地位和对总统影响力的强弱。如表7.1所示，副总统、国务院、国家安全委员会和国防部以及它们的负责人在不同总统时期的影响力各有强弱，反映了它们在对华战略实践中扮演角色的重要性差异。

表7.1 主要行政部门在美国对华战略中的影响力变化和差异

政府	副总统	国务院	国家安全委员会	国防部
小布什	强	弱→强	中	强→中
奥巴马	中	中	中→强	弱
特朗普	中	强	弱	弱
拜登	弱	强	中	中

资料来源：作者整理。

副总统主要的任务是配合总统的对华战略安排。副总统作为参议院议长（兼任）还是联系白宫和国会之间的纽带。因此，副总统经常有担任国会议员的履历，拜登、迈克·彭斯、卡玛拉·哈里斯都是如此。理查德·切尼是个例外，他在总统之外另有一套国家安全班底，在反恐战争初期成为第二决策中心。自冷战结束以来，新保守派和军工复合体在美国对外战略中的表现十分活跃，切尼作为新保守派和军工复合体的代表促成了这两股势力共同发起伊拉克战争，但是随着美军陷入反恐战争的泥潭，其影响力迅速衰弱。拜登作为资历更老的政客有效地帮助了奥巴马内外政策的实践，而彭斯作为建制派政客既帮助特朗普笼络福音派群体、发起对华意识形态攻击，同时又起到约束特朗普的作用，在2020年总统选举争议中拒绝了特朗普的施压。拜登政府的副总统哈里斯在对华战略规划和实践中几乎没有发挥什么明显的作用。

国务院代表职业外交官的利益，除了迈克·蓬佩奥这位情报系统出身的国务卿外，大多数国务卿都希望中美关系总体保持稳定。民主党的三位国务卿希拉里·克林顿、约翰·克里和托尼·布林肯，都试图利用美国的盟国和伙伴体系等多边主义的手段制衡中国。美国国务院中仍然存在部分希望通过与中国合作解决东亚安全和区域秩序等问题的"接触派"官员。总统对国际战略的频繁介入，以及国防部、国家安全委员会、财政部等部门自主性的增强，导致国务院以往重要的协调功能被削弱。

国防部长期关注中国军事力量的上升及其对美国的影响，从未放松对中国军事力量发展的警惕，也没有忽视谋划应对来自中国的战略竞争。国防部代表军工复合体的利益，因此最为强调"中国威胁论"，以便获得更多的国防预算和军工企业订单，其防务规划和预算的聚焦点之一就是应对崛起的中国。但是在特朗普与拜登的政权交接敏感期，在与中国有可能发生军事冲突的时候，军方反而更谨慎冷静。因为对大国进行威慑而非真正的冲突最有利于军工复合体的长期获益。

国家安全委员会在白宫中负责协调政府各部门和各机构的对外政策，要理解国防部、国务院、财政部、商务部等机构在对华战略中的不同看法，并促进军事机构与其他部门的合作，还要向总统提出与国家安全相关的建议。[①]虽然国家安全委员会是重要的对外战略协调机构，但是国家安全事务助理对总统的影响力要弱于国务卿，有时还弱于副总统和国防部长，这是因为国家安全委员会本质上是总统幕僚智囊团，更多地体现总统的立场，起到辅助总统的作用。布热津斯基认为，总统的个人执政风格就决定国家安全委员会工

---

① 80th Congress, *National Security Act of 1947*, Sec.101. (b). (1), July 26, 1947.

作机制的特征。① 例如，小布什和特朗普都喜欢非正式的决策流程，这导致国家安全委员会未能发挥正式政策协调机制所应发挥的作用。

此外，在经贸议题中发挥重要作用的财政部也不能忽视。财政部代表的主要是华尔街金融集团的利益，连续数任财政部长都来自高盛集团。通常财政部长都支持对华接触与合作，阻止了国会数次企图将中国列为"汇率操纵国"的企图。小布什时期的财政部长亨利·保尔森在任期间，创立了"中美战略经济对话"机制，促进了中美两国在各领域的合作与交流。特朗普政府的财政部长史蒂文·姆努钦也希望限制"贸易战"的规模、反对中美经贸"脱钩"。拜登政府的财政部长珍妮特·耶伦出于降低美国通胀率的考虑，支持取消对华加征的关税。

通过案例分析，小布什时期，国务院和国防部在朝鲜问题上存在不同立场；小布什和拜登时期，国防部与国务院、国家安全委员会之间在台湾议题上存在矛盾；特朗普时期，财政部、商务部、国家经济委员会、白宫国家贸易委员会、贸易代表办公室围绕"贸易战"和"科技战"的力度也有矛盾；在拜登时期取消对华加征关税问题上，财政部、商务部与贸易代表办公室之间亦有分歧。美国各部门在具体议题中的分歧，体现了各自部门与社会行为体之间的紧密联系，导致了同一议题中对华战略实践的不连贯。

（二）国会与总统之间的关系

作为美国三权分立政治体制的重要组成部分，在对华战略实践中，国会对总统的影响比各行政部门都大，主要发挥干扰作用。相关涉华法案可以长期影响美国对华战略框架，相比之下，总统和官僚部门的行政手段更容易被下届政府取消。而外交问题很容易成为国会两党对立的催化剂。

总体而言，国会在"一致政府"时，较为配合总统的战略。例如，小布什政府时期和奥巴马政府初期，国会并未影响总统在经贸议题上的对华接触。在"分立政府"时，国会对总统的掣肘较为严重。例如，奥巴马政府和特朗

---

① Zbigniew Brzezinski, "The NSC's Midlife Crisis," *Foreign Policy*, no. 69, Winter 1987/1988, p. 81.

普政府，以及2022年中期选举后的拜登政府，国会不仅破坏了"亚太再平衡"战略的实践，也没有为"印太战略"提供太多的资源和政治支持。在拜登政府初期"一致政府"的情况下，众议长佩洛西仍然执意窜访中国台湾地区，扰乱了拜登政府对华战略的规划与实践过程。国会两党都在利用所谓"中国威胁论"和涉华议题成为各自的竞选工具。近年来，国会试图与总统争夺对华战略议程设置的主导权。因为国会和总统具有不同的选举政治利益，所以国会部分反华议员在提出涉华议案时，往往忽视对宏观国际局势的考虑。

正如刁大明指出的，"国会两党一致的情况会有利于涉华的积极议题，而两党极化将会给中美关系带来更多的阻力与挑战，两党极化带来的政策调整可能会在涉华消极议题中修复两国关系，留下一定的缓冲空间"。[①] 在对上文关于小布什"对台售武"和拜登时期国会推出"2022年台湾政策法案"的案例分析中，我们也看到政党极化导致国会两党虽然在对华强硬上具有共识，但是仍不希望对方从反华议案中获得更多的好处。国会中仍然存在部分共和党温和派和民主党进步派议员，他们在国会的涉华议案制定过程中发挥了一定作用。

二、社会行为体的作用

社会行为体关注的议题与政治行为体多有不同。利益集团，特别是行业利益集团更关心的是经济利益，因此通过影响总统、行政部门和国会试图积极地进行议题嵌入；智库关注的议题较广泛，其作用是为政治行为体提供战略规划方案和人才；媒体在对华战略中更关心意识形态、人权等非传统安全类议题。在案例分析中涉及的各政府任内主要社会行为体，参见表7.2。

[①] 刁大明：《美国对外政策的极化》，第36页。

表7.2 各政府任内主要社会行为体

政府	利益集团	智库
小布什	宗教右翼、大企业（特别是化石能源企业）	美国企业研究所、传统基金会、新美国世纪计划
奥巴马	气候与环保团体、工会、支持全球化的企业（特别是互联网企业）	新美国安全中心、卡内基国际和平基金会、布鲁金斯学会、对外关系委员会
特朗普	宗教右翼、大企业、白人劳工群体	美国企业研究所、传统基金会、哈德逊研究所、2049计划研究所
拜登	气候与环保团体、劳工群体	新美国安全中心、大西洋理事会、卡内基国际和平基金会、布鲁金斯学会、对外关系委员会

资料来源：作者整理。

社会行为体虽然需要通过影响政治行为体，才能参与对华战略的决策过程，但也因此丰富了美国对华战略中议题的多样性，使美国对华战略的演变必然体现为全方位、多议题的混合政策议程。安全和经济成为每任政府都要面对的两个核心议题，分别代表了"两面下注"策略中的接触和遏制。在美国对华战略中，围绕最惠国待遇、贸易逆差、人民币汇率、就业岗位等具体议题的经贸领域，无疑有最多的社会行为体参与其中。社会行为体对经贸议题的广泛参与重新设定或打乱了政治行为体的既有议程。例如，受益于全球化的大型跨国企业、气候和环保团体的参与，延缓了奥巴马政府对华战略制衡的实践，白人劳工群体作为特朗普的基本盘，设定了"贸易战"的议程。

美国劳工群体和宗教右翼虽然分属民主党和共和党，但对中国的态度长期以来并不友好。在小布什时期，这两股势力在国会的代言人即两党"贸易-人权"联盟就针对中国提出涉及这两类议题的法案。奥巴马试图以"复兴制造业"为目标，重新恢复中产阶级特别是劳工群体对民主党的支持。但是在其任内，美国的贫富差距持续扩大，中产阶级持续萎缩，反而与中国关系密切的互联网、金融等受益于全球化的行业发展迅猛。美国选民更关心与自身利益相关的国内议题而非国际事务。因此，能够提出战略动员口号以联系国内外议题对战略实践很重要。特朗普的"美国优先"成为凝聚劳工群体和宗教右翼的旗帜,推动其在意识形态和经贸领域对华强硬。拜登试图以"中产阶级外交"理念取而代之,将劳工群体重新拉回民主党,但其政治动员效果并不显著。2024年大选特朗普在七个摇摆州的胜利宣告共和党再一次争取到了白人劳工群体的支持。

奥巴马时期,美国商界和金融界总体对华态度较友好,希望中国保持开放。从对华经贸往来中获益的美国工商业、农业和金融业利益集团结成了强大的"院外援华集团"(China Lobby),它们在游说国会给予中国永久性正常贸易关系的地位、支持中国加入世界贸易组织以及避免美中出现严重的货币金融冲突等方面发挥了关键作用。① 特朗普时期,商界的整体要求仍是继续扩大中国的市场并取消投资壁垒,而非经济民族主义者提倡的与中国经济"脱钩"。这些从对华经贸关系中受益的行为体是美国对华"温和派"和"接触派"的主要成员,他们试图将多种议题发展为中美之间的"稳定剂"和"压舱石"。与商界主要通过商务部影响美国贸易政策相比,金融界的跨党派金融资本对财政部的影响更大,工会力量在政府中的代言人是贸易代表办公室。但是随着中国综合国力和中国企业竞争力的快速发展,金融界和工商界逐渐缺少向美国政府和国会游说的动力,因此,这些商业利益集团对特朗普和拜登政府的影响力越来越弱。②

智库方面,小布什政府和特朗普政府的战略规划都深受亲共和党的美国企业研究所、传统基金会、哈德逊研究所等传统保守派智库影响。而小布什政府深受新保守主义思想影响的"新美国世纪计划"也发挥了重要作用,为其政府输送了大量新保守派人才。特朗普时期2049计划研究所也为特朗普政府对华经贸和科技战略提供了方案,"美国优先政策研究所"也将在特朗普第二任期发挥重要作用。而在奥巴马和拜登时期,亲民主党的智库新美国安全中心发挥了重要影响力,为两任政府提供了大量自由鹰派的人才。特朗普政

---

① 李俊久、姜默竹:《"院外援华集团"与美国对华汇率外交》,《社会科学战线》2014年第6期,第61—66页。

② 樊吉社:《美国对华决策:机制调整与团队转换》,《当代美国评论》2021年第4期,第16页。

府将中美关系相关议题"安全化"和"意识形态化",拜登政府则将中美关系的某些议题"价值观化",[①]其背后都有智库精英的建言推动。

在媒体方面,电视、报纸等传统媒体发挥的影响力越来越弱,这是因为互联网和社交媒体逐渐成为舆论场争论的重要平台。电视台和纸媒体也不得不主要在线上创作内容。但是福克斯新闻在共和党保守派中发挥着其他媒体无法匹敌的作用,该电视台在特朗普时期冲在反民主党和反华的第一线。像塔克·卡尔森这样的重要媒体人士本身就是意见领袖,拥有自己的政治观点和为公共舆论设定议程的能力。[②]特朗普大量的保守主义观点也来源于该电视台的政论节目。

总而言之,美国对华战略仍然是以政治过程为主,社会行为体只有通过影响政治行为体才能在对华战略中嵌入议题。因此,除了少数规模庞大的跨党派利益集团,大多数利益集团、智库和媒体都有各自亲近的政党。在决策联盟中,这些社会行为体只有借助政党以及政党主导的国会,才能对总统的对华战略实践产生促进或干扰作用。然而,社会行为体的利益偏好的变化反映出美国社会与经济的变化,在全球化快速发展的21世纪初,两党依靠的社会力量在对华战略议题中的偏好也发生了变化。劳工群体对全球化的不满和中产阶级的萎缩,导致美国国内政治格局发生剧烈调整,从而分别推动了特朗普和拜登的决策联盟在某些对华议题中进行颠覆性的调整。

---

① 刁大明、马嘉帅:《美国对华战略的"全政府"方式:概念、逻辑与现实》,《当代美国评论》2021年第2期,第38页。

② 付随鑫:《美国对华民意的转变及其政策影响》,《太平洋学报》2020年第9期,第20页。

第八章 结 论

美国对华战略的演变与美国决策联盟的变化密切相关。"9·11"事件后，美国战略重心的调整促使小布什政府重回对华接触的轨道，而伊拉克战争导致新保守派的失势，进一步为中美两国发展战略关系扫清了障碍。奥巴马政府虽然察觉到中国崛起会给美国的霸权地位造成潜在威胁，但因其决策联盟中各成员关注经济复苏、贸易与投资、气候变化等议题，而不得不加强了与中国在相关领域的合作。"亚太再平衡"战略虽然其目的在于与中国展开制度制衡，但是美国国内政治的局限性导致该战略并未发挥预计的效果。特朗普政府在执政初期，虽然因为特朗普个人的偏好而与中国在朝鲜议题中展开合作，但是由于其更专注贸易议题从而开启对华"贸易战"。特朗普决策联盟中新保守派、宗教右翼等群体对中国崛起的忧虑，导致特朗普政府又发起了对华"科技战"。在新冠疫情暴发后，更是演变为全面的对华战略竞争与对抗。拜登政府为了满足白人劳工群体的利益，继承了对华"贸易战"，由于自由派在决策联盟中的政治议程，而继续寻求与中国在气候变化等领域的有限合作。总体而言，不同决策联盟内外的政治博弈，构成了美国对华战略中政治目标、议题和手段的动态性决策逻辑。

本书运用案例分析与过程追踪的研究方法，系统地梳理了从小布什到拜登历届美国政府对华战略规划和实践过程中的重大议题；论证分析了美国对华战略由"两面下注"的遏制与接触，逐渐走向遏制与"规锁"的战略演变过程。具体而言，小布什政府与奥巴马政府认为中美竞争是局部的而非全面的，特朗普政府作出了对华战略的历史转折性调整，奠定了对华全面战略竞争的基调，而拜登政府正式开启了全面的长期性对华战略竞争。本书丰富了21世纪美国对华战略演变的国内政治视角相关研究的深度与广度，解答了为什么美国对华战略不一致和不连贯的研究问题，实现了研究目的。

研究结果的主要观点是：研究提出了基于美国国内视角、以决策联盟为核心的分析框架，论证了决策联盟的变化导致美国对华战略的不一致和不连贯的假说。决策联盟是指以总统领导的行政部门为核心，由具有类似偏好的政治行为体和社会行为体组成的共享美国对华战略决策权的松散集合体。决策联盟的更替表现为执政党和总统的轮换，其更替导致不同的行为体将各自偏好的议题加入新的对华战略框架，继而使战略规划发生重大调整，导致不同总统任间对华战略的不一致。而决策联盟内部的博弈导致行为体将不同的议题纳入既有的对华战略框架中。在同一议题中，不同行为体也有着不同的利益偏好，继而使战略规划与战略实践脱节，导致同一总统任内对华战略的不连贯。同时，战略性危机也会提升某些议题在对华战略框架中的优先级，促进或阻碍对华战略的规划和实践。该分析框架说明，近年来美国开展的全面对华战略竞争，既受到国际体系层次的结构性因素驱动，也受到美国国内政治层次中官僚政治、部门间政治、利益集团政治等因素的影响。美国对华战略不一致和不连贯的后果有两点：第一，美国国内政治的不确定性动摇了美国的战略信誉，不协调的战略实践无法为其盟国和伙伴国提供战略资源帮助，以及长期的政治和经济支持。第二，美国缺乏统一的、稳定的和能够长期有效执行的对华战略框架，提升了中美关系演变中的不确定性和风险性。

本书的理论意义是，为美国对华战略的相关研究提供了跨层次的分析框架和对21世纪美国对华战略演变不一致和不连贯现象的新解释。现实意义是，有助于更好地理解中美关系的发展，在中美战略竞争中，为中国的应对提供新思路。例如，虽然美国对华全面战略竞争已经成为美国精英的共识，但是在战略竞争的最终目标、手段、路径、议题、准备付出的代价与程度上，各行为体的偏好仍有较大区别，尚在不断探索和辩论之中。虽然中美各自战略议题的周期并不同步，关切的议题也不一样，但中国可以依据美国国内行为体的不同偏好，尝试建立新的议题共识，并将这些议题转化为中美关系新的"压舱石"。中国还可以尝试将两国战略竞争的重点方向引导至对国内问题的革新能力与全球治理的水平较量。

第八章 结 论

　　本书也存在一定的不足和缺陷。例如，在案例选择中只选择了决策联盟立场差异和行为体之间冲突矛盾比较明显的战略规划和实践的个案进行分析，其优点是可以比较明显地看出案例对假说提供的特殊性贡献，但缺点是放弃了许多仍有拓展研究与分析价值的案例。同时本书的假说、论证过程和论断也具有一定的局限，因为主要的分析层次是以美国国内结构为主、国际体系为辅，所以解释的有效性只局限在这两个层次之间的互动。而且也不能过度引申所蕴含的政策启示，只能限于关于美国对外战略的分析研究当中。目前，存有的问题和疑点在于，观念性因素如政治文化、意识形态、身份政治等，如何与决策联盟的国内政治框架产生互动以及互动的效果如何，有待进一步的研究。

　　近年来，美国学界、战略界和政界部分人士认识到美国国内政治与对华战略之间的紧密联系。美国的对外战略是为国内政治的目标服务，"外交战略必须将国内政治纳入考虑之中"。① 政府如果得不到所属的决策联盟和联盟外其他行为体足够的支持，其对外战略难以维持，奥巴马的"亚太再平衡"战略和特朗普的"印太战略"失败的原因正在于此。在政治极化的背景下，美国的对外战略越来越容易受到国内政治的影响，对国内政治的需要将持续性地压倒对国际政治的长期规划和实践。亨利·基辛格曾警告："外交政策有成为国内政治一部分的危险。"② 而决定大国兴衰的因素主要在国家内部而非外部，这些精英也认识到美国真正的竞争对手是美国自己。约翰·艾肯伯里、约瑟夫·奈等认为，美国对外战略的成败取决于美国自身，而非由外部力量的崛起或衰落决定。③ 对所有国家来说，国内改革的成败生死攸关。除了小布什，奥巴马、特朗普和拜登政府都寻求通过以不同的方式，对美国国内进行

---

① 罗伯特·基欧汉、约瑟夫·奈：《权力与相互依赖》，门洪华译，北京大学出版社，2011，第229页。
② 亨利·基辛格：《世界秩序》，胡利平、林华、曹爱菊译，中信出版社，2015，第470—471页。
③ John Ikenberry, *A World Safe for Democracy: Liberal Internationalism and the Crises of Global Order* (New Haven: Yale University Press, 2020)；约瑟夫·奈：《美国总统及其外交政策》，安刚译，金城出版社，2022，第253页。

变革来实现对外战略的突破。例如，增加对科研的投入、改善基础设施、控制医疗保障成本、缩减军费、节约战略资源等。中美战略竞争的未来也根植于彼此的国内发展与改革。基辛格、兹比格涅夫·布热津斯基等都认为，在中美之间战略竞争中发挥决定性作用的是经济与社会竞争而非军事竞争。[①] 以国内建设和改革为核心的国家战略，以及以制度竞争为核心的战略竞争是一种良性竞争。从长远的发展视角来看这种良性竞争是有利于人类文明的高质量进步、和平发展与经济繁荣的。因此，国内外学术界、战略界和政界关于国内政治与国际战略之间关系的相关研究将成为大国关系、中国外交和美国研究领域的重要研究方向。分析美国国内外战略之间如何进行协调也是作者今后将重点关注的新方向和新议题。

对中美关系的未来不应过分悲观。中美关系的命运取决于中美双方的战略互动，而不是美国单方的行为。美国国内不乏理性、务实且具有强大影响力的政治和社会行为体致力保持与中国的关系，美国对华战略竞争中的部分超强硬政策很难获得他们的支持。冷战期间美苏对立的基础是经济的切割，而中美之间仍存在"竞争性相互依存"的紧密联系，双边关系仍有朝着良性竞争方向发展的可能。

---

① 亨利·基辛格：《论中国》，胡利平、林华、杨韵琴、朱敬文译，中信出版社，2012，第513页；兹比格涅夫·布热津斯基：《战略远见：美国与全球权力危机》，洪漫、于卉芹、何卫宁译，新华出版社，2020，第31页。

参考文献

中文文献

1. 阿查亚. 美国世界秩序的终结与"复合世界"的来临[J]. 世界经济与政治, 2017（6）：14–25.

2. 艾利森, 泽利科. 决策的本质：还原古巴导弹危机的真相[M]. 王伟光, 王云萍, 译. 北京：商务印书馆, 2015.

3. 艾利森. 注定一战：中美能避免修昔底德陷阱吗?[M]. 陈定定, 傅强, 译. 上海：上海人民出版社, 2019.

4. 安刚. 奥巴马这八年, 给中美关系留下了什么?[J]. 世界知识, 2016（23）：14–27.

5. 比奇, 佩德森. 过程追踪法：基本原理与指导方针[M]. 汪卫华, 译. 上海：上海人民出版社, 2020.

6. 贝瑞, 威尔科克斯. 利益集团社会（第5版）[M]. 王明进, 译. 北京：中国人民大学出版社, 2012.

7. 布热津斯基. 战略远见：美国与全球权力危机[M]. 洪漫, 于卉芹, 何卫宁, 译. 北京：新华出版社, 2020.

8. 陈东晓. 布什政府亚太政策的调整[J]. 现代国际关系, 2005（9）：14–20.

9. 陈积敏, 熊洁. 拜登政府"印太经济框架"评析[J]. 现代国际关系, 2022（8）：45–52.

10. 陈文鑫. 美国"全政府"对华战略探析[J]. 现代国际关系, 2020（7）：1–7.

11. 陈志瑞, 刘丰. 国际体系、国内政治与外交政策理论——新古典现实主义的理论构建与经验拓展[J]. 世界经济与政治, 2014（3）：111–128.

12. 陈宗权. 第一任期奥巴马政府眼中的中国形象——兼与小布什政府对华形象认知的比较[J]. 当代世界与社会主义, 2013（4）：94-99.

13. 柯林斯. 大战略[M]. 中国人民解放军军事科学院, 译. 北京：中国人民解放军战士出版社, 1978.

14. 戴秉国. 促进中美在亚太地区良性互动. 中华人民共和国外交部[EB/OL].（2012-05-03）[2024-11-19]. https://www.mfa.gov.cn/web/zyxw/201205/t20120503_318552.shtml.

15. 刁大明, 蔡泓宇. 竞争性对华战略调整的美方争论[J]. 国际政治科学, 2020（4）：115-149.

16. 刁大明, 马嘉帅. 美国对华战略的"全政府"方式：概念、逻辑与现实[J]. 当代美国评论, 2021（2）：21-41.

17. 刁大明, 王丽. 中美关系中的"脱钩"：概念、影响与前景[J]. 太平洋学报, 2020（7）：12-27.

18. 刁大明. 2012年美国国会选举与新一届国会对华政策走向[J]. 美国研究, 2012（4）：68-90.

19. 刁大明. 2020年大选与美国民主党的转型[J]. 国际论坛, 2020（6）：101-118.

20. 刁大明. 拜登政府的"中产阶级外交"[J]. 现代国际关系, 2021（4）：10-18.

21. 刁大明. 从佩洛西"窜台"未果看美国国会在涉华事务中角色嬗变[J]. 世界知识, 2022（12）：59-61.

22. 刁大明. 决策核心圈与奥巴马外交[J]. 现代国际关系, 2015（5）：23-32.

23. 刁大明. 美国对外政策的极化[J]. 现代国际关系, 2022（8）：30-36.

24. 刁大明. 特朗普政府对外决策的确定性与不确定性[J]. 外交评论（外交学院学报）, 2017（2）：65-84.

25. 刁大明. 特朗普政府对外政策的逻辑、成因与影响[J]. 现代国际关系, 2019（6）：19-27.

26. 杜兰. "印太经济框架"的动向及其对华影响[J]. 当代美国评论, 2022（3）：87-105.

27. 樊吉社. 从亚太到"印太"：美国地区安全战略的变迁与回归[J]. 国际安全研

究，2022（5）：30-52.

28. 樊吉社. 美国对华决策：机制调整与团队转换［J］. 当代美国评论，2021（4）：1-19.

29. 福山. 身份政治：对尊严与认同的渴求［M］. 刘芳，译. 北京：中译出版社，2021.

30. 付随鑫. 美国对华民意的转变及其政策影响［J］. 太平洋学报，2020（9）：16-26.

31. 复旦大学美国研究中心、上海市美国问题研究所. 四十人看四十年：中美外交风云对话［M］. 北京：新世界出版社，2019.

32. 加迪斯. 遏制战略：战后美国国家安全政策评析（增订本）［M］. 时殷弘，译. 北京：商务印书馆，2019.

33. 高程. 美国对外政策的驱动力：物质利益至上？［J］. 美国研究，2012（2）：82-96.

34. 高程. 中美竞争视角下对"稳定发展中美关系"的再审视［J］. 战略决策研究，2018（2）：14-25.

35. 高春芽. 文化反弹与民粹主义激进右翼政党的崛起［J］. 世界政治研究，2022（1）：32-36.

36. 吉伦斯. 财富与影响力：美国的经济不平等与政治权力［M］. 孟天广，郭凤林，译. 上海：上海人民出版社，2021.

37. 吉尔平. 世界政治中的战争与变革［M］. 宋新宁，杜建平，译. 上海：上海人民出版社，2007.

38. 格罗斯曼，霍普金斯. 美国政党政治：非对称·极端化·不妥协［M］. 苏淑民，译. 北京：当代世界出版社，2021.

39. 郭艳琴. 美国国家安全战略报告与对华政策：文本解读与分析［J］. 当代美国评论，2018（2）：33-51.

40. 韩召颖，黄钊龙. 对冷战后美国大战略的考察：目标设置、威胁界定与战略实践［J］. 当代亚太，2019（5）：30-67.

41. 哈特. 比战略：间接路线［M］. 钮先钟，译. 上海：上海人民出版社，2010.

42. 何维保. 美国两党党纲中的对华政策论析［J］. 美国研究，2019（6）：84-111.

43. 希尔. 变化中的对外政策政治［M］. 唐小松, 陈寒溪, 译. 上海: 上海人民出版社, 2007.

44. 胡然, 王缉思. 论中美关系与国内治理［J］. 当代美国评论, 2022（3）: 25–43.

45. 黄琪轩. 美国内部失衡如何撼动了国际秩序［J］. 国际政治科学, 2021（3）: 1–32.

46. 黄日涵, 高恩泽. "小院高墙": 拜登政府的科技竞争战略［J］. 外交评论（外交学院学报）, 2022（2）: 133–154.

47. 杰维斯. 国际政治中的知觉与错误知觉［M］. 秦亚青, 译. 北京: 世界知识出版社, 2003.

48. 节大磊. 美国的"深层国家": 现实与迷思［J］. 美国研究, 2022（1）: 72–102.

49. 节大磊. 意识形态与中美战略竞争［J］. 国际政治科学, 2020（2）: 84–108.

50. 金灿荣. 国会与美国贸易政策的制定——历史和现实的考察［J］. 美国研究, 2000（2）: 7–30.

51. 金灿荣. 中美关系与"修昔底德陷阱"［J］. 湖北大学学报（哲学社会科学版）, 2015（3）: 13–19.

52. 基欧汉, 奈. 权力与相互依赖（第四版）［M］. 门洪华, 译. 北京: 北京大学出版社, 2012.

53. 基欧汉. 新现实主义及其批判［M］. 郭树勇, 译. 北京: 北京大学出版社, 2002.

54. 基辛格. 论中国［M］. 胡利平, 林华, 杨韵琴, 朱敬文, 译. 北京: 中信出版社, 2012.

55. 基辛格. 世界秩序［M］. 胡利平, 林华, 曹爱菊, 译. 北京: 中信出版社, 2015.

56. 基. 政治、政党与压力集团［M］. 周艳辉, 陈家刚, 译. 杭州: 浙江人民出版社, 2021.

57. 金, 基欧汉, 维巴. 社会科学中的研究设计［M］. 陈硕, 译. 上海: 上海人民出版社, 2014.

58. 雷少华. 超越地缘政治——产业政策与大国竞争［J］. 世界经济与政治, 2019

（5）：131–154.

59. 伦纳德. 隐秘帝国：美国工业经济和企业权力的兴衰[M]. 程正，译. 北京：中信出版集团，2021.

60. 李海东. 当前美国对华政策的辩论、选择与走势分析[J]. 美国研究，2016（4）：9–36.

61. 李宏洲，尹继武. 拜登的人格特质及决策特点[J]. 现代国际关系，2021（2）：11–22.

62. 李俊久，姜默竹. "院外援华集团"与美国对华汇率外交[J]. 社会科学战线，2014（6）：61–66.

63. 李枏. 美国国家安全委员会决策体制研究[J]. 美国研究，2018（6）：127–141.

64. 李庆四，翟迈云. 特朗普时代美国"白人至上主义"的泛起[J]. 美国研究，2019（5）：103–120.

65. 李巍，张哲馨. 战略竞争时代的新型中美关系[J]. 国际政治科学，2015（1）：25–53.

66. 李巍，赵莉. 产业地理与贸易决策——理解中美贸易战的微观逻辑[J]. 世界经济与政治，2020（2）：87–122.

67. 李巍. 霸权护持：奥巴马政府的国际经济战略[J]. 外交评论（外交学院学报），2013（3）：51–66.

68. 李巍. 从接触到竞争：美国对华经济战略的转型[J]. 外交评论（外交学院学报），2019（5）：54–80.

69. 李巍. 从体系层次到单元层次——国内政治与新古典现实主义[J]. 外交评论（外交学院学报），2009（5）：134–150.

70. 李泽生. 特朗普政府的防御性单边主义外交及其影响[J]. 当代世界与社会主义，2020（2）：161–170.

71. 刘德斌. 冷战后的美国政治与美国外交[J]. 吉林大学社会科学学报，1996（2）：1–8.

72. 刘卿. 论利益集团对美国气候政策制定的影响[J]. 国际问题研究，2010（3）：58–64.

73. 刘卫东. 特朗普政府对美国对华政策的重塑[J]. 中国社会科学院研究生院学

报，2021（6）：41-57.

74. 刘文祥. 美国外交决策中的国会与总统［M］. 北京：中国经济出版社，2005.

75. 罗永宽. 美国共和党偏爱新保守主义吗［J］. 人民论坛，2018（17）：19.

76. 吕桂霞. 新保守主义对美国外交政策的影响论析［J］. 安徽大学学报，2005（3）：121-125.

77. 马弘，秦若冰. 美国经济的开放结构：兼论后危机时代美国贸易政策转向［J］. 当代美国评论，2020（4）：56-71.

78. 马凯硕. 中国的选择：中美博弈与战略抉择［M］. 全球化智库，译. 北京：中信出版集团，2021.

79. 马雪. 近期美国商会对华态度的变化及影响［J］. 现代国际关系，2017（8）：37-43.

80. 马钟成. 特朗普为何会登上历史舞台——关于特朗普、美国保守主义与法西斯主义的思考［J］. 世界社会主义研究，2017（4）：53-61.

81. 曼德尔鲍姆. 穷酸超级大国：美国在拮据时代的全球领导力［M］. 刘寅龙，译. 深圳：海天出版社，2011.

82. 毛维准. 新古典现实主义理论中的智库角色：一个分析框架［J］. 南京社会科学，2018（10）：15-21.

83. 米尔斯海默，沃尔特. 以色列游说集团与美国对外政策［M］. 王传兴，译. 上海：上海人民出版社，2019.

84. 米尔斯海默. 大国政治的悲剧［M］. 王义桅，唐小松，译. 上海：上海人民出版社，2003.

85. 美中贸易全国委员会. 中国商业环境调查2021［R/OL］.（2021-08-02）[2024-11-20]. https://www.uschina.org/sites/default/files/uscbc_member_survey_2021_-_cn.pdf.

86. 美终裁中国产晶体硅光伏电池存在倾销和补贴行为. 中华人民共和国中央人民政府［EB/OL］.（2012-10-11）[2024-11-19]. http://www.gov.cn/jrzg/2012-10/11/content_2240927.htm.

87. 米克尔思韦特，伍尔德里奇. 右派国家［M］. 王传兴，译. 北京：中信出版集团，2014.

88. 米尔纳. 利益、制度与信息：国内政治与国际关系［M］. 曲博, 译. 上海：上海人民出版社, 2021.

89. 纳里泽尼. 大战略的政治经济学［M］. 白云真, 傅强, 译. 上海：上海人民出版社, 2014.

90. 奈. 美国总统及其外交政策［M］. 安刚, 译. 北京：金城出版社, 2022.

91. 奈. 权力大未来［M］. 王吉美, 译. 北京：中信出版社, 2012.

92. 牛军. 冷战时代的中国战略决策［M］. 世界知识出版社, 2019.

93. 牛军. 战后东亚秩序［M］. 世界知识出版社, 2021.

94. 牛可. 冷战与美国的大战略、国家安全理念和国家构建［J］. 国际政治研究, 2021（1）：78–97.

95. 潘蓉, 肖河. 尚未触发的"修昔底德陷阱"与美国对华政策［J］. 国际论坛, 2020（2）：93–109.

96. 潘亚玲. 美国政治文化转型与外交战略调整［M］. 上海：复旦大学出版社, 2018.

97. 庞金友. 大变局时代保守主义向何处去：特朗普主义与美国保守政治的未来［J］. 当代美国评论, 2019（4）：3–16.

98. 庞琴. 中美权力变化与美国公众对"中国威胁"的认知［J］. 世界经济与政治, 2020（7）：69–96.

99. 彭枭. 政党竞争与西方主流政党的民粹化转型［J］. 外交评论（外交学院学报）, 2022（3）：70–98.

100. 曲博. 因果机制与过程追踪法［J］. 世界经济与政治, 2010（4）：97–108.

101. 钱其琛说, 台湾问题是中美关系的关键. 中国新闻网［EB/OL］.（2001–03–24）［2024–11–19］. http://www.chinanews.com.cn/2001-03-24/26/80874.html.

102. 任剑涛. 重构国家：特朗普理念的政治理论推定［J］. 当代美国评论, 2020（4）：48–76.

103. 罗伊–斯米特, 斯尼达尔. 牛津国际关系手册［M］. 方芳, 译. 南京：译林出版社, 2019.

104. 里普斯曼, 托利弗, 洛贝尔. 新古典现实主义国际政治理论［M］. 刘丰, 译. 上海：上海人民出版社, 2017.

105. 罗伯茨. 冲动的美国：被撕裂的社会和被放纵的民众 [M]. 鲁冬旭，任思思，冯宇，译. 北京：中信出版集团，2021.

106. 罗塞蒂. 美国对外政策的政治学 [M]. 周启朋，译. 北京：世界知识出版社，1997.

107. 罗斯克兰斯，斯坦. 大战略的国内基础 [M]. 刘东国，译. 北京：北京大学出版社，2005.

108. 施韦勒，马骦. 新古典现实主义与中美关系的未来 [J]. 国际政治科学，2018（3）：54-82.

109. 沈志华，张昕. 美苏冷战起源的经济因素——沈志华教授访谈 [J]. 俄罗斯研究，2021（1）：3-24.

110. 石斌. 美国国家安全战略的思想根源 [J]. 国际政治研究，2021（1）：11-27.

111. 时殷弘，陈然然. 论冷战思维 [J]. 世界经济与政治，2001（6）：4-9.

112. 宋国友. 利益变化、角色转换和关系均衡：特朗普时期中美关系发展趋势 [J]. 现代国际关系，2017（8）：31-43.

113. 宋鹭，孙巧铃，李欣洁. 美国智库涉华研究的"新冷战化"趋势 [J]. 现代国际关系，2021（4）：53-59.

114. 宋伟. 从国际政治理论到外交政策理论——比较防御性现实主义与新古典现实主义 [J]. 外交评论（外交学院学报），2009（3）：25-47.

115. 宋伟. 外交与内政如何得以有机统一——基于位置现实主义的视角 [J]. 国际政治科学，2018（4）：31-53.

116. 孙成昊，肖河. 白宫掌权者：美国国家安全委员会（1947—2019）[M]. 北京：时事出版社，2020.

117. 孙成昊. 谁在左右特朗普政府的对外决策流程 [J]. 世界知识，2020（16）：42-44.

118. 孙海泳. 特朗普政府对华科技战略及其影响与应对 [J]. 国际展望，2019（3）：78-97.

119. 孙兴杰. "特朗普主义"的终结？[J]. 外交评论（外交学院学报），2020（6）：24-47.

120. 孙兴杰. 美国战略收缩与中美关系演化 [J]. 国际问题研究，2021（1）：69-85.

121. 孙哲. 左右未来：美国国会的制度创新和决策行为（修订版）[M]. 上海：上海人民出版社，2012.

122. 谈东晨，钮维敢. 美国智库对华战略构想的新内涵——以《更长电报：走向新的美国对华战略》为例[J]. 东北亚论坛，2022（1）：49-62.

123. 唐世平，王凯. 历史中的战略行为：一个战略思维教程[M]. 北京：北京大学出版社，2015.

124. 唐世平. 我们时代的安全战略理论：防御性现实主义[M]. 林民旺，刘丰，尹继武，译. 北京：北京大学出版社，2016.

125. 唐彦林，卢馨尧. 奥巴马政府第二任期"亚太再平衡"战略调整及其影响[J]. 当代世界与社会主义，2014（4）：102-109.

126. 陶文钊. 美国对华政策大辩论[J]. 现代国际关系，2016（1）：19-28.

127. 陶文钊. 中美关系的复杂性、矛盾性和基本经验[J]. 和平与发展，2019（3）：40-52.

128. 陶文钊. 中美关系史（修订版）第三卷[M]. 上海：上海人民出版社，2016.

129. 陶夏楠. 桑德斯的左翼民粹主义与特朗普的右翼民粹主义比较分析[J]. 比较政治学研究，2020（1）：244-267.

130. 特朗普总统在第74届联合国大会上的讲话. 白宫[EB/OL].（2019-09-25）[2024-11-19]. https://china.usembassy-china.org.cn/zh/remarks-by-president-trump-to-the-74th-session-of-the-united-nations-general-assembly-zh/.

131. 田野. 对外经济政策的政治学——社会联盟理论解析[J]. 国际政治科学，2008（2）：55-80.

132. 沃尔特. 联盟的起源[M]. 周丕启，译. 北京：北京大学出版社，2007.

133. 华尔兹. 国际政治理论[M]. 信强，译. 上海：上海人民出版社，2008.

134. 汪曙申. 特朗普政府的对台政策及其影响[J]. 美国研究，2021（5）：117-134.

135. 汪卫华. 拆解过程追踪[J]. 国际政治科学，2022（2）：156-178.

136. 王浩. 从制度之战到经济竞争：国内政治与美国对华政策的演变（2009～2018）[J]. 当代亚太，2019（1）：38-53.

137. 王浩. 从自由国际主义到现实制度主义：国内政治与二战后美国大国竞争战略

变迁的逻辑［J］．当代亚太，2021（4）：4–27．

138. 王浩．利益、认知、互动：中美关系演变的动因探析［J］．世界经济与政治，2014（10）：98–116．

139. 王浩．美国对外战略变迁的动力、机制与进程——基于"社会中心"视角的分析［J］．当代亚太，2016（6）：34–58．

140. 王浩．美国政治的"特朗普革命"：内涵、动因与影响［J］．当代美国评论，2021（2）：81–98．

141. 王浩．社会联盟与美国对外战略演化的逻辑（1945—2015）［J］．世界经济与政治，2016（7）：58–88．

142. 王浩．特朗普政府对华战略调整的双重逻辑及其互动［J］．世界经济与政治，2018（3）：47–69．

143. 王浩．走出周期：美国政党政治研究的范式转换与议程重置［J］．美国研究，2022（4）：47–72．

144. 王鸿刚．大国运势2050［M］．北京：中信出版集团，2021．

145. 王缉思，本刊编辑部．美国内政外交演变的表现与动因——王缉思教授专访［J］．当代美国评论，2022（1）：1–16．

146. 王缉思．大国战略：国际战略探究与思考［M］．北京：中信出版集团，2016．

147. 王缉思．巩固共同利益，管控价值观分歧［J］．世界知识，2019（1）：13–14．

148. 王缉思．特朗普的对外政策与中美关系［J］．当代美国评论，2017（1）：1–11．

149. 王明国．从制度竞争到制度脱钩——中美国际制度互动的演变逻辑［J］．世界经济与政治，2020（10）：72–101．

150. 王鸣鸣．奥巴马主义：内涵、缘起与前景［J］．世界经济与政治，2014（9）：108–128．

151. 王希．美国历史上的"国家利益"问题［J］．美国研究，2003（2）：9–30．

152. 王一鸣．研拟"X报告"：美对华遏制战略走向理论？［J］．世界知识，2019（11）：52–53．

153. 王义桅．美国遏制思维的历史演变与理论逻辑［J］．人民论坛，2022（14）：102–105．

154. 王毅会见美国国务卿蒂勒森．新华社［EB/OL］．（2017-08-06）［2024-11-

19]. http://us.xinhuanet.com/2017-08/06/c_1121439357.htm.

155. 王毅应约同美国国务卿布林肯通电话. 中华人民共和国外交部［EB/OL］.（2022-01-27）［2024-11-19］. https://www.fmprc.gov.cn/wjbzhd/202201/t20220127_10634923.shtml.

156. 温家宝与美国金融界人士座谈. 中华人民共和国中央政府［EB/OL］.（2008-09-25）［2024-11-19］. http://www.gov.cn/ldhd/2008-09/25/content_1105238.htm.

157. 韦宗友，张歆伟. 拜登政府"中产阶级外交政策"与中美关系［J］. 美国研究，2021（4）：93-109.

158. 韦宗友. 国际议程设置：一种初步分析框架［J］. 世界经济与政治，2011（10）：38-52.

159. 默里. 缔造战略：统治者、国家与战争［M］. 时殷弘，译. 北京：世界知识出版社，2004.

160. 吴心伯. 布什政府第二任期内对台政策走向［J］. 美国问题研究，2005（1）：222-228.

161. 吴心伯. 竞争导向的美国对华政策与中美关系转型［J］. 国际问题研究，2019（3）：7-20.

162. 吴心伯. 论奥巴马政府的亚太战略［J］. 国际问题研究，2012（2）：62-77.

163. 吴心伯. 论中美战略竞争［J］. 世界经济与政治，2020（5）：96-130.

164. 吴心伯. 塑造中美战略竞争的新常态［J］. 国际问题研究，2022（2）：37-50.

165. 吴心伯. 特朗普政府重构中美关系的抱负与局限［J］. 国际问题研究，2020（2）：20-32.

166. 吴心伯. 特朗普执政与美国对华政策的新阶段［J］. 国际问题研究，2018（3）：80-93.

167. 希拉里明确表示反对TPP. 新华网［EB/OL］.（2016-08-12）［2024-11-19］. http://www.xinhuanet.com//world/2016-08/12/c_1119383443.htm.

168. 希拉里展示"中国情结" 中美"同舟共济"值得期待. 中国新闻网［EB/OL］.（2009-02-21）. http://www.chinanews.com.cn/hb/news/2009/02-21/1575722.shtml.

169. 习近平同美国总统拜登通电话. 中华人民共和国外交部 [EB/OL]. (2022-07-29). https://www.fmprc.gov.cn/web/zyxw/202207/t20220729_10729582.shtml.

170. 肖河. 避险与威慑——美国对华竞争的复合逻辑 [J]. 当代美国评论, 2022(3): 1-24.

171. 谢韬. 如何看待美国国会在中美关系中的作用——以1973~2006年期间的中国议案为例 [J]. 世界经济与政治, 2009(1): 27-37.

172. 邢悦, 陆晨. 对冷战后《美国国家安全战略报告》的文本分析 [J]. 国际论坛, 2019(5): 3-23.

173. 徐以骅. 后冷战时期的宗教与美国政治和外交 [M]. 上海: 上海人民出版社, 2014.

174. 阎学通. 大国领导力 [M]. 李佩芝, 译. 北京: 中信出版集团, 2020.

175. 阎学通. 中国国家利益分析 [M]. 天津: 天津人民出版社, 1996.

176. 杨光斌. 关于建设世界政治学科的初步思考 [J]. 世界政治研究, 2018(1): 1-19.

177. 杨洁篪在美国战略与国际问题研究中心的演讲(全文). 中华人民共和国驻法兰克福总领事馆 [EB/OL]. (2009-03-13) [2024-11-19]. http://frankfurt.china-consulate.gov.cn/zgyw/200903/t20090313_3505504.htm.

178. 杨楠. 政府组织如何制约美国国际战略转型?——基于美国国安会的分析 [J]. 美国研究, 2020(6): 110-130.

179. 杨卫东. 奥巴马外交: 主义意识还是问题意识 [J]. 人民论坛·学术前沿, 2015(8): 78-86.

180. 杨勇萍, 潘迎春. 美国对华"新冷战"的演变逻辑 [J]. 国际观察, 2021(2): 49-84.

181. 叶晓迪. 美国对华战略与对台政策间的逻辑关系辨析: 以新一轮对华战略大辩论为分析视角 [J]. 台湾研究集刊, 2018(6): 43-54.

182. 尹继武, 郑建君, 李宏洲. 特朗普的政治人格特质及其政策偏好分析 [J]. 现代国际关系, 2017(2): 15-22.

183. 尹继武. 特朗普的个性特质对美国对华政策的影响分析 [J]. 当代美国评论,

2018（2）：52–74.

184. 尹继武. 中国在中美经贸摩擦中的战略决心信号表达［J］. 外交评论（外交学院学报），2020（5）：1–24.

185. 余建军. 美国奥巴马政府气候变化政策及对我国的启示［J］. 国际观察，2011（6）：72–77.

186. 余万里，肖河. 奥巴马第一任期的中美关系［J］. 国际经济评论，2014（5）：44–77.

187. 余振，王净宇. 拜登会改变特朗普的贸易政策吗？——基于产业地理视角的分析［J］. 美国研究，2021（3）：28–45.

188. 余振，王净宇. 拜登政府对华贸易政策评估与展望［J］. 当代美国评论，2021（4）：20–36.

189. 俞正梁. 变动中的国家利益与国家利益观［J］. 复旦学报（社会科学版），1994（1）：37–42.

190. 袁莎. 大战略迷思与大战略困境——实践逻辑下的奥巴马政府大战略评析［J］. 战略决策研究，2017（3）：69–89.

191. 张发林，朱小略. 国家利益的国内基础——一个动态分析框架［J］. 太平洋学报，2020（11）：35–48.

192. 张光，刁大明. 美国国会"台湾连线"成员分布决定因素实证分析［J］. 台湾研究集刊，2009（3）：1–10.

193. 张光，刁大明. 美国国会议员涉华提案初探［J］. 国际政治科学，2008（1）：74–98.

194. 张莉. 美国气候变化政策演变特征和奥巴马政府气候变化政策走向［J］. 国际展望，2011（1）：75–94.

195. 张清敏，罗斌辉. 外交决策模式与美国对台军售政策决定因素分析［J］. 美国研究，2006（3）：39–48.

196. 张清敏. 从布什政府对台军售看美台军事关系的变化［J］. 美国研究，2004（4）：15–38.

197. 张清敏. 对外政策分析［M］. 北京：北京大学出版社，2019.

198. 张清敏. 对外政策研究的主要维度及其内在逻辑［J］. 国际政治研究，2019（1）：

9–31.

199. 张清敏. 探索决策研究的新思路——评《小集团思维：决策及大失败的心理学研究》[J]. 美国研究, 2015（6）：119–135.

200. 张腾军. 国会委员会与美国对华决策研究[M]. 北京：世界知识出版社, 2020.

201. 张文宗. 美国涉华经济利益集团与中美贸易摩擦[J]. 美国研究, 2019（6）：63–83.

202. 张文宗. 美国政治极化与对华政策的极端化[J]. 和平与发展, 2020（2）：40–55.

203. 张业亮. 美国对华战略报告：几个动向值得关注[J]. 世界知识, 2020（12）：46–48.

204. 张宇燕, 冯维江. 从"接触"到"规锁"：美国对华战略意图及中美博弈的四种前景[J]. 清华金融评论, 2018（7）：24–25.

205. 张宇燕, 高程. 美国行为的根源[M]. 北京：中国社会科学出版社, 2016.

206. 张昭曦. 美国共和党的对华超强硬态度探析[J]. 现代国际关系, 2021（8）：9–17.

207. 张昭曦. 自由鹰派与拜登政府对华战略[J]. 现代国际关系, 2022（8）：37–44.

208. 章百家. 穿越历史透析中美之变——当前对两国关系的若干思考[J]. 东亚评论, 2020（1）：24–40.

209. 赵明昊. 大国竞争的内政化：以拜登政府重建中产阶级政策为例[J]. 美国研究, 2021（6）：9–34.

210. 赵明昊. 俄乌冲突对中美关系的影响论析[J]. 和平与发展, 2022（3）：1–22.

211. 赵菁, 李巍. 霸权护持：美国"印太"战略的升级[J]. 东北亚论坛, 2022（4）：24–46.

212. 赵长峰, 左祥云. 国际政治中的议程设置浅析[J]. 当代世界与社会主义, 2013（6）：122–126.

213. 郑安光. 新思想库与奥巴马政府的亚洲政策决策——以新美国安全研究中心为例[J]. 当代亚太, 2012（2）：26–42.

214. 郑永年. 内部多元主义与中国新型智库建设[M]. 北京：东方出版社, 2016.

215. 至2015年底中国企业在美累计直接投资466亿美元. 中国新闻网[EB/OL].

（2016-01-28）[2024-11-19]. https://www.chinanews.com.cn/cj/2016/01-28/7738261.shtml.

216. 中美在全球治理领域的共识. 新华网[EB/OL].（2015-10-04）[2024-11-19]. http://www.xinhuanet.com/world/2015-10-04/c_1116739476.htm.

217. 钟飞腾. 在技术制胜与中产稳定之间：美对华经济"脱钩"前景[J]. 当代美国评论, 2022（1）：57-78.

218. 周琪. 奥巴马连任后的美国内外政策评估[J]. 外交评论（外交学院学报），2013（1）：50-64.

219. 周琪. 官僚政治模式与美国对中国外交决策的研究[J]. 外交评论（外交学院学报），2010（4）：68-80.

220. 周琪. 美国外交决策过程[M]. 北京：中国社会科学出版社，2011.

221. 朱晨歌，尹继武. 美国拜登总统的国家安全战略思维[J]. 国际安全研究，2022（6）：3-33.

222. 左希迎. 美国对华常规威慑战略的调整[J]. 国际安全研究，2022（5）：53-80.

223. 左希迎. 美国国家安全战略的转变[M]. 北京：中国社会科学出版社，2020.

224. 左希迎. 美国外交政策的危机及其根源[J]. 外交评论（外交学院学报），2022（3）：21-47.

225. 左希迎. 美国亚太联盟体系会走向瓦解吗[J]. 世界经济与政治，2019（10）：48-73.

英文文献

1. 117th Congress. Congressional Record, Proceedings and Debates of the 117th Congress, Second Session [J/OL]. 2022, 168(21): H899-905. [2024-11-20]. https://www.congress.gov/117/crec/2022/02/02/168/21/CREC-2022-02-02.pdf.

2. 117th Congress. National Defense Authorization Act for Fiscal Year 2022 [EB/OL]. (2021-12-27) [2024-11-20]. https://www.congress.gov/bill/117th-congress/senate-bill/1605/text.

3. 117th Congress. S.1260 - United States Innovation and Competition Act of 2021 [EB/OL]. (2021-06-08) [2024-11-20]. https://www.congress.gov/bill/117th-

congress/senate-bill/1260.

4. 117th Congress. S.4428 - Taiwan Policy Act of 2022 [EB/OL]. (2022-09-14) [2024-11-20]. https://www.congress.gov/bill/117th-congress/senate-bill/4428/text.

5. 80th Congress. National Security Act of 1947 [R/OL]. (1947-07-26) [2024-11-20]. https://www.govinfo.gov/content/pkg/COMPS-1493/pdf/COMPS-1493.pdf.

6. Abramowitz A. The Great Alignment: Race, Party to Permanent War [M]. New York: Henry Holt, 2010.

7. Adam D. Exxon to Cut Funding to Climate Change Denial Groups. Guardian [EB/OL]. (2008-05-28) [202-11-22]. https://acikradyo.com.tr/arsiv-icerigi/exxon-cut-funding-climate-change-denial-groups.

8. Ahmed S. Making U.S. Foreign Policy Work Better for the Middle Class [M]. Washington, D.C.: Carnegie Endowment for International Peace, 2020.

9. Ahmed S. U.S. Foreign Policy for the Middle Class: Perspectives from Ohio [M]. Washington, D.C.: Carnegie Endowment for International Peace, 2018.

10. Allison G, Halperin M. Bureaucratic Politics: A Paradigm and Some Policy Implications [J]. World Politics, 1972, 24 (Supplement: Theory and Policy in International Relations): 40-79.

11. Amadeo K. U.S. National Debt by Year. The Balance [EB/OL]. (2022-05-17) [2024-11-26]. https://www.thebalancemoney.com/national-debt-by-year-compared-to-gdp-and-major-events-3306287.

12. Armitage R, Nye J. A Smart, More Secure America: Report of the CSIS Commission on Smart Power [R]. Washington, D.C.: CSIS Press, November, 2017.

13. Art R. A Grand Strategy for America [M]. Ithaca: Cornell University Press, 2003.

14. Audretsch D, Lehmann E. The Seven Secrets of Germany: Economic Resilience in an Era of Global Turbulence [M]. New York: Oxford University Press, 2016.

15. Autor D, Dorn D, Hanson G. The China Syndrome: Local Labor Market Effects of Import Competition in the United States [J]. American Economic Review, 2013, 103(6): 2121-2168.

16. Bader J. Obama and China's Rise: An Insider's Account of America's Strategy [M]. Washington, D.C.: Brookings Institution Press, 2012.

17. Baker P. The War That Wasn't: Trump Claims Obama Was Ready to Strike North Korea. New York Times [EB/OL]. (2019-02-16) [2024-11-27]. https://www.nytimes.com/2019/02/16/us/politics/trump-obama-north-korea.html.

18. Balz D. Trump's Foreign Policy Views: A Sharp Departure from GOP Orthodoxy [N]. Washington Post, 2016-03-21.

19. Bandow D. Is China or Fear of China the Greater Threat? National Interest [EB/OL]. (2019-09-29) [2024-11-24]. https://www.cato.org/commentary/china-or-fear-china-greater-threat.

20. Barfield C. In Search of a U. S. Indo-Pacific Economic Policy. East Asia Forum [EB/OL]. (2022-02-22) [2024-11-22]. https://www.eastasiaforum.org/2022/02/22/in-search-of-a-us-indo-pacific-economic-policy/.

21. Bawn K. A Theory of Political Parties: Groups, Policy Demands and Nominations in American Politics [J]. Perspectives on Politics, 2012, 16(1): 571-597.

22. Beard C. The Idea of National Interest: An Analytical Study in American Foreign Policy [M]. Chicago: Quadrangle Books, 1966.

23. Becker E, Andrews E. The Currency of China Is Emerging as a Tough Business Issue in the U.S. The New York Times, 2003-08-26 (A.1).

24. Beckley M. The Myth of Entangling Alliances: Reassessing the Security Risks of U.S. Defense Pacts [J]. International Security, 2015, 39(4): 7-48.

25. Bentley A. The Process of Government: A Study of Social Pressures [M]. Chicago: University of Chicago Press, 1908.

26. Betts R. Is Strategy an Illusion? [J]. International Security, 2000, 25(2): 5-50.

27. Biden J. Joe Biden: My Trip to Europe Is about America Rallying the World's

Democracies [N]. The Washington Post, 2021-06-05.

28. Biden J. Remarks as Prepared for Delivery by Vice President Joe Biden in New York City, New York. Democracy in Action [EB/OL]. (2019-07-11) [2024-11-20]. https://www.democracyinaction.us/2020/biden/bidenpolicy071119foreignpolicy.html.

29. Biden J. Why America Must Lead Again? Rescuing U.S. Foreign Policy after Trump [J]. Foreign Affairs, 2022, 99(2): 64-68,70-76.

30. Blackwill R, Tellis A. Revising US Grand Strategy towards China [M]. Washington D.C.: Council on Foreign Relations Press, 2015.

31. Blinken A. A Foreign Policy for the American People. U.S. Department of State [EB/OL]. (2021-03-03) [2024-11-20]. https://www.state.gov/a-foreign-policy-for-the-american-people/.

32. Blinken A. The Administration's Approach to the People's Republic of China. U.S. Department of State [EB/OL]. (2022-05-26) [2024-11-20]. https://www.state.gov/the-administrations-approach-to-the-peoples-republic-of-china.

33. Blinken Says U.S. Trails China in Shaping Climate Future (2). Bloomberg Law[EB/OL]. (2021-04-20)[2024-11-20]. https://news.bloomberglaw.com/environment-and-energy/blinken-says-u-s-falls-behind-china-in-shaping-climate-future.

34. Bloomberg News. Trump Targets China's Push to Make Its Economic Hi-Tech. Bloomberg [EB/OL]. (2018-03-28) [2024-11-20]. http://www.ccg.org.cn/archives/30379.

35. Bloomberg. China's Holdings of US Treasuries Sink in 2016 to Prop up Yuan [N]. South China Morning Post, 2017-02-16.

36. Bloomfield D, Lindblom C. A Strategy of Decision [M]. New York: Free Press, 1963.

37. Bolton J. Beyond the Axis of Evil: Additional Threats from Weapons of Mass Destruction. The Heritage Foundation [R/OL]. (2002-05-06) [2024-11-26]. http://futurodecuba.org/Bolton%20lecture.pdf.

38. Bradsher K. China's Hard-Liners Win a Round in Trump's Trade Deal. The New York Times [EB/OL]. (2019-12-14) [2024-11-26]. https://www.nytimes.com/2019/12/14/business/china-trade-hardliners.html.

39. Brilliant M. U.S. Chamber of Commerce. U.S. Chamber Statement on Escalating Tensions in U.S.-China Trade. U.S. Chamber of Commerce [EB/OL]. (2019-08-23) [2024-11-27]. https://www.uschamber.com/international/us-chamber-statement-escalating-tensions-us-china-trade.

40. Brooks S, Wohlforth W. The Rise and Fall of the Great Powers in the Twenty-First Century: China's Rise and the Fate of America's Global Position [J]. International Security, 2016/16, 40(3): 7-53.

41. BRT Comments Regarding China's Acts, Policies and Practices Relate to Technology Transfer, Intellectual Property, and Innovation. Business Roundtable [EB/OL]. (2018-05-11) [2024-11-20]. https://www.businessroundtable.org/brt-comments-regarding-chinas-acts-policies-and-practices-related-to-technology-transfer-intellectual-property-and-innovation.

42. Brunnstrom D, Hunnicutt T. Biden Says U.S. Forces would Defend Taiwan in the Event of a Chinese Invasion. Reuters [EB/OL]. (2022-09-19) [2024-11-22]. https://www.nasdaq.com/news-and-insights.

43. Brzezinski Z. Make Money, Not War [J]. Foreign Policy Specially Report, 2005: 46-47.

44. Brzezinski Z. The NSC's Midlife Crisis [J]. Foreign Policy, 1987/1988, 69: 80-99.

45. Buchanan A, Keohane R. The Preventive Use of Force: A Cosmopolitan Institutional Proposal [J]. Ethics and International Affairs, 2012, 18(1): 1-22.

46. Bulmer-Thomas V. Empire in Retreat: The Past, Present, and Future of the United States [M]. New Haven: Yale University Press, 2018.

47. Bush G, Herskowitz M, Hughes K. A Charge to Keep [M]. New York: William and Morrow Company, 1999.

48. Bush G. Address Before a Joint Session of the Congress on the State of the

Union. The American Presidency Project [EB/OL]. (2006-01-31) [2024-11-25]. https://www.presidency.ucsb.edu/documents/address-before-joint-session-the-congress-the-state-the-union-13.

49. Bush G. Decision Points [M]. New York: Crown Publishers, 2010.

50. Bush G. President Delivers State of the Union Address. Office of the Press Secretary [EB/OL]. (2002-01-29) [2024-11-25]. https://georgewbush-whitehouse.archives.gov/news/releases/2002/01/20020129-11.html.

51. Bush G. The President's News Conference with President Jiang Zemin of China in Crawford, Texas. The American Presidency Project [EB/OL]. (2002-10-25) [2024-11-25]. https://www.presidency.ucsb.edu/documents/the-presidents-news-conference-with-president-jiang-zemin-china-crawford-texas.

52. Bush R. Untying the Knot: Making Peace in the Taiwan Strait [M]. Washington: Brookings Institution Press, 2005.

53. Bush R. What Taiwan Can Take from Mike Pence's Speech on China. Brookings [EB/OL]. (2018-10-12) [2024-11-27]. https://www.brookings.edu/articles/what-taiwan-can-take-from-mike-pences-speech-on-china/.

54. Bush Vows Taiwan Support. ABC News [EB/OL]. (2001-04-25) [2024-11-20]. https://abcnews.go.com/US/story?id=93471&page.

55. Buzan B, Jones C, Little R. The Logic of Anarchy: Neorealism to Structural Realism [M]. New York: Columbia University Press, 1993.

56. Campbell K, Doshi R. How America Can Shore up Asian Order: A Strategy for Restoring Balance and Legitimacy [J]. Foreign Affairs, 2021-01-12.

57. Campbell K, Doshi R. The China Challenge Can Help America Avert Decline: Why Competition Could Prove Declinists Wrong Again [J]. Foreign Affairs, 2020-12-03.

58. Campbell K, Ratner E. The China Reckoning: How Beijing Defied American Expectations [J]. Foreign Affairs, 2018 (March/April): 60-70.

59. Campbell K, Steinberg J. Difficult Transitions: Foreign Policy Troubles at the Outset of Presidential Power [M]. Washington D. C.: Brookings Institution

Press, November 2008.

60. Campbell K, Sullivan J. Competition without Catastrophe: How America Can Both Challenge and Coexist with China [J]. Foreign Affairs, 2019, 98(5).

61. Campbell K. Extending American Power: Strategies to Expand U.S. Engagement in a Competitive World Order [R]. Washington D. C.: Center for a New American Security, 2016.

62. Campbell K. Principles of U.S. Engagement in the Asia-Pacific. Testimony before the Subcommittee on East Asian and Pacific Affairs of Senate Foreign Relations Committee (2010-01-21) [2024-11-26]. https://www.foreign.senate.gov/hearings/principles-of-us-engagement-in-asia.

63. Campbell K. Testimony, Nominee for Assistant Secretary for East Asian and Pacific Affairs. Statement before the Senate Foreign Relations Committee, Department of State [EB/OL]. (2009-06-10) [2024-11-26]. https://2009-2017.state.gov/p/eap/rls/rm/2009/06/124554.htm.

64. Campbell K. The Power of Balance: America in Asia [R]. The Center for a New American Security, 2008.

65. Carnegie Connects: A Conversation with Kurt Campbell. Carnegie Endowment for International Peace[EB/OL].(2022-01-06)[2024-11-20]. https://carnegieendowment.org/events/2022/01/carnegie-connects-a-conversation-with-kurt-campbell.

66. Carpenter T. Forget the U.S.-China Trade War: Is a Conflict over Taiwan the Real Threat? [N]. The National Interest, 2019-06-08.

67. Cazarez-Grageda K. The Whole of Government Approach: Initial Lessons Concerning National Coordinating Structures for the 2030 Agenda and How Review Can Improve Their Operation. Partners for Review [R/OL]. (2019-03) [2024-11-26]. https://sdghelpdesk.unescap.org/sites/default/files/2019-04/Whole%20of%20Government%2C%20P4R%20Discussion%20paper%202019_0.pdf.

68. Cha V, Kang D. North Korea: A Debate on Engagement Strategies [M]. New

York: Columbia University Press, 2003.

69. Charlottesville. Kerry Says the Greatest Challenge to US Foreign Policy Is the Congress [N]. Daily News, 2013-02-21.

70. Cheng D. Lohman W, Carafano J, Walters R. Assessing Beijing's Power: A Blueprint for the U. S. Response to China over the Next Decades. Heritage [EB/OL]. (2021-03-08) [2024-11-24]. https://www.geopolitic.ro/2021/10/assessing-beijings-power-blueprint-u-s-response-china-next-decades-5/.

71. Chester E. Sectionalism, Politics, and American Diplomacy [M]. Metuchen: Scarecrow Press, 1975.

72. Chhabra T, Moore S, Tierney D. The Left Should Play the China Card: Foreign Rivalry Inspires Progress at Home. Foreign Affairs [EB/OL]. (2020-02-13) [2024-12-01]. https://www.foreignaffairs.com/articles/china/2020-02-13/left-should-play-china-card.

73. China Currency Coalition. The Section 301 Petition, at 49 [EB/OL]. (2004-09-09) [2024-11-20]. http://www.chinacurrencycoali-tion.org/petition.html.

74. China Strategy Group. Asymmetric Competition: A Strategy for China & Technology [R/OL]. (2021-07-28) [2024-11-20]. https://www.rdi.org.cn/_t16/c1188/20210728/i4451.phtml.

75. China Trade by Numbers [N]. The Wall Street Journal, 2007-04-28 (A8).

76. China Trade Summary 2015. World Bank Group [EB/OL]. [2024-11-20]. https://wits.worldbank.org/CountryProfile/en/Country/CHN/Year/2015/Summarytext.

77. Christensen T. Useful Adversaries: Grand Strategy, Domestic Mobilization, and Sino-American Conflict, 1947-1958 [M]. Princeton: Princeton University Press, 1996.

78. Clausewitz K. On War [M]. Princeton: Princeton University Press, 1976.

79. Clinton H. America's Pacific Century. Foreign Policy [J/OL]. (2011-11) [2024-11-25]. https://www.npr.org/2011/10/13/141311902/foreign-policy-americas-pacific-century.

80. Cohen H. Multilateralism's Life Cycle [J]. American Journal of International

Law, 2018, 112 (1): 47-66.

81. Complete Transcript: Thomas Donilon at Asia Society New York. Asia Society [EB/OL]. (2013-03-11) [2024-11-20]. https://asiasociety.org/new-york/complete-transcript-thomas-donilon-asia-society-new-york.

82. Condon C. Yellen Says U.S. Would Use Sanctions If China Invaded Taiwan [N]. Bloomberg. 2022-04-06.

83. Conger K, Green J. Spreading Out and Digging In: Christian Conservatives and State Republican Parties [J]. Campaigns and Elections, 2002, 23(1): 59-61.

84. Congressional Quarterly Weekly Report [R/OL]. (1996-04-24) [2024-11-22]. https://archives.iu.edu/catalog/VAD5320aspace_a77a8becb9626ce1b514da24bd9a75b2.

85. Cossa R. The United States and the Asia-Pacific Region: Security Strategy for the Obama Administration [R]. Washington D. C.: Center for a New American Security, 2009.

86. Cotton T. Beat China: Targeted Decoupling and the Economic Long War [R/OL]. (2021-02) [2024-12-01]. https://www.cotton.senate.gov/download/beat-china-report.

87. Cruz T. BizPac Review: Ted Cruz: Donald Trump has "Broken the Democratic Party" [EB/OL]. (2019-08-16) [2024-12-01]. https://www.tedcruz.org/news/bizpac-review-ted-cruz-donald-trump-has-broken-the-democratic-party/.

88. CSIS: Global Security Forum—Defense Sec. Chuck Hagel on Budget Cuts. C-Span [EB/OL]. (2013-11-5) [2024-11-20]. https://csis-website-prod.s3.amazonaws.com/s3fs-public/event/Remarks_SecHagel.pdf.

89. Daalder I, Lindsay J. American Unbound: The Bush Revolution in Foreign Affairs [M]. Washington D.C.: Brookings Institution Press, 2003.

90. Daniel C. Hard Man Who Sits at the Heart of US Foreign Policy [N]. Financial Times, 2002-12-19 (14).

91. Davenport K. Chronology of U.S. North Korea Nuclear and Missile Diplomacy. Arms Control Association [EB/OL]. (2003-01) [2024-11-20]. https://www.

armscontrol.org/factsheets/chronology-us-north-korean-nuclear-and-missile-diplomacy-1985-2022.

92. David K. Divided Government and U.S. Trade Policy: How Ado about Nothing? [J]. International Organization, 2000, 4(54): 825-844.

93. Denmark A, Patel N. China's Arrival: A Strategic Framework for a Global Relationship [M]. Washington D. C.: Center for a New American Security, 2009.

94. Department of Defense. Quadrennial Defense Review 2014 [EB/OL]. (2014-03-04) [2024-11-24]. https://dod.defense.gov/Portals/1/features/defenseReviews/QDR/2014_Quadrennial_Defense_Review.pdf.

95. Department of Defense. Quadrennial Defense Review Report [EB/OL]. (2010-02-01) [2024-11-24]. https://dod.defense.gov/Portals/1/features/defenseReviews/QDR/QDR_as_of_29JAN10_1600.pdf.

96. Department of State. Remarks on U.S.-China Relations [EB/OL]. (2014-11-04) [2024-11-24]. https://2009-2017.state.gov/secretary/remarks/2014/11/233705.htm.

97. Devlin K, Silver L, Huang C. U. S. Views of China Increasingly Negative amid Coronavirus Outbreak. Pew Research Center [R/OL]. (2020-04-21) [2024-11-26]. https://attitudetowardchina.ccc.princeton.edu/resource-links/us-views-china-increasingly-negative-amid-coronavirus-outbreak.

98. Diamond L, Schell O. Chinese Influence & American Interests: Promoting Constructive Vigilance. The Hoover Institution [EB/OL]. (2018-11-29) [2024-11-26]. https://fsi.stanford.edu/publication/chinese-influence-american-interests-promoting-constructive-vigilance.

99. Dollar D, Hass R, Bader J. Assessing U.S.-China Relations 2 Years into the Trump Presidency. Brookings [R/OL]. (2019-01-15) [2024-11-22]. http://global.brookings.edu.

100. Donald Trump State of the Union Speech Transcript: February 4, 2020. REV[EB/OL]. (2020-02-04) [2024-11-20]. https://www.rev.com/blog/transcripts/donald-trump-state-of-the-union-speech-transcript-february-4-2020.

101. Donohue T. 2018 State of American Business Address. U.S. Chamber of Commerce [EB/OL]. (2018-01-10) [2024-12-01]. https://www.uschamber.com/workforce/education/2018-state-american-business-address.

102. Donohue T. 2019 State of American Business Address. U.S. Chamber of Commerce [EB/OL]. (2019-01-10) [2024-12-01]. https://www.uschamber.com/international/2019-state-of-american-business-address.

103. Douthat R. The Obama-Trump Grand Strategy. The New York Times [EB/OL]. (2018-06-12) [2024-12-01]. https://www.nytimes.com/2018/06/12/opinion/obama-trump-north-korea-summit.html.

104. Dress B. Biden Adviser Cites 'Some Concern' with Taiwan Security Bill amid "Distinct Threat" from China. The Hill [EB/OL]. (2022-09-07) [2024-11-20]. https://ground.news/article/biden-adviser-cites-some-concern-with-taiwan-security-bill-amid-distinct-threat-from-china.

105. Dueck C. Reluctant Crusaders: Power, Culture, and Change in American Grand Strategy [M]. Princeton: Princeton University Press, 2006.

106. Dueck C. The Obama Doctrine: American Grand Strategy Today [M]. New York: Oxford University Press, 2015.

107. Economic Security as National Security: A Discussion with Dr. Peter Navarro. CSIC [EB/OL]. (2018-11-13) [2024-11-20]. https://www.csis.org/analysis/economic-security-national-security-discussion-dr-peter-navarro.

108. Economy E. John Kerry on China and the Pivot. The Diplomat [EB/OL]. (2013-02-28) [2024-11-24]. https://thediplomat.com/2013/02/john-kerry-on-china-and-the-pivot/.

109. Edwards L. Is China Totalitarian? Heritage [EB/OL]. (2020-02-07) [2024-11-26]. https://www.heritage.org/asia/commentary/china-totalitarian.

110. Elaman C, Elman M. Bridges and Boundaries: Historians, Political Scientists and the Study of International Relations [M]. Cambridge: MIT Press, 2005.

111. Environmental Protection Agency. EPA Administrator Wraps Up First Official Visit to China [EB/OL]. (2010-10-14) [2023-11-25]. https://www.epa.gov/

archive/epapages/newsroom_archive/newsreleases/3c1531222e504056852577bc0064257d.html.

112. Everington K. Taiwan and Ukraine not Same, US to Ensure Chinese Invasion "Never Happens". Taiwan News [EB/OL]. (2022-05-15) [2024-11-26]. https://www.taiwannews.com.tw/en/news/4508152.

113. Fanell J. Stay the Course on China: Open Letter to President Trump. The Journal of Political Risk [EB/OL]. (2019-07-17) [2024-11-25]. https://freebeacon.com/national-security/open-letter-to-president-trump-urges-him-to-stay-the-course-on-china/.

114. Feigenbaum E, Rumer E, Thornton S, Miller A. The United States, Russia, and China in the Time of Pandemic. Carnegie. (2020-07-13) [2024-11-25]. https://www.youtube.com/watch?v=J-vJLzN1Bug.

115. Ferguson N. The New Cold War? It's with China, and It Has Already Begun [N]. The New York Times, 2019-12-02.

116. Ferguson N. We'd Better Get Used to Emperor Donald Trump [N]. Sunday Times, 2018-06-10 (23).

117. Flippin R. The Best American Political Writing [M]. New York: Thunder's Mouth Press, 2006.

118. Fontaine R, Ratner E. Opinion: The U.S.-China Confrontation Is not Another Cold War. It's Something New [N]. The Washington Post, 2022-07-02.

119. Fravel T. China Is Not an Enemy [N]. The Washington Post, 2019-07-03.

120. Freedman L. Strategic Coercion: Concepts and Cases [M]. Oxford: Oxford University Press, 1998.

121. Freeman C. Nobody's Century: The American Prospect in Post-Imperial Times. Remarks to the 27th Class of MIT's Seminar [EB/OL]. (2012-09-04) [2024-11-20]. https://cis.mit.edu/audits/nobody%E2%80%99s-century-american-prospect-post-imperial-times.

122. Freeman C. Recovering Diplomatic Agility: Remarks to the Watson Institute for International and Public Affairs [D]. Providence: Brown University, 2016.

123. Fukuyama F. One Single Day. That's All It Took for the World to Look Away From Us. The New York Times [N/OL]. (2022-01-05) [2024-11-25]. https://www.nytimes.com/2022/01/05/opinion/jan-6-global-democracy.html.

124. Gans J. How John Bolton Broke the National Security Council. The New York Times [EB/OL]. (2019-09-10) [2024-11-26]. https://www.nytimes.com/2019/09/10/opinion/john-bolton-trump.html.

125. Gans J. Menendez: US Can't Afford to Repeat Ukraine Mistake with Taiwan. The Hill [EB/OL]. (2022-08-30) [2024-11-25]. https://thehill.com/homenews/senate/3586302-menendez-us-cant-afford-to-repeat-ukraine-mistake-with-taiwan/.

126. Gaouette N. Warmbier Death Raises Pressure on White House. CNN [EB/OL]. (2017-06-19) [2024-11-27]. https://edition.cnn.com/2017/06/19/politics/warmbier-china-us/index.html.

127. Garamone J. Defense Officials Announce Fiscal 2013 Budget Priorities. American Forces Press Service [EB/OL]. (2012-01-27) [2024-11-25]. https://www.army.mil/article/72595/defense_officials_announce_fiscal_2013_budget_priorities.

128. Gates R. Duty: Memoirs of a Secretary at War [M]. New York: Alfred A. Knopf, 2014.

129. Gehrke J. State Department Preparing for Clash of Civilizations with China [N]. Washington Examiner, 2019-04-30.

130. Georges C. Conservative Heritage Foundation Finds Recipe for Influence: Idea + Marketing = Cloud [N]. Wall Street Journal. 1995-08-10: A.12.

131. Gertz B. Senate Report Urges Arms for Taiwan [N]. The Washington Times, 2001-03-12.

132. Gibson T. AISI Comments on Section 232 Signing. American Iron and Steel Institute [EB/OL]. (2018-03-08) [2024-12-01]. https://www.steel.org/2018/03/aisi-comments-on-section-232-signing/.

133. Gilpin R. War and Change in World Politics [M]. New York: Cambridge

University Press, 1981.

134. Gingrich N. Trump vs. China: Facing America's Greatest Threat [M]. New York: Center Street, 2019.

135. Glennan S. Mechanisms and the Nature of Causation [J]. Erkenntnis, 1996, 44(1): 49-71.

136. Glodkorn J. Trump Official Matt Pottinger Quotes Confucius, in Chinese, to Make Point about Language and Truth. The China Project [EB/Ol]. (2018-10-02) [2024-11-25]. https://thechinaproject.com/2018/10/02/matt-pottinger-quotes-confucius-in-chinese/.

137. Glosserman B. A "New Type of Great Power Relations"? Hardly. PacNet [EB/OL]. (2013-06-10) [2024-11-20]. https://www.files.ethz.ch/isn/165855/Pac1340.pdf.

138. Goldberg J. The Obama Doctrine. The Atlantic [EB/OL]. (2016-04) [2024-11-25]. https://www.theatlantic.com/magazine/archive/2016/04/the-obama-doctrine/471525/.

139. Goodman M, Remler D. A Revealing Look into Trump Trade Policymaking. CSIS [EB/OL]. (2017-03-02) [2024-11-27]. https://www.csis.org/analysis/revealing-look-trump-trade-policymaking.

140. Gourevitch P. International Trade, Domestic Coalitions, and Liberty: Comparative Responses to the Crisis of 1873-1896 [J]. Journal of Interdisciplinary History, 1977, 8(2): 281-313.

141. Gourevitch P. Politics in Hard Times [M]. Ithaca: Cornell University Press, 1986.

142. Gramer R. Trump's Foreign-Policy Adventures Haven't All Flopped. Foreign Policy [EB/Ol]. (2020-10-14) [2024-12-01]. https://foreignpolicy.com/2020/10/14/trump-foreign-policy-wins-losses-over-four-years-china-middle-east-coronavirus-pandemic/.

143. Gray C. Modern Strategy [M]. Oxford: Oxford University Press, 1999.

144. Guyot E, Dean J. As U.S.-China Standoff Simmers, Taiwan Backers Push Their

Cause [N]. The Wall Street Journal, 2001-04-11.

145. Haas R. China and the Future of U.S.-China Relations. Remarks to the National Committee on U.S.-China Relations [EB/OL]. (2002-12-05) [2024-12-01]. https://2001-2009.state.gov/s/p/rem/15687.htm.

146. Haass R. Think Tanks and U.S. Foreign Policy: A Policy-Maker's Perspective [J]. U.S. Foreign Policy Agenda, 2002, 7(3): 5-8.

147. Haley N. How to Confront an Advancing Threat From China. Foreign Affairs [EB/OL]. (2019-07-18) [2024-11-27]. https://www.foreignaffairs.com/china/how-confront-advancing-threat-china.

148. Halper S. The Beijing Consensus [M]. New York: Basic Books, 2010.

149. Harris J, Sullivan J. America Needs a New Economic Philosophy. Foreign Policy Experts Can Help. Foreign Policy [EB/OL]. (2020-02-07) [2024-11-25]. https://www.slps.org/cms/lib/MO01001157/Centricity/Domain/9446/Neoliberalism%20Is%20Finished.%20America%20Needs%20a%20New%20Economic%20Philosophy_.pdf.

150. Hass R. Foreign Policy Begins at Home: The Case for Putting America's House in Order [M]. New York: Basic Books, 2013.

151. Hermann M, Hagan J. International Decision Making Leadership Matters [J]. Foreign Policy, 1998, 110: 124-137.

152. Hillary Clinton Email Archive. WikiLeaks [EB/OL]. [2024-11-20]. https://wikileaks.org/clinton-emails/emailid/23730.

153. Hilsman R. To Move a Nation: The Politics of Foreign Policy in the Administration of John F. Kennedy [M]. New York: Delta, 1964.

154. Hiscox M. Class Versus Industry Cleavages: Inter-Industry Factor Mobility and the Politics of Trade [J]. International Organization, 2001, 55(1): 1-46.

155. Hrebenar R. Interest Group Politics in America [M]. 3rd edition. Armonk: M.E. Sharpe, 1997.

156. Hufbauer G, Elliott K. Measuring the Costs of Protection in the United States [M]. Washington. D. C.: Institute for International Economics, 1994.

157. Huntington S. The Erosion of American National Interests [J]. Foreign Affairs, 1997-09/10: 18-38.

158. Ikenberry J. A World Safe for Democracy: Liberal Internationalism and the Crises of Global Order [M]. New Haven: Yale University Press, 2020.

159. Ikenberry J. American Foreign Policy: Theoretical Essays [M]. New York: Addison-Wesley Educational Publishers Inc., 1999.

160. In Vietnam, Webb Says U.S. Must "Balance" China. VOA News[EB/OL]. (2009-11-02) [2024-11-20]. https://www.voanews.com/a/a-13-2009-08-19-voa32-68754932/410361.html.

161. Interview of Secretary of State Colin Powell by CCTV. U.S. Department of State Archive [EB/OL]. (2001-07-28) [2024-11-20]. https://2001-2009.state.gov/secretary/former/powell/remarks/2001/4330.htm.

162. Ip G. Has America's China Backlash Gone Too Far? Wall Street Journal [N/OL]. (2019-08-28) [2024-11-25]. https://www.wsj.com/articles/has-americas-china-backlash-gone-too-far-11566990232.

163. Jackson D, Engel S. Friends don't Let Friends Vote for Free Trade: The Dynamics of the Labor PAC Punishment Strategy over PNTR [J]. Political Research Quarterly, 2003, 56: 441-448.

164. Janis I. Victing of Groupthink: A Psychological Study of Foreign Policy Decisions and Fiascoes [M]. Boston: Houghton Mifflin, 1972.

165. Jervis R. Perception and Misperception in International Politics [M]. Princeton: Princeton University Press, 1961.

166. Joe Biden: Expect "Extreme Competition" between US and China. BBC [EB/OL]. (2021-02-07) [2024-11-20]. https://www.bbc.com/news/av/world-us-canada-55974668.

167. Kagan R. The World America Made [M]. New York: Alfred A. Knopf, 2012.

168. Kaplan R. Why John J. Mearsheimer Is Right? The Atlantic [EB/OL]. (2012-01/02) [2024-12-01]. https://www.theatlantic.com/magazine/archive/2012/01/why-john-j-mearsheimer-is-right-about-some-things/308839/.

169. Karol D. Party Position Change in American Politics: Coalition Management [M]. Cambridge: Cambridge University Press, 2009.

170. Kennan G. Lectures on Foreign Policy [J]. Northwestern University Law Review, 1951, 45(6): 718-742.

171. Kennedy P. Grand Strategy in World and Peace [M]. New Haven: Yale University Press, 1991.

172. Keohane R. Neorealism and Its Critics [M]. New York: Columbia University Press, 1986.

173. Kerry J. Kerry Says U.S. Not Obligated to Defend Taiwan from Attacks (Sen. Kerry's April 25 speech on President Bush's remarks) (1580) [A]. American Institute in Taiwan, 2001-04-26.

174. Kessler G. Security Assurances Possible for N. Korea [N]. The Washington Post, 2003-01-09 (A01).

175. Kessler G. Top U.S. Officials Stalling Taiwan Arms Package [N]. The Washington Post, 2008-06-12.

176. Kheel R. Mattis Returning to Stanford Months after Pentagon Resignation. The Hill [EB/OL]. (2019-03-19) [2024-11-27]. https://thehill.com/policy/defense/434703-mattis-returning-to-stanfords-hoover-institution-months-after-defense/.

177. Kitfield J. Dempsey Wants to "Rebalance the Use of Military Power". Defense One [EB/OL]. (2014-05-12) [2024-11-25]. https://www.defenseone.com/ideas/2014/05/dempsey-wants-rebalance-away-use-military-force/84271/.

178. Krasner S. Are Bureaucratic Important? (Or Allison Wonderland) [J]. Foreign Policy, 1972(7): 159-179.

179. Krasner S. United States Commercial and Monetary Policy: Unravelling the Paradox of External Strength and Internal Weakness [J]. International Organization, 1977, 31(4): 635-672.

180. Krieg G. What the "Deconstruction of the Administrative State" Really Looks Like. CNN [EB/OL]. (2017-03-30) [2024-11-25]. https://edition.cnn.

com/2017/03/30/politics/trump-bannon-administrative-state/index.html.
181. Kristol W, Kargan R. Toward a Neo-Reaganite Foreign Policy [J]. Foreign Affairs, 1996, 75: 18-32.
182. Kundnani H. Democracies Must Band Together and Look Inwards. Chatham House [EB/OL]. (2021-01-11) [2024-11-25]. https://www.wired-gov.net/wg/news.nsf/articles/Democracies+Must+Band+Together+and+Look+Inwards+12012021092000.
183. Kurth J. America's Grand Strategy: A Pattern of History [J]. The National Interest, 1996, 43: 3-19.
184. Kuttner R. Steve Bannon, Unrepentant. The Maerican Prospect [EB/OL]. (2017-08-16) [2024-12-01]. https://prospect.org/power/steve-bannon-unrepentant/.
185. Kuttner R. Taking Bannon's Economic Nationalism Seriously. American Prospect [EB/OL]. (2017-08-21) [2024-12-01]. https://prospect.org/economy/taking-bannon-s-economic-nationalism-seriously/.
186. Labrien R, Hutchins J, Peura E, Richman D. U.S. Arms Sales Policy Background and Issues [M]. Washington and London: American Enterprise Institute for Public Policy Research, 1982.
187. Lebow R. The Tragic Vision of Politics [M]. Cambridge: Cambridge University, 2003.
188. Lee J. In Tokyo, Our Common Future. The White House [EB/OL]. (2009-11-14) [2024-11-25]. https://obamawhitehouse.archives.gov/blog/2009/11/14/tokyo-our-common-future.
189. Lerer L, Epstein R. How Biden United a Fractious Party under One Tent [N]. The New York Times, 2021-03-03.
190. Levy J. Too Important to Leave to the Other: History and Political Science in the Study of International Relations [J]. International Security, 1997, 22(1): 22-33.
191. Lighthizer R. The Era of Offshoring U.S. Jobs Is Over. The New York Times [EB/OL]. (2020-05-11) [2024-12-01]. https://www.nytimes.com/2020/05/11/opinion/coronavirus-jobs-offshoring.html.

192. Lindsay J. Congress and the Politics of US Foreign Policy [M]. Baltimore: Johns Hopkins University Press, 1994.

193. Lipschutz R. On Security [M]. New York: Columbia University Press, 1995.

194. Livingston S. The Politics of International Agenda-Setting: Reagan and North-South [J]. International Studies Quarterly, 1992, 36(3): 313-329.

195. Lobell S, Ripsman N, Taliaferro J. Neoclassical Realism, the State and Foreign Policy [M]. Cambridge: Cambridge University Press, 2009.

196. Loris N. 4 Reasons President Trump Was Right to Pull Out of the Paris Agreement. The Heritage Foundation [EB/OL]. (2017-06-01) [2024-11-27]. https://www.heritage.org/environment/commentary/4-reasons-trump-was-right-pull-out-the-paris-agreement.

197. Lowther W. Obama's Top China Hand Jeffrey Bader Leaves Job. Taipei Times [EB/OL]. (2011-04-14) [2024-12-01]. https://www.taipeitimes.com/News/taiwan/archives/2011/04/14/2003500707.

198. Macrae C, Milne A, Bodenhausen G. Stereotypes as Energy-Saving Devices: A Peek inside the Cognitive Toolbox [J]. Journal of Personality and Social Psychology, 1994, 66(1): 37-47.

199. Mann H. Rise of the Vulcans: History of Bush's War Cabinet [M]. New York: Viking, 2003.

200. Manson K, Hook L. Blinken Says US Must Lead Green Energy Revolution to Combat China. Financial Times [EB/OL]. (2021-04-20) [2024-11-26]. https://www.ft.com/content/94b3d0dc-830e-46c2-911a-9c29e22bc432.

201. Manyin M, Daggett S. Pivot to the Pacific? The Obama Administration's "Rebalancing" Toward Asia. CRS Report for Congress [EB/OL]. (2012-03-28) [2024-11-27]. https://sgp.fas.org/crs/natsec/R42448.pdf.

202. Mapping the Future of U. S. China Policy. CSIS [R/OL]. (2020-10-10) [2024-11-20]. https://chinasurvey.csis.org/.

203. Marciel S. Testimony of Deputy Assistant Secretary, Bureau of East Asian and Pacific Affairs. U.S. Department of State [EB/OL]. (2009-07-15) [2024-12-01].

https://www.foreign.senate.gov/imo/media/doc/MarcielTestimony090715p1.pdf.

204. Martel W. Grand Strategy in Theory and Practice: The Need for an Effective American Foreign Policy [M]. New York: Cambridge University Press, 2015.

205. Martina M, Zengerle P. U.S. Senators Introduce Broad Taiwan Bill to Boost Security Assistance. Reuters [EB/OL]. (2022-06-17) [2024-11-27]. https://financialpost.com/pmn/business-pmn/u-s-senators-introduce-broad-taiwan-bill-to-boost-security-assistance.

206. Mayeda A, Klimasinska K. U.S. Softens Criticism of Yuan Level Amid Currency Pressures. Bloomberg [EB/OL]. (2015-10-10) [2024-11-20]. https://seekingalpha.com/news/2838756-u-s-softens-criticism-of-chinas-yuan-policy.

207. Mayger J, Micklethwait J. U.S. Aims to Begin New Asia Framework in 2022. Raimondo Says. Bloomberg [EB/OL]. (2021-11-17) [2024-11-25]. https://www.supplychainbrain.com/articles/34121-us-aims-to-begin-new-asia-framework-in-2022-raimondo-says.

208. Mayhew D. The Electoral Connection [M]. New Haven: Yale University Press, 1974.

209. McDevitt M. The Quadrennial Defense Review and East Asia. Pacific Forum CSIS [EB/OL]. (2001-10-26) [2024-11-27]. https://pacforum.org/wp-content/uploads/2019/02/pac0143.pdf.

210. Milley M. Gen. Mark Milley Testimony on Calls with China Transcript. REV [EB/OL]. (2021-09-28) [2024-11-25]. https://www.rev.com/transcripts/gen-mark-milley-testimony-on-calls-with-china-transcript.

211. Montgomery L, Dennis B. New Democratic Strategy for Creating Jobs Focuses on a Boost in Manufacturing [N]. The Washington Post, 2010-08-04.

212. Moore D. Bush Job Approval Highest in Gallup History. Gallup News [EB/OL]. (2001-09-24) [2024-11-24]. https://news.gallup.com/poll/4924/bush-job-approval-highest-gallup-history.aspx.

213. Moravcsik A. Preferences and Power in the European Community: A Liberal

Intergovernmentalist Approach [J]. Journal of Common Market Studies, 1993, 31(4): 473-524.

214. Morgan C. Issue Linkages in International Crisis Bargaining [J]. American Journal of Political Science, 1990, 34(2): 311-333.

215. Moriyasu K. Biden Sworn in as 46th US President, Vows to Rebuild Middle Class [N]. Nikkei Asia, 2021-01-21.

216. Morrison W, Labonte M. China's Currency Policy: An Analysis of the Economic Issues. CRS Report for Congress RS21625 [R]. Washington D. C.: 2011.

217. Morrison W, Labonte M. China's Holdings of U. S. Securities: Implications for the U.S. Economy. CRS Report for Congress RS34134 [R]. Washington D.C.: 2012.

218. Mowle T. Worldviews I Foreign Policy: Realism, Liberalism, and External Conflict [J]. Political Psychology, 2003, 24(3): 561-592.

219. Mueller J. Presidential Popularity from Truman to Johnson [J]. The American Political Science Review, 1970, 64(1): 18-34.

220. Mullins B, Leary A. Washington's Biggest Lobbyist, the U.S. Chamber of Commerce, Gets Shut Out [N]. The Wall Street Journal, 2019-05-02.

221. Munro R. Awakening Dragon: The Real Danger in Asia Is from China [J]. Policy Review, 1992, 62: 10-16.

222. Murray W, Sinnreich R, Jacey J. The Shaping of Grand Strategy: Policy, Diplomacy, and War [M]. New York: Cambridge University Press, 2011.

223. Narizny K. Both Guns and Butter, or Neither: Class Interests in the Political Economy of Rearmament [J]. American Political Science Review, 2003, 97(2): 203-220.

224. Nathan J, Oliver J. Foreign Policy Making and the American Political System [M]. Baltimore: The John Hopkins University Press, 1994.

225. National Intelligence Council. Global Trends 2030: Alternative Worlds. ODNI [R/OL]. (2012-12-10) [2024-11-27]. https://www.dni.gov/index.php/who-we-are/organizations/mission-integration/nic/nic-related-menus/nic-related-

content/global-trends-2030.

226. NeackL, Haney P, Hey J. Second-Generation Foreign Policy Analysis, Continuity and Change [M]. London: Pearson.

227. Nelson L. Steve Bannon Hails Trump's Economic Nationalist's Agenda. Politico [EB/OL]. (2016-11-18) [2024-11-26]. https://www.politico.com/story/2016/11/steve-bannon-trump-hollywood-reporter-interview-231624.

228. Neumann I. Use of the Other: "The East" in European Identity Formation [M]. Minneapolis: University of Minnesota Press, 1999.

229. Noonan P. A Chat in the Ovel Office [N]. The Wall Street Journal, 2001-06-25.

230. Nuechterlein D. National Interests and Presidential Leadership: The Setting of Priorities [M]. Boulder: Westview, 1978.

231. Nye J. The Paradox of American Power [M]. Oxford: Oxford University Press, 2002.

232. O'Brien R. The Chinese Communist Party's Ideology and Global Ambitions. USC Annenberg [EB/OL]. (2020-06-24) [2024-12-01]. https://trumpwhitehouse.archives.gov/briefings-statements/chinese-communist-partys-ideology-global-ambitions/.

233. O'Hanlon M. The Risk of War over Taiwan Is Real. Brookings Institution [EB/OL]. (2005-05-01) [2024-11-27]. https://www.brookings.edu/opinions/the-risk-of-war-over-taiwan-is-real/.

234. Office of the Assistant Secretary of Defense. Approval of the 2022 Department of Defense Maintenance Symposium [EB/OL]. (2022-02-14) [2024-11-27]. https://www.sae.org/binaries/content/assets/cm/content/attend/2022/dod/2022-mx-sympsoium-approval-announcement-memo.pdf.

235. Office of the Secretary of Defense. Military Power of the People's Republic of China 2009 [EB/OL]. (2009-04-25) [2024-11-27]. http://www.andrewerickson.com/wp-content/uploads/2015/11/DoD_China-Report_2009.pdf.

236. Office of the Trade Representative. Ambassador Tai's Day One Message to USTR Staff [EB/OL]. (2021-03-19) [2024-11-27]. https://ustr.gov/about-us/

policy-offices/press-office/press-releases/2021/march/ambassador-tais-day-one-message-ustr-staff.

237. Office of the Trade Representative. Fact Sheet: 2021 Trade Agenda and 2020 Annual Report [EB/OL]. (2021-03-01) [2024-11-27]. https://ustr.gov/about-us/policy-offices/press-office/fact-sheets/2021/march/fact-sheet-2021-trade-agenda-and-2020-annual-report.

238. Office of the Trade Representative. Remarks as Prepared for Delivery of Ambassador Katherine Tai Outlining the Biden-Harris Administration's New Approach to the U. S.-China Trade Relationship [EB/OL]. (2021-10-04) [2024-11-27]. https://ustr.gov/about-us/policy-offices/press-office/speeches-and-remarks/2021/october/remarks-prepared-delivery-ambassador-katherine-tai-outlining-biden-harris-administrations-new.

239. Packer G. Assassin's Gate: America in Iraq [M]. New York: Farrar, Straus and Giroux, 2005.

240. Palmer D. Trade Gap Sets Record Again in 2006. Reuters [EB/OL]. (2007-02-17) [2024-11-24]. https://www.reuters.com/article/us-usa-economy-idUSN1349562220070213.

241. Parker G, Payne S, Hook L, Fedor L. Biden Rallies Western Allies in Global "Contest" Against Autocrats [N/OL]. Financial Times. (2021-06-14) [2024-11-25]. https://www.ft.com/content/0f24b0a9-1847-431c-807e-6e249fe7181b.

242. Pastor R. Congress and the Politics of U.S. Foreign Economic Policy, 1929-1976 [M]. Berkeley: University of California Press, 1980.

243. Paulson H, Rubin R. Why the United States Needs to Listen to China. The Atlantic [EB/OL]. (2015-06) [2024-11-25]. https://www.theatlantic.com/magazine/archive/2015/06/the-blame-trap/392081/.

244. Pence M. Remarks by Vice President Pence at the Detroit Economic Club Luncheon. The White House [EB/OL]. (2019-08-19) [2024-11-27]. https://trumpwhitehouse.archives.gov/briefings-statements/remarks-vice-president-pence-detroit-economic-club-luncheon/.

245. Pence M. Remarks by Vice President Pence at the Frederic V. Malek Memorial Lecture. The White House [EB/OL]. (2019-10-24) [2024-11-27]. https://china.usembassy-china.org.cn/remarks-by-vice-president-pence-at-the-frederic-v-malek-memorial-lecture/.

246. Pence M. Remarks by Vice President Pence on the Administration's Policy towards China. The White House [EB/OL]. (2018-10-04) [2024-11-27]. https://trumpwhitehouse.archives.gov/articles/vice-president-mike-pence-china-meddling-americas-democracy/.

247. Phillips M. U.S. Manufacturers Lobby against Asian Rate Strategies. The Wall Street Journal [EB/OL]. (2003-01-24) [2024-11-27]. https://www.wsj.com/articles/SB1043364824624160344.

248. Politi J. US and China Sign Deal to Pause Trade War. Financial Times [EB/OL]. (2020-01-16) [2024-11-25]. https://www.ft.com/content/54d703e4-37b4-11ea-a6d3-9a26f8c3cba4.

249. Political Typology Reveals Deep Fissures on the Right and Left. Pew Research Center [R/OL]. (2017-10-24) [2024-11-20]. http://assets.pewresearch.org/wp-content/uploads/sites/5/2017/10/31115611/10-24-2017-Typology-release.pdf.

250. Politico Staff. President Donald Trump's Inauguration Speech Transcript. Politico [EB/OL]. (2017-01-20) [2024-11-27]. https://www.politico.com/story/2017/01/full-text-donald-trump-inauguration-speech-transcript-233907.

251. Pompeo M. Communist China and the Free World's Future. U.S. Department of State [Eb/OL]. (2020-07-23) [2024-11-27]. https://2017-2021.state.gov/communist-china-and-the-free-worlds-future-2/index.html.

252. Posen B. The Sources of Military Doctrine: France, Britain, and Germany between the World Wars [M]. Ithaca: Cornell University Press, 1984.

253. Powell C. Remarks at Conference on China-U.S. Relations [EB/OL]. (2003-11-05) [2024-11-22]. https://2001-2009.state.gov/secretary/former/powell/remarks/2003/25950.htm.

254. Powell R. Anarchy in International Relations Theory: The Neorealist-Neoliberal

Debate [J]. International Organization, 1994, 48(2): 313-344.

255. Power J. US Warships Made 92 Trips Through the Taiwan Strait Since 2007 [N]. South China Morning Post, 2019-05-03.

256. Powers M. Does the President Has the Power to Downsize the Government? [N]. The Washington Post, 2018-03-10.

257. PTI. No Change in US' 'One China' Policy: White House. The Week [EB/OL]. (2022-09-21) [2024-11-27]. https://www.theweek.in/news/world/2022/09/21/no-change-in-us-one-china-policy-white-house.html.

258. Published Mon. Secretary of State Mike Pompeo's Visit to China Kicks off with a Frosty Exchange. CNBC [EB/OL]. (2018-10-08) [2024-11-27]. https://mb.com.ph/2018/10/08/pompeo-visit-to-china-kicks-off-with-frosty-exchange/.

259. Putnam R. Diplomacy and Domestic Politics: The Logic of Two-Level Games [J]. International Organization, 1988, 42(3): 427-460.

260. Rapoza K. American Businesses Still Not Giving Up on China [N]. Forbes, 2020-09-17.

261. Rasser M, Arcesati R, Oya S, Riikonen A, Bochert M. Common Code: AN Alliance Framework for Democratic Technology Policy. Center for a New American Security [EB/OL]. (2020-10-21) [2024-11-27]. https://www.cnas.org/publications/reports/common-code.

262. Ratner E. Blunting China's Illiberal Order: The Vital Role of Congress in U. S. Strategic Competition with China. Center for a New American Security [EB/OL]. (2019-01-29) [2024-11-25]. https://www.cnas.org/articles-multimedia/p3?type=congressional-testimony.

263. Record U.S. Trade Deficit in 2003. CBS News [EB/OL]. (2004-02-13) [2024-11-20]. https://www.cbsnews.com/news/record-us-trade-deficit-in-2003/.

264. Reuters Staff. Pompeo Says China Trade Policies "Predatory". Reuters [EB/OL]. (2018-06-19) [2024-11-27]. https://www.reuters.com/article/us-usa-trade-pompeo idUSKBN1JE2QK.

265. Reuters Staff. USTR Nominee Tai Says Tariffs Are "Legitimate Tool" for Trade

Policy. Reuters [EB/OL] (2021-02-26) [2024-11-27]. https://www.reuters.com/article/usa-biden-trade-tariffs-idINKBN2AP29Q.

266. Rice C. A Balance of Power That Favors Freedom [EB/OL]. (2002-10-01) [2024-11-22]. https://www.manhattan-institute.org/html/2002-wriston-lecture-balance-power-favors-freedom-5566.html.

267. Rice C. Campaign 2000: Promoting the National Interest [J]. Foreign Affairs, 2000, 79(1): 45-62.

268. Rice C. Press Conference by Secretary of State Condoleezza Rice [EB/OL]. (2007-12-21) [2024-11-22]. https://2001-2009.state.gov/secretary/rm/2007/12/97945.htm.

269. Rice C. Promoting the National Interest [J]. Foreign Affairs, 2000, 70(1): 45-62.

270. Rice S. Why I'm Here: The Importance of the U. S.-China Relationship. The White House [EB/OL]. (2016-07-26) [2024-11-20]. https://obamawhitehouse.archives.gov/blog/2016/08/18/why-im-here-importance-us%E2%80%8A%E2%80%94%E2%80%8Achina-relationship.

271. Richardson M, Clinton J, Lewis D. Elite Perceptions of Agency Ideology and Work Force Skill [J]. Journal of Politics, 2017, 80(1): 303-308.

272. Ripley and Lindsay. Congress Resurgent: Foreign and Defense Policy on Capitol Hill [M]. Ann Arbor: University of Michigan Press, 1993.

273. Robison J, Mullinix K. Elite Polarization and Public Opinion: How Polarization Is Communicated and Its Effects [J]. Political Communication, 2016, 33(2): 261-282.

274. Ronkin N. White House Top Asia Policy Officials Discuss U.S. China Strategy at APARC's Oksenberg Conference. Stanford University [EB/OL]. (2021-05-27) [2024-11-27]. https://aparc.fsi.stanford.edu/news/white-house-top-asia-policy-officials-discuss-us-china-strategy-aparc%E2%80%99s-oksenberg-conference.

275. Rosati J. Developing a Systematic Decision Making Framework: Bureaucratic Politics in Perspective [J]. World Politics, 1981, 33(2): 234-252.

276. Rose G. Neoclassical Realism and Theories of Foreign Policy [J]. World

Politics, 1998, 51(1): 144-172.

277. Rosen D, Gloudeman L. Understanding US-China Decoupling: Macro Trends and Industry Impacts. Rhodium Group [R/OL]. (2021-02-17). https://rhg.com/research/us-china-decoupling/.

278. Rosen K. China Is "Prepared for the Worst," as U.S. Threatens Further Sanctions That "Will Not Bring China Down": State Media [N]. Newsweek, 2020-05-31.

279. Ross W. Wilbur Ross to China: Import More U.S. GAS to Cut Trade Gap. Bloomberg [EB/OL]. (2018-03-26) [2024-12-01]. https://www.bloomberg.com/politics/articles/2018-03-22/wilbur-ross-to-china-boost-u-s-gas-imports-to-please-trump.

280. Rousseau D, Rocio G. Identity, Power, and Threat Perception: A Cross National Experimental Study [J]. The Journal of Conflict Resolution, 2007, 51(5): 744-771.

281. Roy D. U.S.-Taiwan Arms Sales: The Perils of Doing Business with Friends [J]. Asia-Pacific Security Studies, 2004, 3(3): 2.

282. Rubio M. Restoring-America's Strength: My Vision for U.S. Foreign Policy [J]. Foreign Affairs, 2015, 94(5): 109-110.

283. Rudd K. Saving Lives in America, China, and Around the World. Asia Society [EB/OL]. (2020-04-03) [2024-11-26]. https://asiasociety.org/center-us-china-relations/saving-lives-america-china-and-around-world.

284. Rudd, K. To Decouple or Not to Decouple?—Kevin Rudd Speech for the Robert F. Ellsworth Memorial Lecture. Asian Society Policy Institute [EB/OL]. (2019-11-04) [2-24-11-26]. https://www.jstor.org/stable/resrep48552.9.

285. Rytz H. Global Advice for Obama's Second Term. Council on Foreign Relations [EB/OL]. (2013-02-07) [2024-11-25]. https://www.cfr.org/expert-roundup/global-advice-obamas-second-term.

286. S.15, Bill Summary & 112th Congress [EB/OL]. [2024-12-01]. https://www.congress.gov/bill/112th-congress/senate-bill/15.

287. Sanchez L. Schumer praises Trump for China tariffs. The Hill [EB/OL]. (2018-

06-17) [2024-11-26]. https://thehill.com/policy/international/392636-schumer-on-china-tariffs-china-needs-us-more-than-we-need-them/.

288. Sanders B. Washington's Dangerous New Consensus on China. Foreign Affairs [EB/OL]. (2021-6-17) [2024-11-20]. https://rootsaction.org/news-a-views/2525-washingtons-dangerous-new-consensus-on-china.

289. Sanger D, Broad W. A Russian Threat on Two Fronts Meets a US Strategic Void [N]. New York Times, 2018-03-06 (10).

290. Sanger D, Wang V. Pelosi Is Expected to Go to Taiwan, Biden Administration Officials Say [N]. The New York Times, 2022-08-02. https://www.nytimes.com/2022/07/31/world/asia/pelosi-taiwan-china.html.

291. Sanger D. Obama Makes His Choice for No.2 Post at State Department [N]. The New York Times, 2014-11-07.

292. Schell O, Shirk S. US Policy towards China: Recommendations for a New Administration [M]. New York, 2017.

293. Schelling T. The Strategy of Conflict [M]. Cambridge: Harvard University Press, 1960.

294. Scher R. Testimony of Deputy Assistant Secretary of Defense. Asian and Pacific Security Affairs. Office of the Secretary of Defense [EB/OL]. (2009-07-15) [2024-12-01]. https://www.foreign.senate.gov/imo/media/doc/ScherTestimony090715p1.pdf.

295. Schlesinger A. Foreign Policy and the American Character [J]. Foreign Affairs, 1983, 62(1): 1-16.

296. Schouten D. Koch Brothers Set $889 Million Budget for 2016. USA Today [EB/OL]. (2015-01-27) [2024-11-24]. https://www.usatoday.com/story/news/politics/2015/01/26/koch-brothers-network-announces-889-million-budget-for-next-two-years/22363809/.

297. Schroeder P. Historical Reality vs. Neo-Realist Theory [J]. International Security, 1994, 19: 108-148.

298. Schweller R. Opposite but Compatible Nationalisms: A Neoclassical Realist

Approach to the Future of US–China Relations [J]. Chinese Journal of International Politics, 2018, 11(1): 23-48.

299. Schweller R. Unanswered Threats: Political Constraints on the Balance of Powers [M]. Princeton: Princeton University Press, 2006.

300. Scully R. US Trade Representative Seeking to Mend Relationship with National Security Adviser: Report. The Hill [EB/OL]. (2022-01-30) [2024-11-27]. https://thehill.com/policy/international/china/592004-us-trade-representative-seeking-to-repair-relationship-with/.

301. Seiple R, Hoover D. Religion & Security: The New Nexus in International Relations, Lanham [M]. Boulder: Littlefield Publishers, 2004.

302. Seligman L. New Change at the Pentagon Waters down Focus on Taiwan, Critics Say. Politico [EB/OL]. (2022-09-16) [2024-11-26]. https://www.troib.com/new-change-at-the-pentagon-waters-down-focus-on-taiwan-critics-say.

303. Shirk S. How to Shield Silicon Valley. BNN Bloomberg [EB/OL]. (2018-07-03) [2024-12-01]. https://www.bnnbloomberg.ca/how-to-shield-silicon-valley-1.1102658.

304. Silove N. The Pivot before the Pivot: U.S. Strategy to Preserve the Power Balance in Asia [J]. International Security, 2016, 40(4): 45-88.

305. Sino-American Talks on Currency Fail. The Times of India [EB/OL]. (2003-09-07)[2024-11-20]. https://timesofindia.indiatimes.com/world/us/sino-american-talks-on-currency-fail/articleshow/169557.cms.

306. Siracusa J, Warren A. Presidential Doctrines: US National Security from George Washington to Barack Obama [M]. Lanham: Rowman & Littlefield, 2016.

307. Sisk R. Esper Presses Congress to Bulk Up Next Military Budget. Military [EB/OL]. (2020-02-07) [2024-12-01]. https://www.military.com/daily-news/2020/02/07/esper-presses-congress-bulk-next-military-budget.html.

308. Smeltz D. Divided We Stand: Democrats and Republicans Diverge on US Foreign Policy. Chicago Council on Global Affairs [EB/OL]. (2020-10-14) [2024-11-24]. https://mikescrafton.com/2020/10/14/divided-we-stand-democrats-

and-republicans-diverge-on-us-foreign-policy-chicago-council/.

309. Smith B, Harris P. Trump Needs to Make Up His Mind on China. The National Interest [EB/OL]. (2018-12-26) [2024-11-20]. https://nationalinterest.org/feature/trump-needs-make-his-mind-china-39842.

310. Smith B. "Principled Pragmatism" on Human Rights. Politico [EB/OL]. (2009-12-14) [2024-11-20]. https://www.politico.com/blogs/ben-smith/2009/12/principled-pragmatism-on-human-rights-023486.

311. Snyder J. Introduction [M]. Jervis R, Snyder J. Dominoes and Bandwagons: Strategic Beliefs and Great Power Competition in the Eurasian Rimland. New York: Oxford University Press, 1991.

312. Snyder J. Myths of Empire: Domestic Politics and International Ambition [M]. Ithaca: Cornell University Press, 1991.

313. Snyder J. The Soviet Strategic Culture: Implications for Nuclear Options, R-2154-AF [M]. Santa Monica: Rand Corporation, 1997.

314. Snyder R, Bruck H, Sapin B. Decision-Making as an Approach to the Study of International Politics [M]. Princeton: Princeton University Press, 1954.

315. Soh F. Win-win Middle Path in US Security Strategy in Asia [N]. Straits Times, 2001-05-26.

316. Stahl L. The 60 Minutes Interview that President Trump Cut Short. CBC News [EB/OL]. (2020-10-26) [2024-11-26]. https://www.cbsnews.com/news/president-trump-60-minutes-interview-lesley-stahl/.

317. Steinberg J, O'Hanlon M. Strategic Reassurance and Resolve: U.S.-China Relations in the Twenty First Century [M]. Princeton: Princeton University Press, 2014.

318. Summers L. The United States and the Global Adjustment Process. Peterson Institute for International Economics [EB/OL]. (2004-03-23) [2024-11-26]. https://www.piie.com/events/united-states-and-global-adjustment-process.

319. Swaine M. A Smarter U.S. Strategy for China in Four Steps. Carnegie Endowment for International Peace [EB/OL]. (2020-01-08) [2024-11-27].

https://carnegieendowment.org/posts/2020/01/a-smarter-us-strategy-for-china-in-four-steps?lang=en.

320. Taiwan US Rep. Denies US Informed Him of Destroy Decision. Australia and NZ New Asian Business Headline [N]. (2001-3-23) [2024-11-20].

321. Tan A. Handbook of US-China Relations [M]. Northampton: Edward Elgar Publishing, 2016.

322. Tanter R, Ullman R. Theory and Policy in International Relations [M]. Princeton: Princeton University Press, 1972.

323. Tesler M. The Return of Old-Fashioned Racism to White Americans' Partisan Preferences in the Early Obama Era [J]. Journal of Politics, 2012, 75(1): 110-123.

324. The 115th Congress, H.R. 5515. John S. McCain National Defense Authorization Act for Fiscal Year 2019 [EB/OL]. [2024-12-01]. https://www.congress.gov/bill/115th-congress/house-bill/5515.

325. The American Middle Class Is Losing Ground. Pew Research Center [R/OL]. (2015-12-09) [2024-11-20]. https://www.pewresearch.org/social-trends/2015/12/09/the-american-middle-class-is-losing-ground/.

326. The Candidates on U.S. Policy toward China. Council on Foreign Relations [R/OL]. (2012-1-21) [2024-11-20]. https://www.cfr.org/backgrounder/candidates-us-policy-toward-china.

327. The Department of Defense. Indo-Pacific Strategy Report: Preparedness, Partnerships, and Promoting a Networked Region [R/OL]. (2019-07-01) [2024-12-01]. https://media.defense.gov/2019/jul/01/2002152311/-1/-1/1/department-of-defense-indo-pacific-strategy-report-2019.pdf.

328. The Foreign Relations of the United States: 1950. I [R].

329. The Heritage Foundation and the Project for the New American Century. Statement on the Defense of Taiwan [EB/OL]. (1999-08-20) [2024-12-01]. http://militarist-monitor.org/images/uploads/PNAC_Statement_on_the_Defense_of_Taiwan.pdf.

330. The NAM Trade Agenda for China 2005 [EB/OL]. (2005-02-01) [2024-11-20]. http://www.nam.org/s_nam/bin.asp?CID=46&DID=233030&DOC=FILE.PDF.

331. The Republican Party. Republican Party Platform of 2000 [EB/OL]. (2000-07-31) [2024-12-01]. https://www.presidency.ucsb.edu/documents/2000-republican-party-platform.

332. The U.S. Department of Defense, Summary of the 2018 National Defense Strategy of the United States of America [R/OL]. (2018-01-19) [2024-12-01]. https://dod.defense.gov/portals/1/documents/pubs/2018-national-defense-strategy-summary.pdf.

333. The United States Census Bureau. Trade in Goods and Services, 1992-Present [EB/OL]. [2024-12-01]. https://www.census.gov/foreign-trade/statistics/historical/exhibit_history.pdf.

334. The White House. FACT SHEET: In Asia, President Biden and a Dozen Indo-Pacific Partners Launch the Indo-Pacific Economic Framework for Prosperity [EB/OL]. (2022-05-23) [2024-12-01]. https://www.whitehouse.gov/briefing-room/statements-releases/2022/05/23/fact-sheet-in-asia-president-biden-and-a-dozen-indo-pacific-partners-launch-the-indo-pacific-economic-framework-for-prosperity/.

335. The White House. Fact Sheet: The American Families Plan [EB/Ol]. (2021-04-28) [2024-12-01]. https://www.whitehouse.gov/briefing-room/statements-releases/2021/04/28/fact-sheet-the-american-families-plan/.

336. The White House. Indo-Pacific Strategy Report of the United States [R/OL]. (2022-02) [2024-12-01]. https://www.whitehouse.gov/wp-content/uploads/2022/02/U.S.-Indo-Pacific-Strategy.pdf.

337. The White House. Interim National Security Strategic Guidance [R/OL]. (2021-03-03) [2024-12-01]. https://www.whitehouse.gov/wp-content/uploads/2021/03/NSC-1v2.pdf.

338. The White House. Interview of the President by Bob Costas. NBC Sports [EB/OL]. (2008-08-11) [2024-12-01]. https://georgewbush-whitehouse.archives.

gov/news/releases/2008/08/20080811.html.

339. The White House. Joint Readout of Quad Leaders Call [EB/OL]. (2022-03-03) [2024-12-01]. https://www.whitehouse.gov/briefing-room/statements-releases/2022/03/03/joint-readout-of-quad-leaders-call/.

340. The White House. National Security Strategy [R/OL]. (2002-09-17) [2024-12-01]. https://georgewbush-whitehouse.archives.gov/nsc/nss/2002/.

341. The White House. National Security Strategy [R/OL]. (2006-03-16) [2024-12-01]. https://history.defense.gov/Portals/70/Documents/nss/nss2006.pdf.

342. The White House. National Security Strategy [R/OL]. (2010-05) [2024-12-01]. https://obamawhitehouse.archives.gov/sites/default/files/rss_viewer/national_security_strategy.pdf.

343. The White House. National Security Strategy [R/OL]. (2015-02-06) [2024-12-01]. https://obamawhitehouse.archives.gov/sites/default/files/docs/2015_national_security_strategy_2.pdf.

344. The White House. National Security Strategy [R/OL]. (2017-12-18) [2024-12-01]. https://trumpwhitehouse.archives.gov/wp-content/uploads/2017/12/NSS-Final-12-18-2017-0905.pdf.

345. The White House. National Security Strategy [R/OL]. (2022-10) [2024-12-01]. https://www.whitehouse.gov/wp-content/uploads/2022/10/Biden-Harris-Administrations-National-Security-Strategy-10.2022.pdf.

346. The White House. Press Briefing by Press Secretary Jen Psaki and National Security Advisor Jake Sullivan [EB/OL]. (2021-02-04) [2024-12-01]. https://www.whitehouse.gov/briefing-room/press-briefings/2021/02/04/press-briefing-by-press-secretary-jen-psaki-and-national-security-advisor-jake-sullivan-february-4-2021/.

347. The White House. Readout of AUKUS Joint Steering Group Meetings [EB/OL]. (2021-12-17) [2024-12-01]. https://www.whitehouse.gov/briefing-room/statements-releases/2021/12/17/readout-of-aukus-joint-steering-group-meetings/.

348. The White House. Remark by President Biden to Department of Defense Personnel [EB/OL]. (2021-02-10) [2024-12-01]. https://www.whitehouse.gov/briefing-room/speeches-remarks/2021/02/10/remarks-by-president-biden-to-department-of-defense-personnel/.

349. The White House. Remarks by President Barack Obama at Town Hall Meeting with Future Chinese Leaders [EB/OL]. (2009-11-16) [2024-12-01]. https://obamawhitehouse.archives.gov/the-press-office/remarks-president-barack-obama-town-hall-meeting-with-future-chinese-leaders.

350. The White House. Remarks by President Biden on America's Place in the World [EB/OL]. (2021-02-04) [2024-12-01]. https://www.whitehouse.gov/briefing-room/speeches-remarks/2021/02/04/remarks-by-president-biden-on-americas-place-in-the-world/.

351. The White House. Remarks by President Obama and President Xi Jinping in Joint Press Conference [EB/OL]. (2014-11-12) [2024-12-01]. https://obamawhitehouse.archives.gov/the-press-office/2014/11/12/remarks-president-obama-and-president-xi-jinping-joint-press-conference.

352. The White House. Remarks by the President in State of Union Address [EB/OL]. (2011-01-25) [2024-12-01]. https://obamawhitehouse.archives.gov/the-press-office/2011/01/25/remarks-president-state-union-address.

353. The White House. Remarks by the President in the State of the Union Address [EB/OL]. (2013-02-12) [2024-12-01]. https://obamawhitehouse.archives.gov/the-press-office/2013/02/12/remarks-president-state-union-address.

354. The White House. Remarks by the Vice President at Sichuan University [EB/OL]. (2011-08-21) [2024-12-01]. https://obamawhitehouse.archives.gov/the-press-office/2011/08/21/remarks-vice-president-sichuan-university.

355. The White House. Remarks of President Barack Obama-State of the Union Address As Delivered [EB/OL]. (2016-01-13) [2024-12-01]. https://obamawhitehouse.archives.gov/the-press-office/2016/01/12/remarks-president-barack-obama-%E2%80%93-prepared-delivery-state-union-address.

356. The White House. Statement on the United States-China Strategic and Economic Dialogue [EB/OL]. (2014-07-08) [2024-12-01]. https://obamawhitehouse.archives.gov/the-press-office/2014/07/08/statement-president-us-china-strategic-and-economic-dialogue.

357. The White House. Sustaining U.S. Global Leadership: Priorities for 21st Century Defense [R/OL]. (2012-01) [2024-12-01]. https://marshallcenterciss.contentdm.oclc.org/digital/collection/p16378coll5/id/380/.

358. The White House. Trump Administration Accomplishments [EB/OL]. (2021-01-21) [2024-12-01]. https://trumpwhitehouse.archives.gov/trump-administration-accomplishments/.

359. The White House. U.S., China Stand Against Terrorism [EB/OL]. (2001-10-19) [2024-12-01]. https://georgewbush-whitehouse.archives.gov/news/releases/2001/10/20011019-4.html.

360. The White House. United States Strategic Approach to The People's Republic of China. (2022-05-26) [2024-12-01]. https://www.state.gov/the-administrations-approach-to-the-peoples-republic-of-china/.

361. Thiessen M. It's Time to Practice Social and Economic Distancing from China [N]. The Washington Post, 2020-03-20.

362. Tillerson R. Remarks to U.S. Department of State Employees [EB/OL]. (2017-05-03) [2024-11-27]. https://2017-2021.state.gov/remarks-to-u-s-department-of-state-employees/index.html.

363. Traub J. The Biden Doctrine Exists Already. Here's an Inside Preview [N]. Foreign Policy, 2020-08-20.

364. Trubowitz P. Defining the National Interest: Conflict and Change in American Foreign Policy [M]. Chicago: University of Chicago Press, 1998.

365. Trubowitz P. Politics and Strategy: Partisan Ambition and American Statecraft [M]. Princeton: Princeton University Press, 2011.

366. Truman D. The Government Process: Political Interests and Public Opinion [M]. 2nd edition. New York: Knopf, 1971.

367. Trumka R. U.S.-China Trade Deal Fails to Address Workers' Rights and Cheating. AFL-CIO [EB/OL]. (2020-01-16) [2024-12-01]. https://aflcio.org/press/releases/us-china-trade-deal-fails-address-workers-rights-and-cheating.

368. U. S. Chamber of Commerce. Understanding U.S.-China Decoupling: Marco Trends and Industry Impacts [EB/OL]. (2021-02-17) [2024-12-01]. https://rhg.com/research/us-china-decoupling/.

369. U. S. Department of Defense. Biden Announces DOD China Task Force [EB/OL]. (2021-02-10) [2024-12-01]. https://www.defense.gov/News/News-Stories/Article/Article/2500271/biden-announces-dod-china-task-force/.

370. U.S. Department of Defense. Fact Sheet: 2022 National Defense Strategy [R/OL]. (2022-03-28) [2024-12-01]. https://media.defense.gov/2022/mar/28/2002964702/-1/-1/1/nds-fact-sheet.pdf.

371. U.S. Department of Defense. National Defense Strategy [R/OL]. (2018-01-19) [2024-12-01]. https://dod.defense.gov/portals/1/documents/pubs/2018-national-defense-strategy-summary.pdf.

372. U.S. Department of Defense. Quadrennial Defense Review Report [R/OL]. (2006-02-06) [2024-12-01]. https://history.defense.gov/Portals/70/Documents/quadrennial/QDR2006.pdf?ver=2014-06-25-111017-150.

373. U.S. Department of State. Remarks with Chinese President Xi Jinping [EB/OL]. (2014-07-10) [2024-12-01]. https://2009-2017.state.gov/secretary/remarks/2014/07/229022.htm.

374. U.S. Department of the Treasury. Readout from a Treasury Spokesperson of Secretary Mnuchin's Call with Chinese Counterparts [EB/OL]. (2017-02-17) [2024-12-01]. https://home.treasury.gov/news/press-releases/sm0008.

375. U.S. Office of the Director of National Intelligence. Annual Threat Assessment of the U.S. Intelligence Community [R/OL]. (2021-04-09) [2024-12-01]. https://www.intelligence.senate.gov/sites/default/files/documents/2021-04-09%20Final%20ATA%202021%20%20Unclassified%20Report%20-%20rev%202.pdf/.

376. U.S.-China Economic and Security Review Commission. 2005 Report to

Congress [R/OL]. (2005-11) [2024-12-01]. https://www.uscc.gov/sites/default/files/annual_reports/2005-Report-to-Congress.pdf.

377. U.S.-China Economic and Security Review Commission. Supply Chain Vulnerabilities from China in U.S. Federal Information and Communications Technology [R/OL]. (2018-04-19) [2024-12-01]. https://www.uscc.gov/research/supply-chain-vulnerabilities-china-us-federal-information-and-communications-technology.

378. US-China Business Council. Section 301 Determination: China's Acts, Policies, and Practices Related to Technology Transfer, Intellectual Property and Innovation [R/OL]. (2018-03-22) [2024-12-01]. https://ustr.gov/sites/default/files/enforcement/301Investigations/301%20Draft%20Exec%20Summary%203.22.ustrfinal.pdf.

379. Vasquez J, Mansbach R. The Issue Cycle: Conceptualizing Long-Term Global Political Change [J]. International Organization, 1983, 37(2): 257-279.

380. Verjee Z. U.S. to Sell $6.4 Billion in Weapons to Taiwan [N]. CNN, 2008-10-03.

381. Walt S. Hand European Security over to the Europeans. Foreign Policy [EB/OL]. (2022-03-21) [2024-12-01]. https://www.belfercenter.org/publication/hand-european-security-over-europeans.

382. Walt S. The Hell of Good Intentions: America's Foreign Policy Elite and the Decline of U.S. Primacy [M]. New York: Farrar, Straus and Giroux, 2018.

383. Waltz K. Realist Thought and Neorealist Theory [J]. Journal of International Affairs, 1990, 44(1): 21-37.

384. Ward M. Biden Says U.S. Has "Commitment" to Defend Taiwan from Chinese Attack. Politico [EB/OL]. (2021-10-21) [2024-11-27]. https://www.politico.com/newsletters/national-security-daily/2021/10/22/biden-has-taiwan-to-get-it-right-494818.

385. Washington Free Beacon Staff. Bolton: Obama Doctrine Is Drift, Decline, and Defeatism. Washington Free Beacon [EB/OL]. (2014-03-06) [2024-12-01]. https://freebeacon.com/national-security/bolton-obama-clinton-kerry-doctrine-

drift-decline-and-defeatism/.

386. Weisman J. Deeply Divided, House Democrats Battle Over Priorities and Politics [N]. The New York Times, 2021-08-21.

387. Welch D. The Organizational Process and Bureaucratic Politics Paradigms: Retrospect and Prospect [J]. International Security, 1992, 17(2): 112-146.

388. Williams W. The Tragedy of American Diplomacy [M]. Cleveland: World Publishing, 1959.

389. Wo-Lap Lam W. Bush deems China "an Ally" [N]. CNN, 2002-10-26.

390. Wond E, Crowley M. The Biggest Obstacle to China Policy: President Trump [N]. New York Times, 2020-06-18.

391. Working-Class Whites Deserted Bernie Sanders in the Midwest. The Economist [EB/OL]. (2020-03-12) [2024-11-20]. https://www.economist.com/united-states/2020/03/12/working-class-whites-deserted-bernie-sanders-in-the-midwest.

392. World Bank. Gross Domestic Product 2011 [EB/OL]. (2013-04-15) [2024-12-01]. https://www.worldbank.org/en/news/press-release/2013/04/15/strong-domestic-demand-drives-increasing-growth-in-east-asia-pacific.

393. Wu X. Understanding the Geopolitical Implications of the Global Financial Crisis [J]. The Washington Quarterly, 2010, 33(4): 155-163.

394. Xuetong Y. From Keeping a Low Profile to Striving for Achievement [J]. Chinese Journal of International Politics, 2014, 7(2): 153-184.

395. Zakaria F. Bush's Really Good Idea [J]. Newsweek, 2003, 132(20): 41.

396. Zakaria F. From Wealth to Power: The Unusual Origins of America's World Role [M]. Princeton: Princeton University, 1998.

397. Zakaria F. Realism and Domestic Politics: A Review Essay [J]. International Security, 1992, 17(1): 177-198.

398. Zelikow P. Foreign Policy Engineering: From Theory to Practice and Back Again [J]. International Security, 1994, 18: 143-171.

399. Zoellick R. Can America and China Be Stakeholders? Carnegie Endowment [EB/

OL]. (2019-12-04) [2024-12-01]. https://carnegieendowment.org/posts/2019/12/can-america-and-china-be-stakeholders?lang=en.

400. Zoellick R. Donald Trump's Impulsive Approach to China Makes US Vulnerable. Financial Times [EB/OL]. (2019-07-26) [2024-12-01]. https://www.ft.com/content/e88078e8-966d-11e9-98b9-e38c177b152f.

401. Zoellick R. Whither China: Membership to Responsibility? (2005-09-21) [2024-12-01]. https://2001-2009.state.gov/s/d/former/zoellick/rem/53682.htm.

后　记

　　本书的主要内容源自我2023年6月完成的博士学位论文。历经近两年的反复修改与精心完善，在"外交学院一流学科建设基金文库系列丛书"的出版资助和世界知识出版社车胜春编辑的共同努力下，本书终于得以与读者见面。本书的出版不仅得益于长期的知识积累和学术经验的沉淀，更要感谢在十余年求学之路上给予我帮助的各位师友。

　　首先，我要感谢我的工作单位外交学院、母校中国人民大学，以及导师金灿荣教授。自2019年9月进入中国人民大学国际关系学院攻读博士学位以来，金教授悉心培养并锻炼我的学术研究与写作能力，在论文选题、开题、研究和撰写的每一个环节都给予了精心指导和帮助。金教授严谨的治学风范和广博的学识让我受益匪浅，使我受用终生，我们也结下了深厚的师生情谊。同时，感谢母校为我们营造了良好的学习环境和浓厚的学术氛围。感谢中国人民大学国际关系学院的各位老师，你们理论联系实际的教学和开放的案例讨论，夯实了我的专业基础，进一步开阔了我的视野。我还要感谢习大明教授在学术规划方面给予我的热心指导。在此，也感谢博士学位论文开题报告评审专家、预答辩评审专家、学位论文答辩委员会专家丁一凡、黄大慧、李会明、李庆四、陈小沁、周鑫宇、成晓河、王星宇教授，以及各位评审专家对本书提出的宝贵意见和建议。

　　其次，我要感谢我的父母和姥爷姥姥，感谢他们各位的养育之恩。在我的人生道路上，他们给予了我最大的关爱、支持和鼓励，是我坚强的后盾。我能够顺利完成博士学业，也归功于他们自幼对我的谆谆教诲和殷切期望。我还要感谢刘怡君博士，对我学习研究的协助。

　　最后，我要感谢我的朋友和同学们，他们在学习上给予了我诸多支持和鼓励，在与他们的交往中，我不仅收获了兄弟般的友谊，还获得了许多学术灵感。感谢白自清、申欣钰、舒柳、黄氏幸庄、王鹏、姚汝焜、严捷、王浩等同门的支持和帮助。特别是复旦大学王浩副教授关于美国社会联盟理论的相关研究，给了我很大的启发。

我对美国的研究兴趣始于2014年至2016年在美国乔治梅森大学的留学经历。这十余年间，个人的求学经历与中美大国关系的起伏相比，犹如沧海一粟。然而，正如个人的发展离不开历史的进程，中美关系复杂且深刻的演进不仅牵动着每一位中美关系和美国问题研究者的职业生涯，也与每个人的命运息息相关。在当今"百年未有之大变局"与"大争之世"的时代浪潮中，我理应为中美关系的稳定发展、美国学术研究和中国的外交事业贡献一份微薄之力。

谨以此书作为我学生生涯的终章，并以教师身份开启新学术生涯的起点。

2024年11月